논거와 논증

- 논증 분석의 논리적 토대 -

논거와 논증

Argument und Argumentation

Klaus Bayer 지음
신형욱·국세라 옮김

HU:iNE

한국어판 서문

이 책이 나온 지 이미 여러 해가 지났지만, 비판적 논증 분석의 기본 지식을 전달하고 텍스트 분석을 통해서 그 활용 방법을 보여 주려는 의도는 아직도 여전히 유효하고 중요하며, 심지어 더 필요해졌다. 소위 소셜 미디어가 대두하면서, 또한 최근 전개되는 정치 상황과 함께 논거의 교환과 사려 깊은 판단을 통하여 합리적으로 분쟁을 해소해야 하는 자리에 일방성, 선동, 거짓, 위협과 폭력 등이 나타나는 것을 도처에서 보게 된다. 인터넷, 신문, 라디오와 텔레비전, 다양한 정당 서클과 정치 집단, 심지어 국제 관계에서도 이성적으로 관점을 설명하거나 판단하지 않고, 그저 천명하면서 동조자의 말만 듣고 주장을 내세우는 경우가 많다. 어쩌다 논증이 이뤄져도, 비판적 검증을 통과하는 경우는 많지 않다. 이 책이 한국에서 배우고 가르치는 사람들에게 점점 더 힘들어지는 세상에서 인간의 공생과 민주적인 이해관계 설정에 반드시 필요한 비판적 합리성을 보존하고 강화하는 – 아주 미약하나마 – 계기를 마련해 줄 수 있기를 희망한다.

신형욱 교수님과 그의 동료인 국세라 박사님께 우리가 한국과 독일에서 나눈 대화와 훌륭한 번역에 대하여 감사드린다.

2018년 8월 하노버에서

Klaus Bayer

Auch wenn die Abfassung dieses Buches schon Jahre zurückliegt: Sein Anliegen, Grundlagen einer kritischen Argumentationsanalyse zu vermitteln und diese an Texten zu demonstrieren, bleibt unvermindert aktuell und ist seit seinem Erscheinen gewiss noch aktueller geworden: Mit dem Siegeszug der sogenannten sozialen Medien, aber auch mit der neueren politischen Entwicklung sind an die Stelle rationaler Konfliktlösung über den Austausch und die Abwägung von Argumenten vielerorts Einseitigkeit, Propaganda, Lüge, Drohungen und Gewalt getreten: Im Internet, in Zeitungen, Funk und Fernsehen, in verschiedenen Parteizirkeln und politischen Gruppierungen und sogar in den internationalen Beziehungen werden Auffassungen häufig nicht mehr vernünftig begründet und abgewogen, sondern nur noch verkündet und im Austausch mit Gleichgesinnten bekräftigt. Wenn schließlich doch einmal argumentiert wird, halten die Argumente häufig einer kritischen Prüfung nicht stand. Ich würde mich freuen, wenn das Buch koreanischen Schülern, Studenten und ihren Lehrern einen - unvermeidlich nur winzigen - Anstoß zur Erhaltung und Stärkung jener kritischen Rationalität geben könnte, ohne die menschliches Zusammenleben und demokratischer Interessenausgleich in einer immer schwierigeren Welt nicht gelingen können.

Ich danke Herrn Professor Dr. Hyung-Uk Shin und seiner Mitarbeiterin Frau Dr. Sera Kuk für kollegiale Gespräche in Korea und Deutschland und für die kompetente Übersetzung.

Hannover, im August 2018

Klaus Bayer

감사

Ich danke Detlef Hansen, Christian Hinze, Bertram Kienzle, Klaus-Michael Köpcke, Christian Schlüter, Sabine Schulte zu Berge und Natalie Schulze für Gespräche und kritische Anmerkungen zum Manuskript dieses Buches. Ina Albus, Christine Bickes, Melanie Muders und Jano John Akim Franke danke ich für Hilfe bei der Herstellung und Korrektur der Druckvorlage.

K. B.

목차

들어가는 말

– 그리고 모든 명제에는 그에 따른 결과와 결론이 있게 마련이야. 그 하나 하나가 인간의 정신을 탐구와 의혹의 새로운 길로 이끌지. – 어린아이의 머리를 깨우쳐 줄 이 장치 속에 들어 있는 힘은 엄청난 것이야, 아버지께서 덧붙여 말씀하셨다. – 섄디, 아이의 머리를 수 천 개로 조각내기에 충분해, 토비 삼촌이 외쳤다.

Laurence Sterne: *Tristram Shandy.* VI, II. Zürich: Haffmanns 1988.

이 책을 펴내는 목적은 아주 소박하다. 논거를 논리적으로 분석 1
해 보고자 하는 사람에게 우선 권할 수 있는 입문서이자 논증 텍스트를 분석하고 비판하는 데 참조할 수 있는 지침서를 제공하는 것이다.

*제1장*에서는 논거가 도대체 왜 중요한지, 왜 논거를 좀 더 세밀하

게 분석할 가치가 있는지를 묻는다. 이와 관련하여 우선 논증의 심리적, 인식론적, 문화적 전제 조건들을 개략적으로 살펴본다. 우리의 '논리적' 직관만으로도 충분하지 않은가? 잘 알아서 전개되는 사고에 논리적 성찰이 오히려 불필요한 질문을 끼워 넣어 우리를 더 헷갈리게 하는 것은 아닐까? 우리의 인식 자체가 어차피 불확실하고 잠정적이므로 논증하려는 시도는 불필요한 것이 아닐까? 의심스러운 말들을 그럴듯하게 해준다는 점에서 논리가 심지어 해로운 것은 아닐까? 매체를 통해서 정보가 끊임없이 전달되고 법률 규정이 촘촘한 현대 산업사회에서 아직도 과연 논증이 필요한 걸까? 논거를 분석하여 얻을 수 있는 이점이 결국 무엇인가?

2 *제2장*에서는 논거의 구성에 대해서 살펴본다. 논증한다는 것은 하나의 진술을 주장하기 위해서 다른 진술을 근거로 제시하는 것을 의미한다. 여기서 우선 진술에 사용된 언어 표현방식을 좀 더 자세히 살펴볼 필요가 있다. 상이한 표현방식이 동일한 진술이 되는가 하면, 역으로 하나의 표현방식이 여러 가지 의미를 지니는 상이한 진술이 되기도 한다. 엄밀한 의미분석과 정의를 통해서 이러한 다의성을 피할 수 있는 방법은 무엇일까? 이와 같은 사전 질문과는 상관없이 논리학의 본래 과제는 제시되는 많은 논거로부터 논거의 형식을 도출해 내고, 이 형식을 바탕으로 제시된 근거가 과연 문제의 진술을 뒷받침하는지를 밝히는 데 있다. 그런데 논거의 형식은 어떻게 알아낼 수 있는가? 논거의 형식과 내용을 잘 구분할 수는 있는가? 게다가 전적으로 참이면서도 다른 진술을 뒷받침하는 근거가 되기에는 부적합한 진술이 있는 이유는 무엇인가? 다음과 같은 유형의 논거에서 결론은 확실히 참이다.

모든 사람은 죽는다.

영수는 사람이다.

↓ 따라서 영수는 죽는다.

그런데 아래 유형의 논거에서는 결론이 기껏해야 있을 법한 일에 지나지 않는데, 그 이유는 무엇인가?

작년 8월에는 비가 적게 왔다.

↓ 따라서 올해 8월에도 비가 적게 올 것이다.

왜 우리는 첫 번째 유형의 확실한 논거만 사용하지 않는가? 왜 우리는 얼마 되지 않는 자신의 경험으로부터 끊임없이 일반 법칙을 도출하여 예측하려고 하는가?

*제3장*에서는 몇 가지 예시 텍스트에 나타난 논증을 분석한다. 그 3
러면 이러한 논증 분석이 어렵다는 것을 알게 될 것이다. 말이 뒤섞
이는 일상 대화에서, 또는 신문 사설의 암시적 표현법 같은 데서 도대체 논거를 어떻게 찾아낼 수 있을까? 제2장에서 다룬 논거 형식을 이런 곳에서 재발견할 수 있을까? 분석 결과를 어떻게 일목요연하게 나타낼 수 있을까? 사실관계를 나타내는 것이 아니라 이를 평가하는 규범적 진술과 연관된 논거도 있다. 이러한 논거를 합리적으로 분석할 수 있는 방법이 있을까? 아니면 이런 논거는 처음부터 도덕적, 정치적, 미학적 취향으로 치부하여 분석대상에서 제외해야 할까? 어떤 예시 텍스트에서는 감정, 인간 관계, 정치적 성향 등으로 얽힌 복잡한 틀 속에서 논증이 이루어지고, 이로부터 자유로울

수 없으며, 심지어 때로는 왜곡되었다는 느낌을 받기도 할 것이다. 바로 이 구체적 분석을 통해서 논증적 비판이 결코 확실한 인식을 보장해주지는 않으며, 오히려 인간이 소유한 세계상의 동력이 올바른 논증을 어렵게 하고, 심지어 저지하는 경우가 있다는 제1장의 인식론적 판단에 다시 이르게 된다. 이 장의 마지막 부분에서는 논증 분석에 관한 일련의 주요 문제를 열거하고, 그 답으로 – 비록 완전한 이론적 방법 체계는 아니지만 – 몇 가지 아이디어와 일차적인 방법론적 가능성을 제시한다.

4 이 책의 목적은 논증 이론 연구의 최신 경향을 총체적으로 조망하려는 것이 아니다. 그보다는 개론수업에 필요한 기본적인 문제들을 다룸으로써 관심있는 일반인을 위한 입문서로 고안되었다. 내용과 범위를 의도적으로 제한하였기 때문에 모든 요구를 다 충족시킬 수는 없다. 이 책은 무엇보다도 논증을 잘하는 법을 알려주는 지침서가 아니라, 논증을 분석하는 법을 알려주는 기본 입문서일 뿐이다. 또한 논리학자나 수학자를 위한 논리 전반에 걸친 모든 설명을 담고 있지도 않다. 특히 진리표나 벤다이어그램 등과 같은 논리학의 형식적 접근방식들도 예로 든 논거 형식을 검증하는 데 필요한 만큼만 매우 간략하게 제시한다. 그러므로 논리학 개론서를 찾는 사람은 이미 시중에 나와있는 많은 논리학 관련 서적을 참고하기 바란다(예를 들어 P. Suppes 1957; H. Reichenbach 1966; W. Kamlah/ P. Lorenzen 1967; W. v. O. Quine 1969; F. v. Kutschera/ A. Breitkopf 1971; E. v. Savigny 1976; J. D. McCawley 1993). 이 책을 집필하면서 때때로 이런 논리학 서적도 참고하기는 하였지만, 가장 중요한 동기와 토대를 제공한 것은 각자의 분야에서 이미 명성을 떨

치고 있으며, 내용을 매우 압축적으로 제시하고 있는 두 권의 입문서이다. 하나는 노르웨이 철학자 Arne Naess의 소책자인 "의사소통과 논증(Kommunikation und Argumentation)"(A. Naess 1975)이고, 다른 하나는 – 마찬가지로 폭넓은 독자층을 대상으로 출판된 – 미국 학자 Wesley C. Salmon의 "논리학(Logik)" (W. C. Salmon 1983)이다. 세미나와 강의를 통해서 나는 이 두 책이 유용하다는 것을 알았으며, 상이하지만 서로 잘 보완될 수 있는 Naess의 관점과 Salmon의 관점을 하나로 통합시켜 보기로 마음먹게 되었다.

5 이 책에서는 대화 분석의 전문 이론과 방법에 속하는 내용도 다루지 않는다. 물론 토론과 같은 대상을 분석하기 위해서는 논리학과 논증 이론 이외에도 훨씬 더 많은 것이 전제되어야 한다. 예를 들어 대화 구성의 복잡한 메커니즘(Klein 1980: 12f.)은 대화 분석을 통해서만 적절하게 기술할 수 있을 텐데, 이에 대한 설명을 이 책에서 할 수는 없다. 이에 관해서도 보충 문헌(예를 들어 H. Henne/ H. Rehbock 1982)을 참고하기 바란다.

6 또한, 수사학과 현대 문체론의 연구 결과도 다루지 않는다. 문장과 어휘 선택, 은유와 아이러니, 텍스트 구성과 단락 매김, 운소와 레이아웃 등과 같은 많은 요소들이 논거의 표현방식뿐만 아니라 다른 종류의 많은 텍스트의 작용력과 가독성에 영향을 미친다. 이 책에서 논거의 다양한 언어적 표현 가능성과 예시 텍스트에 나타난 문체의 특성을 간혹 언급하기는 하지만, 이와 관련해서 원칙적으로는 관련 문헌을 참고하기 바란다(예를 들어 Geißner 1968; E. Eggs 1992 u. 1994; J. Klein 1999).

7 논증은 인식 기능 이외에도 사회적·심리적 기능을 적지 않게 포

함하고 있다. 예를 들면, 우리는 자신에게 어떤 영향을 미치거나 자신을 안심시키기 위해서 논증한다. 또한, 다른 사람을 확신시키거나 설득하기 위해서 논증하고, 자기 편이나 자신이 속한 이익집단의 입장을 강화하기 위하여 논증한다. 그런가 하면, 우리는 자신의 진정한 목표를 드러내지 않기 위해서 논증하기도 하고, 자신을 긍정적으로 보이게 하려고 논증하기도 한다. 때로는 상황에 더 적합할 수 있는 다른 언어 행위가 준비되어 있지 않거나, 그를 수행할 능력이 없어서 논증하는 경우도 있다. 그러나 아무리 강력한 논증일지라도, 일차적으로 논증에 관련된 사람들의 권력, 카리스마, 또는 성적·관능적 매력에 따라 결정되는 상호작용의 부수적인 배경 음악으로 전락할 수도 있다. 이 책에서는 논증의 이러한 부수적 기능에 대한 수사학적-화용론적 논의를 의식적으로 피하면서, 논증의 인식 기능이라는 한 가지 측면, 그러나 가장 중요한 측면만 살펴본다. 이런 이유에서도 이 책은 논증과 관련된 모든 문제를 다루지는 않는다.

8 그러나 이 입문서가 논증 분석의 논리적 바탕에 초점을 맞추는 데에는 그럴만한 타당한 이유가 있다. 최근 대화 분석과 수사학의 논증 연구에서 논리적 분석에 화용 측면을 보충하는 것이 아니라, 논리적 분석 자체를 소홀히 다루거나 아예 도외시하는 경우가 많다(N. Groeben et al. 1993: 359 참조). 논리적 측면이 경시된 것은 1960, 70년대 프랑크푸르트학파가 주창한 소위 비판 이론(die Kritische Theorie)의 영향 탓일 수도 있다. 헤겔 사상의 전통에서 프랑크푸르트학파의 대표자들은 논리를 사회적 관계(인간관계)를 기술하는 데 장애가 되는 것, 그러니까 "강압적 성

격(Zwangscharakter)"의 "저주받은 기계(Höllenmaschine)"(T. W. Adorno 1970a: 8)로 보고 이를 거부했다. 그들에 따르면, "문제가 부화되고 있는 곳을 덮고 있는 돌을 들어 올리(den Stein aufheben, unter den das Unwesen brütet)"(T. W. Adorno 1968: 511)고자 하는 진정한 사회 비판 이론은 사회적 모순을 논리적 정확성으로 해소해서는 안 되고, 오히려 이를 변증법적으로 자기 안에 포용해야만 한다(J. Habermas 1970: 156). 즉, 사회적 모순은 변증법적이며 때때로 논리적으로 모순이 되기도 하는 이론을 통해 탐지하려고 노력해야 한다는 것이다.

이러한 견해는 타당한 근거로 여러 번 반박되었다(예를 들어 K. R. 9
Popper 1968; H. Albert 1970b: 338f). 즉, 모순적인 상황이 모순 없는 이론으로 아주 잘 파악될 수 있다는 것이다. 여기서 이 토론을 다시 전개할 필요할 필요는 없다. 우리의 맥락과 관련하여 중요한 사실은 비판이론(die Kritische Theorie)의 논리에 대한 부정적인 평가가 사회학, 철학, 학문이론뿐만 아니라, 언어학과 수사학에도 영향을 미쳤을 수도 있다는 사실이다. 이후 논증 분석은 일차적으로 논거의 언어 형식, 사회적 기능, 대화 전개 등의 문제로 초점을 돌렸다. Wolfgang Klein은 많이 인용되는 논문에서 어떤 진술이 제시된 근거로 뒷받침되느냐라는 물음을 논리적으로 다뤄야 할 물음이 아니라, 경험적으로 다뤄야 하는 문제로 봐야 한다고까지 주장하고 나섰다. Klein은 논거의 논리적 형식이 아니라, 논증 참여자의 그때그때의 지식과 판단 기준에 초점을 맞추고 있다. 이러한 관점에서는 결국, 논증 참여자가 수긍만 하면, 하나의 논거가 다른 논거와 마찬가지로 훌륭하게 보인다. Klein은 "나의 관심사는 무엇이 이성적이거나 합리적인 혹은 올바른 논증이냐가 아니라, 사람들이 실제로 – 어리석으면 어리석은 대로 – 어떻게 논증하는가에 있다.” (W. Klein 1980: 49)라고 말한다.

10 물론 인간의 실제 논증 방식을 경험적으로 연구하자는 Klein의 제안에도 타당한 측면이 많다. 그러나 그러한 연구를 하더라도 제시된 근거가 – 논증 참여자의 제한된 관점에서 벗어나더라도 – 해당 진술이 참이라고 하기에 충분한지라는 논리적 질문을 놓쳐서는 안 된다(J. Habermas 1981 Bd. 1: 50ff.). 다소 “우둔한” 몇 사람이 예를 들어 버섯 두 개에 독이 없으니 모든 버섯에 독이 없을 것이라고 추론하려고 할지라도, 그들의 논거는 여전히 미심쩍다. 이 논거의 형식을 논리적으로 분석해 보면, 이 논거가 잘못되었으며 현실 세계에 대한 올바른 판단을 보장해주지 못한다는 것을 알게 된다.

11 그래서 이 입문서에서는 폭넓은 화용–수사학적 분석의 출발점이자 필수적 기본 바탕으로 논리적 분석을 소개하고자 한다. 이 과정에서 ‘확실한’ 논거, 즉 엄밀한 의미에서 논리학의 대상이라고 할 수 있는 다음과 같은 연역논거에만 한정하지 않는다.

모든 사람은 죽는다.
영수는 사람이다.
↓ 따라서 영수는 죽는다.

오히려 일상생활 또는 학문에 자주 나타나는 ‘불확실한’ 논거, 즉 다음과 같은 귀납논거도 함께 다룬다.

작년 8월에는 비가 적게 왔다.
↓ 따라서 올해 8월에도 비가 적게 올 것이다.

이와 같은 *넓은 의미의 논리학*은 경험적으로 관찰된 논증 방식을 평가하는 척도로서, 특히 대학생을 위한 학문 기초 과정의 지식으로서 앞으로도 더욱 필요할 것이다. 더욱이 논증 분석의 새로운 접근방법들이 때로 매우 이질적이며, 논증적 대화의 혼란스러울 정도로 다양한 측면들(문체, 상호작용, 대화 구성, 독백성, 대화성, 심리적 과정, 도덕, 합리성, 정치, 현혹, 협력, 전략 등등)을 강조하고 있기 때문이다.

제3장에서는 또한 – 현실적으로 어쩔 수 없이 적은 – 몇 개의 예 12
를 통해서 논리적 논증 분석이 화용론이나 수사학적인 관점을 표방하는 사람들이 주장해온 것(H. Albert 1970a: 287f.)보다 훨씬 더 많은 도움이 된다는 사실을 보여줄 것이다. 이것은 토의, 토론, 논쟁, 설명, 사설 등과 같은 전형적인 논증 텍스트 종류를 분석할 때뿐만 아니라, 주제에 따라 다소간의 논거가 나타나는 발표, 상담, 이야기, 술집 대화 등과 같은 다른 많은 종류의 텍스트 분석에서도 확인된다. 이는 심지어 "함부르크는 독일에 있다."와 같이 어떤 사실을 기술하는 진술이 아니라, "세금은 내려야 한다."와 같이 주장하는 진술을 뒷받침하는 규범 논거에서도 마찬가지다. 물론 이러한 논거의 토대가 되는 정치적 또는 도덕적 일반 원칙은 논리가 아니라 도덕적 측면에서만 입증할 수 있다. 그러나 논리적 분석은 구체적인 개별 규정을 도출하는 과정이 일반 원칙으로부터 형식적으로 올바르게 이뤄졌는지, 아니면 이 일반 원칙이 부당하게 적용되었는지를 검토함으로써 사실 규명에 큰 도움을 줄 수 있다.

1. 논증과 논증 분석

1.1 추론과 논증

우리 확신의 대부분은 직접 보거나 들은 것이 아니라 **추론** 13
(Schluss)에 근거한다. 누가 자기 아내가 아프다고 말하면, 우리는 그 말로부터 그가 결혼했다는 것을 *추론한다*. 차오 씨가 중국 사람이라는 말을 들으면, 그것으로부터 우리는 그가 중국어를 구사한다는 것을 *추론한다*. 어떤 유형의 자동차가 유난히 빠른 속도로 함부로 달리는 것을 여러 번 목격하게 되면, 그로부터 우리는 그런 자동차가 과시욕을 뽐내며 제멋대로 운전하는 사람들에게 특별한 매력을 행사한다는 것을 *추론한다*. 고양이를 보면, 우리는 고양이에 대한 일반 지식으로부터 이 고양이도 야옹 하는 소리를 내며 나무를 탈 수 있을 것이라고 *추론한다*. 먹구름이 끼는 것을 보면, 비가 내릴 것이라고 *추론한다*. 타이어가 펑크 난 자동차가 갓길에 서있

는 것을 보면, 타이어가 펑크 나서 운전자가 자동차를 세웠을 것이라고 *추론한다*. 추운 겨울날 아침 갑자기 물이 안 나오면, 수도관이 얼었을 것이라고 *추론한다*. 동료에게 어떤 책의 제목을 물었는데 그가 그 제목이 "미술사에 대한…"으로 시작한다며 대답을 머뭇거린다면, 우리는 그가 우리에게 도움을 주고 싶어 하지만 제목 전체를 기억해내지 못한다고 *추론한다*. 규칙적으로 이를 닦는 습관이 치아를 건강하게 해준다는 글을 읽으면, 우리는 이를 닦아야 한다고 *추론한다*. 눈에 보이는 대상들의 간격처럼 매우 기본적이고 일상적인 데이터조차도 우리는 결코 직접 경험할 수 없다. 예를 들면 길에 서 있는 사람이 우리에게서 얼마나 멀리 떨어져 있는지를 우리는 그가 우리 눈에 보이는 크기로부터 *추론한다*.

14 우리의 생각과 인식이 이러한 추론에 바탕을 두고 있다는 사실은 훨씬 더 광범위한 범위에서 확인할 수 있다. 예를 들면, 우리는 아주 당연하게 나무 한 그루를 보고 있다고 확신할 때가 많다. 그러나 우리가 실제로 보는 것은 과연 무엇인가? 우리는 나무가 줄기와 가지, 그리고 잔가지와 나뭇잎 등으로 구성되어 있고, 바람에 흔들린다고 배웠다. 그래서 흔들리는 초록색 점들과 회갈색의 표면들이 합쳐진 것을 보고 나무라고 *추론하*는 것이다. 이러한 추론 과정에서 이미 알고 있거나 알고 있다고 믿는 사실에서 새로운 사실로 이동(추리)하는 것이다. 이 몇 가지 예만 보아도 우리는 거의 매 순간 이러한 이동에 바탕을 두고 있다는 것을 알 수 있다. 우리가 일반 지식을 특정한 경우에 적용하거나, 개별 관찰을 일반화시키거나, 어떤 것을 예측하거나 설명하려고 할 때, 또 대화 상대방의 행동을 이해하거나 어떤 결정을 내리고자 할 때, 우리는 추론을 해야

한다. 하지만 추론을 한다는 사실을 의식하지 못하는 경우가 많다. 대부분 아주 자동적으로 추론할 뿐, "모든 고양이는 야옹 소리를 내고 나무를 탈 수 있지. 그러니까 이 고양이도 야옹 소리를 내고 나무를 탈 수 있을 것이다."라든가, "저기 앞에 보이는 시각 인상의 형태와 색 그리고 움직임으로부터, 또한 나무에 대한 나의 기본 지식으로부터 나는 저것이 나무일 것이라고 추론한다."라는 식으로 중얼거리지는 않는다.

그러나 주장의 근거를 제시하거나 반박하기 위해서, 무엇을 설명 15
하거나 예측하기 위해서, 또는 자신을 정당화하거나 사회적 공생을 위한 규칙을 납득시키기 위해서 우리의 추론을 말로 표현하여 다른 사람에게 전달해야 할 때가 있다. 이때는 사정이 완전히 달라진다. 우리가 알려진 사실에서 새로운 사실로 이동하는 것을 말로 표현할 때는, 개인적이고 종종 불명확한, 아직 언어화되지 않은 생각의 묶음에서 **논거**(Argument; argument)가 형성된다. 논거는 항상 여러 문장, 즉 우리가 근거를 제시하고자 하는 문장으로 구성된 **결론**(Konklusion; conclusion)과 결론을 지지하기 위한 하나 이상의 **전제**(Prämisse; premise)로 구성된다.

모든 고양이는 나무를 탈 줄 안다.
티나는 고양이다.
↓ 따라서 티나는 나무를 탈 줄 안다.

위 논거에서 "모든 고양이는 나무를 탈 줄 안다."와 "티나는 고양이다."가 전제이며, "따라서 티나는 나무를 탈 줄 안다."는 결론이다.

16 즉, 논거가 문장 집합이라면, **논증**(Argumentation)은 언어 행위이다. 이 언어 행위를 수행하면서 우리는 하나 또는 여러 개의 서로 연결된 논거를 말한다. 우리는 주장의 근거를 제시하거나 결정을 정당화하기 위해 *논증한다*. 논란이 되고 있는 어떤 주장에 대해서 서로 연대하거나 대립하여 찬성 또는 반대 논거를 만들어 내기 위하여 토론을 하게 되는 경우도 종종 있다. 말로 표현된 논증은 개인적인 추론보다 훨씬 더 문제가 많고, 때로는 실행하기가 더 어렵다. 무의식적인 또는 반의식적인 추론은 우리가 머릿속에 담고 있다가 잘못 생각했다고 판단되면 조용히 고칠 수도 있다. 그러나 이것을 논거 형식을 갖춰 다른 사람에게 전달하는 순간, 비판, 심지어 공격까지 받을 수 있다. 논거가 적절하게 표현된 것인지, 전제가 실제로 결론을 뒷받침하는지, 논거를 통해 도달하고자 하는 바가 무엇인지, 왜 특정 전제는 들먹이면서 다른 전제는 언급하지 않는지, 그리고 또한 다른 사람에게 논증의 힘을 행사하거나 그들의 감정과 희망을 논거로 짓누르려고 하는 것은 아닌가라는 질문까지 감내해야 한다.

17 그런데 이러한 질문이 개별 논거만 따지고 있는데 반해서, 논증하는 것 자체를 의문시해야 할 이유도 있다. 우리가 본능적으로 크게 힘들이지 않고 추론할 수 있다면, 왜 굳이 논거를 번거롭게 말로 표현해야 하는가? 또 우리의 순간적이고 본능적인 추론이 우리를 잘못된 결론에 이르게 한 적이 있었는가? 직관적 추론이 합리적인 논증이라는 엉성한 틀보다 대부분 오히려 더 낫지 않은가? 우리는 무엇이 참이고 옳은지를 본능적으로 훨씬 더 잘 알지 않는가? 서로

잘 이해하는 사람끼리도 꼭 논거를 주고받아야만 하는가? 서로 잘 이해하는 사람들이라면 오래 논증하지 않고서도 암묵적인 합의에 도달할 수 있어야 하는 것 아닌가? 또한 대부분 이미 오래 전부터 믿고 원했던 것만 논거를 통해서 뒷받침하고 정당화하는 것을 우리가 매번 경험하지 않았던가?

18 논증은 이러한 심리적 성향의 회의적인 질문을 넘어서 인식론적 질문도 제기한다. 논거를 통해 정말로 더 확실한 인식에 도달할 수 있는가? 논거가 대개의 경우 전제에서 결론으로의 넘어가는 것을 보장한다고 하더라도, 우리의 전제가 얼마나 확실하며, 얼마나 완전한가? 만약 우리가 더 많은 것을 알아서 그 지식을 논거에 끌어들인다면, 완전히 다른 결론에 도달하지는 않을까? "모든 고양이는 나무를 탈 줄 안다."와 같은 일반적인 문장이 신뢰할 만한가? 이러한 일반화를 근거로 논거를 펼치는 것은 모래 위에 성을 쌓는 것은 아닌가?

19 논증의 정당화와 유용성이라는 물음은 결국 그 물음이 제기되는 문화로부터 자유롭지 못하다. *모든* 확신과 규범을 논증적으로 따질 수 있는 사회는 결코 없다. 사회의 근간이 되는 종교 및 정치 도그마에 대해서는 논증이 대부분 금기시되어 있다. 또한 핵심 진술을 논증적으로 검토하고 근거를 제시할 권리는 대부분 신부, 법관, 교사, 학자 또는 정치 지도자 등과 같은 특정한 사람에게만 주어진다. 나아가 해당 교육을 받고 교양을 쌓아서 주장과 규범의 근거를 제시하거나 규범을 공격할 수 있는 사람만 논증을 할 것이다. 반면에, 믿고 복종하고 침묵하는 데에서 이득을 보는 데 길들어진 사람은 굳이 논증하려 들지 않을 것이다. 소비사회와 그 사회 미디어의 광고 메시

지와 유행에 따라 삶을 꾸려가는 사람도 마찬가지이다.

20 이러한 대략적인 생각만으로도 논증 분석 입문이 연역 및 귀납 논리의 개요를 설명하고, 객관적이지 못한 논증을 비판하기 위한 몇 가지 조언만을 제공하는 데 그쳐서는 안 된다는 것을 알 수 있다. 따라서 도입부에 해당하는 다음 장에서는 우선 우리 뇌의 직관적 능력에도 불구하고 사유적 논증이 반드시 필요하고 의미 있는 활동인지, 사유적 논증을 통해서 인식의 발전을 꾀할 수 있는지, 그리고 지금의 문화 조건이 어떤 점에서 사유적 논증을 촉진하거나 저해하는지를 살펴볼 것이다.

1.2 논증과 직관

1.2.1 연상, 유추 및 기타 추론 메커니즘

21 일상대화에서 우리는 깊이 생각하지 않고 추론을 논거로 만드는 경향이 있다. 예를 들어, 우리 주변의 누군가가 몸이 좋지 않고 병에 걸린 것처럼 보이며, 체온계가 39도를 가리킨다면, 우리는 벌써 다음과 같이 논증을 시작한다.

감기에 걸린 사람은 열이 있다.
영희가 열이 있다.
↓ 따라서 영희는 감기에 걸렸다.

22 혹은 추론의 전제인 "감기에 걸린 사람은 열이 있다."와 "영희가 열

이 있다."를 생략해버리고, 간단히 "영희는 감기에 걸렸다."고 말한다. 이러한 일상 논거들이 비록 눈에 띄지 않을지라도, 비판적인 청자라면 다양한 이의를 제기할 것이다. 우선 "감기에 걸린 사람은 열이 있다."라는 전제가 매우 무리한 일반화에 바탕을 두고 있다는 이의를 제기할 수 있을 것이다. 물론 대부분의 감기환자가 실제로 열이 있는 것은 사실이다. 하지만 열이 없이 진행되는 감기 질환도 있지 않는가? 이 경우 우리의 논거는 또 다른 – 분명히 문제의 소지가 있는 – 논거에 바탕을 두고 있는 것 같다.

진호가 감기에 걸렸을 때, 열이 났다. 23
나영이가 감기에 걸렸을 때, 열이 났다.
다희가 감기에 걸렸을 때, 열이 났다.
내가 감기에 걸렸을 때, 열이 났다.
…
↓ 따라서 감기에 걸린 사람은 열이 난다.

보다 더 비중 있는 이의가 제기될 수도 있다. "감기에 걸린 사람은 열 24
이 있다."와 "영희가 열이 있다."가 의심할 여지없이 참이라고 할지라도, "따라서 영희는 감기에 걸렸다."라는 결론이 반드시 참이어야 하는 것은 아니다. 사랑니가 곪거나 상처가 감염되어도 열이 날 수 있다. 즉, 모든 감기가 실제로 열을 동반한다고 할지라도, 역으로 모든 열이 감기 때문이라고는 결코 말할 수 없을 것이다. 그러므로 비판적인 청자의 말이 전적으로 옳다. 즉, 우리의 논거는 타당하지 않다. 전제의 참이 결론의 참을 반드시 보장하지는 않기 때문이다.

25 그럼에도 불구하고 이러한 비판은 많은 상황에서 지나치게 엄격하고 부적절하게 여겨질 수 있다. 어쩌면 애당초 우리가 "…면, …다."라는 엄격한 진술을 하거나, 감기가 예외 없이 열을 동반한다든가, 열이 항상 감기를 의미한다는 말을 하려고 했던 것이 아니었을 수도 있다. 단지 우리의 인생 경험을 바탕으로, 반드시 그렇지는 않지만, '감기'와 '열' 사이에 흔히 있는 유의미한 관계를 **연상**(Assoziation)하고, 이를 바탕으로 영희에게 열이 있는 것을 보고 감기를 추론한 것뿐이었을 수 있다.

26 다른 많은 경우에서도 아주 유사한 방식으로 처리된다. 예를 들면, 우리가 닥스훈트 주인에게서 서너 번의 나쁜 경험을 했다면, "어떤 사람이 닥스훈트 주인이면, 그 사람은 상대하기 불편한 사람이다."라는 명시적으로 일반화된 말을 믿지는 않지만, 닥스훈트 소유와 상대하기 불편한 인간의 속성 사이를 어느 정도 의식적으로 연관시키고, 이로부터 옳을 때도 있지만, 가끔은 섣부르고 잘못된 추론을 도출하기도 한다.

27 우리 뇌의 추론 메커니즘은 논리학의 규칙과는 명백히 다르게 작동한다. 논리학이 *참*인 전제로부터 *거짓* 결론으로 옮겨가는 것을 엄격히 차단하고자 하는 반면, 우리의 뇌는 경험과 지각을 바탕으로 *가능한 한 빨리* 어느 정도 *그럴듯한* 가설을 만들어 *비교적* 적절하게 반응할 수 있도록 진화되었다. 위기 상황에서조차 매번 꼼꼼하고 번거롭게 확실하다고 생각되는 사실을 찾아내려는 뇌를 가진 생물체는 살아남기 힘들 것이다. 일상의 상황에 대처해야 하면, 그것도 특히 위험한 상황에서는, 시간이 오래 걸리는 사유와 광범위한 논증이 아니라 신속한 판단이 필요하다.

우리의 뇌는 그때그때 이미 알려진 것으로부터 유용하고 최소한 28
어느 정도는 개연성 있는 가정에 이르게 하는 다양한 길을 많이 알고 있다. 때때로 우리는 상이한 것들 사이의 공통점을 기점으로 추론한다. 우리가 아시아의 한 국가인 중국에 불교가 널리 퍼져 있다는 것을 알게 되었다면, 마찬가지로 아시아 국가인 한국에도 불교 신자가 많을 것이라고 추론할 수도 있다. 중국과 한국이 어떤 한 관점, 말하자면 지리적으로 근접하기 때문에 우리는 양국이 다른 관점, 즉 종교와 관련해서도 유사할 것이라고 추론한다. 이 경우 이러한 **유추추론**(Analogieschluss)은 충분히 수용할 만한 결론을 도출한다. 그러나 이 추론 방식이 검은색과 노란색의 나선형 무늬가 있는 파리가 마찬가지로 검은색과 노란색의 나선형 무늬가 있는 벌과 똑같이 침을 쏜다는 잘못된 결론에 이르게 한다면, 유용성이 떨어진다.

유추추론은 다른 사람을 이해하고자 할 때 특히 중요하다. 우리 29
는 인간의 신체 구조나 행동과 같이 겉으로 드러나는 공통점으로부터 다른 사람도 우리와 비슷하게 느끼고 생각할 것이라고 추론할 수밖에 없다. 역으로 피부색이나 언어 등이 다르면 심리적인 차이가 있을 것이라고 추론하는 경향도 있다. 바로 여기에 그러한 추론의 기능과 한계가 나타난다. 한편으로는 다른 사람이 우리 자신과 마찬가지라고 생각하는 것이 불가피하고 충분히 의미 있는 일이지만, 다른 한편으로는 이러한 유추로 다른 사람의 감정과 생각이 우리와 현저히 다르다고 잘못 생각하게 되는 경우도 허다하다. 또한 출신이 다르고 피부색과 모국어가 다른 사람이 불과 몇 시간만에 수년 간 함께 일해 온 직장 동료보다 더 가깝고 친밀하게 느껴지는 경우도 있다.

30 때때로 우리는 *미적 기준*에도 이끌릴 수도 있다. 1933년 노벨상 수상자인 영국의 물리학자 Paul Adrien Maurice Dirac은 자기 연구의 상당 부분이 구체적인 물음에 답하는 데에 있지 않고, 수학의 단위들을 흥미로운 방법으로 연결시켜 보려고 실험해 본 데 있었다고 밝힌 바 있다. "그냥 '예쁜' 수학을 찾는 것입니다. 이러한 작업이 나중에 실용적으로 활용될 수 있는 것으로 밝혀질 수도 있겠죠."라면서 운이 좋았을 뿐이라고 말했다. Dirac은 '추한' 이론을 매우 배격한 나머지 때때로 – 그 추함 때문에 – 믿으려 하지 않았을 정도였다(A. Hardy 1998). 학문 연구 분야에서는 놀라운 사실일 수 있는 일이 일상에서는 흔히 벌어진다. 우리는 미적으로 아름다운 메시지가 다른 것보다 참일 가능성이 더 크다고 생각하는 경향이 있고, 잘생긴 사람이 못생긴 사람보다는 더 큰 신뢰감을 줄 수도 있다. 그래서 정치인이나 광고모델이 잘생겼으면, 너무도 쉽게 그들의 주장이 사실이라고 추론하는 경향이 있다.

31 *언어*가 우리의 추론에 미치는 영향도 결코 이에 못지 않다. "이레네 칩(Irene Zipp)"이라는 이름보다 "바바라 볼만(Barbara Bollmann)"이라는 이름에서 더 강한 성격을 연상하는 사람도 있을 것이다. 슬로건과 화법도 특정한 추론을 유도한다. "한 다리로는 설 수 없다."나 "A를 말하는 사람은, B도 말해야 한다."라는 문장은 한 문장에서 다른 문장으로 넘어가야 할 필요성을 암시하지만, 어떤 종류의 '다리'를 말하는지, 어떤 문장 A와 B에 있어서 이러한 이동 과정이 정당화될 수 있는지에 대해서는 전혀 밝히지 않는다. "한 다리로는 설 수 없다."가 "넌 맥주를 이미 한 잔 마셨어. 그

러니까 한 잔 더 마셔야 해."를 의미할 수도 있다. 1998년 독일 니더작센 주의회 선거에서 독일 정당인 동맹 90/녹색당(Bündnis 90/Die Grünen)은 실제로 "King Schröder – Kong Grüne"(킹 슈뢰더 – 콩 녹색당)라는 슬로건을 내걸었다. 이 슬로건은 당시 주지사였던 슈뢰더(Schröder)를 선택했다면 마땅히 동맹 90/녹색당을 선택해야 한다는, 논리적으로는 물론 정치적으로도 입증되지 않은 연관성이, 대중매체를 통해 잘 알려진 거대한 고릴라 King Kong의 첫 번째 부분 King에 두 번째 부분 Kong이 이어지는 것만큼이나 자연스럽다는 것을 암시하고자 했을 것이다.

1.2.2 신경망

지금까지 언급한 유형의 추론은 그래도 비교적 의식적으로 이뤄 32
지는 것인 반면에, 어떻게 그러는지 알지 못하면서 결론에 도달하는 경우도 있다. 이럴 때 우리는 영감, **직관**(Intuition) 또는 '육감'이라는 말을 한다. 이 경우에도 우리의 뇌는 이동을 수행한다. 그런데 어떻게? 사고 과정을 의식하지 못하면서 우리는 어떻게 새로운 인식에 도달할 수 있는가? 우리 뇌의 신경망이 의식적으로 사고하지 않으면서 어떻게 논리적인 작업을 수행하고, 추론하고 모형을 인지하는지를 간단한 모형 개념으로 설명할 수 있게 된 것은 불과 수십 년 전이다(R. Männer/ R. Lange 1994; K. Bayer 1997 참조).

33

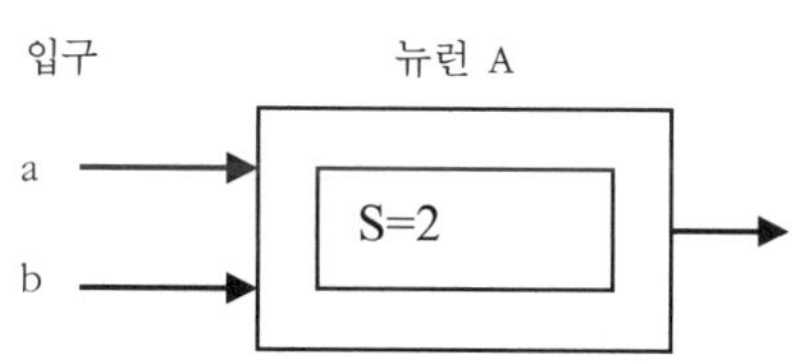

34 이 **신경망**(neuronales Netz)을 구성하는 기본 요소는 개별 신경 세포, 즉 뉴런이다. 신경 세포의 과제는 일단 단순하다. 입구를 통해서 다른 신경 세포로부터 자극(1)을 받고, 도착하는 자극의 합(Σ)이 일정한 (최소) 한계치(S)에 이르면, 모아진 자극을 출구를 통해서 전달하는 것이다. 이런 방식으로, 두 개의 입구 a와 b를 가지고 있는 각각의 뉴런(뉴런 A)이 "그리고"처럼 작동할 수 있다고 쉽게 생각해 볼 수 있다. 즉 양쪽 입구에 자극(1)이 들어오면 한계치가 2에 도달하게 된다. 양쪽 입구에 혹은 한쪽 입구에라도 자극이 도달하지 않으면(0), 뉴런 A는 자극을 전달하지 않는다(0). 아래 도표에서 뉴런 A가 보여줄 수 있는 반응을 볼 수 있다:

35

입구 a	입구 b	Σ	한계치 2에 도달했는가?	출구
1	1	2	예	1
1	0	1	아니오	0
0	1	1	아니오	0
0	0	0	아니오	0

36 아래 뉴런 B에서처럼 한계치를 절반(1)으로 줄이면, 뉴런은 비배타적(포함적) "또는"처럼 작용한다. 즉, 양 입구 중 한 곳에만 자극(1)이 들어와도 뉴런은 자극(1)을 전달하며, 양쪽 입구가 활성화되면 더욱 말할 나위가 없다. 반면에 양쪽 입구에 아무런 자극이 없으면(0), 뉴런 B도 자극을 보내지 않는다(0).

37

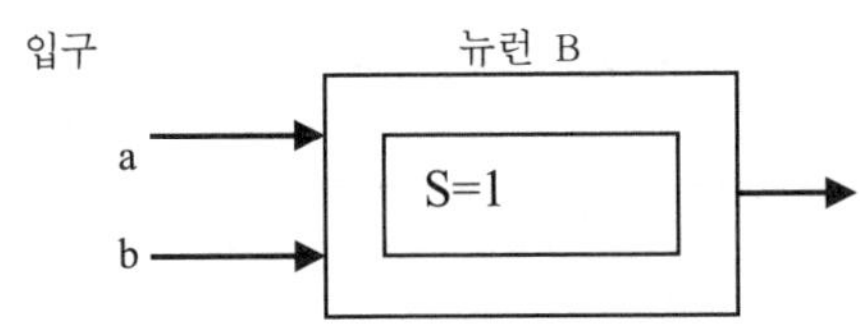

다음 도표에서 뉴런 B가 보여줄 수 있는 반응을 볼 수 있다. 38

입구 a	입구 b	Σ	한계치 1에 도달했는가?	출구
1	1	2	예	1
1	0	1	예	1
0	1	1	예	1
0	0	0	아니오	0

여러 개의 뉴런이 결합되고, 뉴런 입구에 다양한 *비중이 주어지면*, 39
뉴런 간의 접속은 훨씬 더 복잡한 양상을 띤다. 도달되는 자극이 – 어떤 뉴런에서 오느냐에 따라서 – 개별 뉴런의 활동에 아주 다양하게 영향을 미친다. 도달되는 자극은 해당 입구의 비중으로 *배가된다*. 양수로 산정되는 입구는 도달된 자극의 합(Σ)을 올리게 되고, 음수로 산정되는 입구는 자극의 합을 감소시킨다. 이렇게 활성화하고 제어하는 결합을 통해서 신경망은 논리적으로도 매우 복잡한 문제를 풀어낼 수 있다.

3개의 뉴런 C, D 그리고 E로 된 간단한 다음 신경망이 벌써 소위 40
서로를 배제하는 "또는"을 보여주고 있다. "• (+1)"와 "• (–1)"는 입구의 비중을 의미한다. 두 입구가 중간에 있는 뉴런 C, D와 서로 억제하는 수평결합(음수 비중: • (–1))을 맺고 있기 때문에, 두 입구 중 *단지 한 쪽에만* 자극(1)이 도달할 때, 이 두 뉴런 중 하나만 한계치(1)에 도달하여, 뉴런 E를 자극할 수 있다. 반면에 두 개의 입구 중 어느 쪽에도 자극이 도착하지 않거나, 양쪽 모두에 자극이 도착하면, 신경망은 작동하지 않는다(0).

41 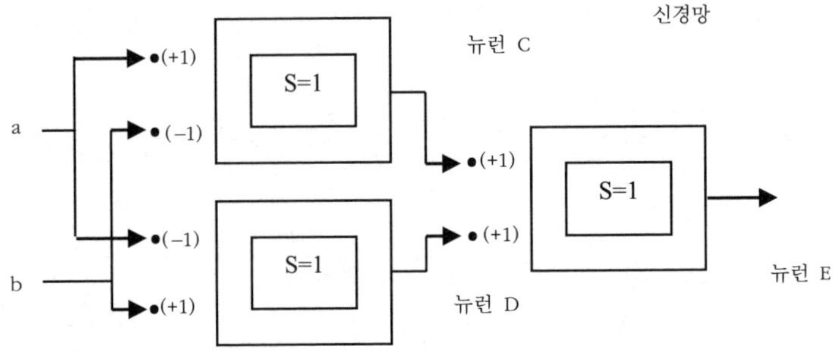

42 아래 도표에서 신경망이 보여줄 수 있는 반응을 볼 수 있다:

입구 a	입구 b	뉴런 C	뉴런 D	뉴런 E
1	1	0	0	0
1	0	1	0	1
0	1	0	1	1
0	0	0	0	0

43 우리 뇌의 다른 신경망은 모형을 인식하게 해준다. 100개 이상의 뉴런이 연결되어 있는 2차원의 정사각형 망을 생각해 보자. 그리고 이 신경망이 불규칙한 다양한 형체 중에서 주어진 원과 유사한 형태를 알아내는 과제를 수행해야 한다고 생각해 보자(R. Männer/ R. Lange 1994: 446f.).

44 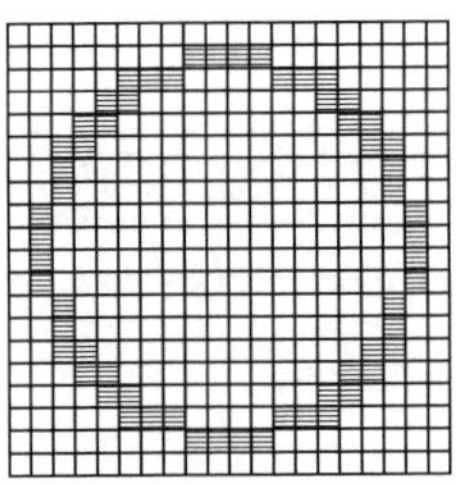

모형 인식망

이 목적을 위해서 함께 원을 그리는 (음영처리된) 뉴런은 서로의 한계치를 높여주면서 신경망의 다른 모든 뉴런의 한계치는 낮추도록 결합되어 있다. 똑같은 원리가 원에 속하지 않는 뉴런에도 적용된다. 이들도 서로를 자극하지만, 원을 형성하는 뉴런을 억제한다. 신경망의 모든 뉴런 위에는 압력에 민감한 센서가 부착되어 있어서 어떤 형태를 올려놓으면 그 아래에 있는 뉴런들이 활성화된다. 45

완전한 원 모양의 물체를 하나 올려놓으면, 원을 그리는 뉴런이 모두 활성화된다. 이 뉴런들이 서로 자극함으로써 원이 인식된다. 반면에 압력이 약해지는 곳(왼쪽 그림의 검은 영역)에서는 원을 그리는 일부 뉴런 옆의 다른 뉴런들도 활성화된다. 46

47

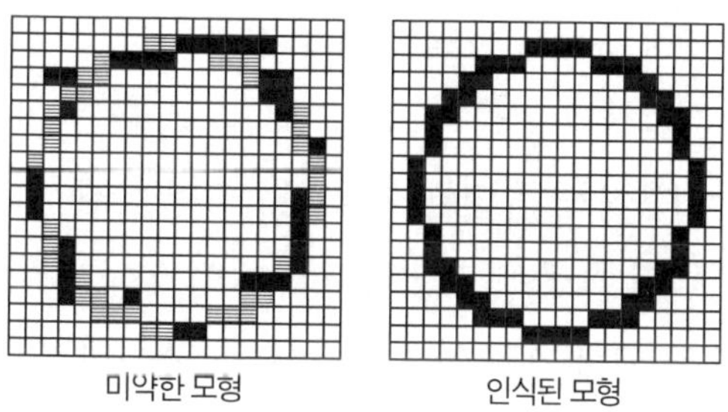

원을 형성하는 활성화된 뉴런이 원을 구성하는 다른 뉴런과 상호자극 관계에 놓여있으므로, 처음에는 활성화되지 않던 원 상의 뉴런도 한계치에 도달하게 된다. 그러면 불완전한 원이 완전해진다. 원의 찌그러진 곳에는 똑같은 원리로 결여된 자극이 보충된다. 동시에 불필요한 자극은 원 뉴런이 다른 뉴런을 억제하는 기능으로 제거된다. 원 밖에 있는 대체로 자극되지 않는 뉴런은 불필요하게 자극된 뉴런을 '자기 쪽으로' 이끌어 자극되지 않은 상태로 만든다. 48

49 이 신경망을 둥근 계곡과 같은 원이 박힌 밀랍 판이라고 생각해 볼 수 있다. 계곡의 개별 점들은 낮은 위치를 통해서 서로 결합되어 있는 셈이다. 붓으로 대충 원형을 따라서 묽은 색으로 이 판을 칠하면, 처음에는 대략적이고 불규칙하게 칠해진 색이 계곡으로 흘러 모인다. 그러면 밀랍판이 원형을 '인식'하고, 비교적 정확한 그림이 나타난다. 이 밀랍판에 동시에 다른 모형, 예를 들어 사각형이나 삼각형 등이 새겨져 있을 수 있다. 이 판에 찌그러진 사각형이나 불완전한 삼각형 모양으로 색을 칠하면, 이것이 '인식'된다. 색 물감이 계곡으로 흘러 모이면 비교적 정확한 사각형 또는 완전한 삼각형이 나타나게 된다.

50 이 원칙에 따르면 신경망은 다양한 모형이 불완전하거나 불필요한 것들을 포함하고 있을 때에도 이를 인식할 수 있다. 움직이는 녹색의 점들과 회갈색의 면들을 보고 나무라고 추론하는 것도 이와 같이 오류를 허용하는 유연한 모형 인식망이 순간적으로 눈에 띄지 않게 활동하기 때문에 가능하다고 봐야 할 것이다. 이와 같은 '나무 인식망'은 원형, 사각형 혹은 삼각형 대신에 몇 개의 *전형적인* 나무 형태에 반응하여 이것을 *실제 지각된* 형태로 인식한다. 우리의 사고가 점과 면의 조합을 인식하기 전에, 우리 뇌가 이미 나무의 존재를 알려 준 것이다. 다양한 활자 형태에서 동일한 글자를 인식하는 것도 비슷한 원리일 것이다. 우리의 신경망은 불필요한 것은 제거하고, 부족한 것은 보충한다.

51 이 맥락에서 매우 중요한 사실은 *개별* 뉴런이, 논리적인 과제를 수행하든 아니면 모형과 관련된 과제를 수행하든, 아무 것도 '모르며' 스스로는 아무런 '생각'도 하지 않는다는 것이다. 신경망은 전

체에 걸쳐 있으나 그 능력은 오로지 뉴런의 결합과 그 결합의 섬세한 비중에서 비로소 나온다.

그 결합은 어디에서 오는 것일까? 누가 결합의 비중을 생각해냈 52
을까? 우리 신경의 일부는 분명히 선천적으로 구축된 것이다. 만약 인간이 더우면 땀을 흘리고, 추우면 몸을 떨고, 바람이 세게 불면 눈을 감고, 뜨거운 것을 만지면 움추리고, 또 음식을 적게 먹으면 배고픔을 느끼는 것을 태어나서 비로소 배워야 한다면, 인간의 생존 기회는 낮을 수밖에 없을 것이다. 다른 한편으로, 신경망은 살면서 훈련되기도 한다. 특정한 상황에 반복적으로 대처함으로써 우리는 특정 조합의 자극에 특정한 방식으로 반응하는 것을 배운다. 예를 들면, 걷기와 읽기를 배우는 것처럼.

하지만 우리 신경체계를 선천적인 능력과 학습된 능력으로 너무 53
엄격하게 구분하는 것은 바람직하지 않을 것이다. 우리는 우리 뇌를 복잡한 망으로 이해해야 하는데, 이 망은 다시 망으로 구성되어 있고, 그 망도 또 다시 망으로 구성된다. 이런 식으로 계속 이어진다. 이 신경망의 한 부분은 유연하고 학습능력을 갖추고 있다. 이런 유연한 망 중 하나가 특정한 결과를 얻어 내면, 이 망은 상위 망으로부터 반응을 얻는다. 그 결과가 충분하지 않으면, 이 망은 가지고 있는 학습 메커니즘에 따라서 신경 결합과 비중을 다소 변경시킬 것이다. 이러한 변경을 만족스러운 상태에 도달할 때까지 단계적으로 시도할 것이다(K. Bayer 1997: 431–438 참조).

더 자세히 알아보기: W. F. Allman 1993; R. Männer/ R. Lange 1994; K. Bayer 1997

1.2.3 직관의 약점

54 그런데 도대체 누가 상위의 신경망을 훈련시키는가라는, 앞서 제기한 물음에 대한 답변은 아직 나오지 않았다. 상위의 신경망은 어디에서 작용 규칙을 얻었을까? 바로 여기서 선천적 능력과 학습된 능력이 결코 서로 무관하지 않다는 것을 알 수 있다. 즉, 우리의 유연한 신경망의 학습 행태는 그보다 훨씬 더 유연하지 못하고 기능상 대체적으로 유전적으로 고정된 뇌 부분에 의해서 상당한 정도로 통제되고 제한된다. 인간은 물론 많은 것을 학습할 수 있을 것이다. 그러나 실제로는 주로 자신의 *감정적*이고 *본능적*인, 즉 본성적 욕망과 다소간 직접적인 연관을 맺고 있는 것들을 배운다. 복합적인 연결망으로 짜인 우리 뇌에는 다른 신경세포와 다섯 개 이상의 중간단계를 사이에 두고 떨어져 있는 신경세포는 존재하지 않는다(E. Pöppel 1993: 38f.). 그렇기 때문에 인간의 모든 학습과정과 결정은 감정, 충동, 그리고 생명유지 기능과 긴밀하게 연결되어 있다.

55 예를 들어 우리의 식습관은 문화적으로 형성되고 학습된 것이긴 하지만, 다양한 "선천적 성향", 특히 단 음식을 선호하는 타고난 성향의 통제 속에서 학습된 것이다. 피아노 연주 또한 그 속에 내재된 절대적 가치 때문에만 배우는 것은 아니고, 그것이 삶의 중요한 욕구를 충족시키는 데 도움이 되기 때문에, 어쩌면 처음에는 부모나 형제자매의 마음에 들어 호감이나 보상을 받고 싶어서 배우고, 또 커서는 마음에 드는 이성에게 좋은 인상을 주려고도 배운다. "피아노를 칠 줄 알아야 할 거야. 피아노를 치면 여자에게 인기가 있으니까."라는 유행가가 비록 매우 단순한 방식이긴 하지만 이런 사실을 묘사하고 있다. 등산을 하거나 요트를 조종할 때에도 자기보호 본

능이 어떤 위험을 알아채고 피하게 한다. 그리고 불과 몇십 년 전까지만 해도 어린이는 독서만이 어른 세계의 비밀로 가는 통로를 열어주는 것이었기 때문에 글을 배웠다(N. Postman 1983).

학습된 행동양식과 선천적인 행동양식 사이의 밀접한 연관성은 56
추론과 논증에 대해서 생각해 보는 데 매우 중요하다. 한편으로는 이 연관성이 일상 추론 메커니즘을 통해서 어느 정도 견고하고 삶에 유용하게 만들기도 하지만, 다른 한편으로는 이 추론 메커니즘이 경험과 의식적인 통찰보다는 종종 우리의 본능에 따르기 때문이다. 나쁜 경험으로 인한 두려움과 쾌락을 추구하는 충동적 욕망 중 어느 감정이 더 우세해지는가는 그때그때마다의 위태로운 우연에 의해 결정되는 경우가 드물지 않다. 또한 우리 뇌의 메커니즘은 진화 과정에서 인간이 처한 삶의 조건이 오늘날과는 매우 다른 시기에 형성되었다. 달리기나 높이뛰기와 같은 간단한 행위를 할 때에는 물론 육체의 감각과 직관에 의존해도 되지만, 오늘날의 자동차는 이러한 무의식적 메커니즘만으로는 안전하게 운전할 수 없다. 장시간 시속 150km의 속도로 달린 후 속도감을 더 이상 제대로 느끼지 못하고 적절히 감속하지 못하면 고속도로 출구를 빠져나올 때 커브 길을 이탈할 수 있다. 열이 나는 환자를 무조건 감기약으로 치료하는 의사는 얼마 못 가서 환자를 모두 잃게 될 것이다. 생김새가 낯선 사람을 일괄적으로 배척하는 것이 부족문화 시대에는 그럴만한 이유가 있었겠지만, 오늘날과 같은 여건에서 그런 태도는 매우 위험하다.

이런 측면에서 – 비록 직관이 매우 유용하고 어느 정도 받아들 57
일 만할지라도 – 논리적인 척도를 바탕으로 의식적으로 검토할 수 있는 논증을 통해서 보완되어야 한다는 사실이 명확해진다. 물론 열이 나는 감기 환자도 있고, 위협적인 외국인도 있다. 그러나 "*누군가 감기에 걸렸다면, 그 사람은 열이 날 것이다.*"와 "*누군가 열이 난다면, 그 사람은 감기에 걸렸다.*", 또는 "*몇몇* 외국인이 위협적이다."와 "모든 외국인이 위협적이다."라는 말은 각기 매우 다른 것을 표현하며, '감기'와 '열' 또는 '위협'과 '외국인'을 막연히 서로 연관시켜서는 안 된다는 사실을 분명히 인식하고 명심해야 할 것이다.

더 자세히 알아보기: E. Pöppel 1993; A. R. Damasio 1997

1.2.4 논증을 통한 통제

58 말로 표현되지 않은 직관뿐만 아니라, 일상의 논거도 때때로 비판적으로 검토해 볼 필요가 있다. 앞에서 우리는 단순한 유추를 따르거나, 멋있어 보인다거나 잘생긴 사람이 제시했다는 이유만으로 논거를 수용한다면 잘못될 수도 있다는 것을 지적했다. "한번 시작했으면 끝을 봐야 한다."와 같은 원칙도 위험하기는 마찬가지이다.

59 1960년대 중반 미국 심리학회 회원들이 시 미화원을 자처하며, 어느 동네의 집주인들에게 "캘리포니아를 아름답게 지켜요!"라고 쓰인 엽서를 창문에 달도록 부탁했다. 대부분은 이에 기꺼이 응했다. 14일 후 같은 심리학회의 다른 회원들이 "안전 운전"이라는 배지를 달고 나타나 집주인들에게 "운전 조심!"이라는 글이 쓰인 가로와 세로 각각 2m의 큰 표지판을 앞마당에 세워달라고 부탁했다. 물론 무리한 요구였다. 무엇보다도 표지판이 도로로 향하는 전망을 막는 경우가 많았고, 집 앞쪽 편의 방을 아주 어둡게 만들어 버

렸다. 그런데 놀라운 결과가 나타났다. 예상했던 대로 그 큰 표지판을 자기 앞마당에 흔쾌히 세워두려는 사람은 거의 없었지만, 이전에 "캘리포니아를 아름답게 지켜요!" 캠페인 과정에서 방문을 받았던 집주인들 중 60퍼센트는 표지판을 세우겠다고 하였다! 왜 그랬을까? 우리가 한번 시작했으면 끝을 봐야 한다는 본성적 성향을 지니고 있기 때문이다. 다시 말해서, 우리가 일단 어떤 행위를 허용했다면, 그 일이 나중에 꽤 부적합한 것으로 판명이 나도, 우리는 일단 한번 선택한 그 일을 계속 하려는 경향이 있다(R. Ornstein 1991: 203f.). 우리는 한번 시작한 일은 계속 해야 한다고 생각하며, 어쩌면 "기왕 시작했으면, 제대로 해야지."라고 스스로를 부추기는 나머지 심각한 오류를 범할 수도 있다.

이런 경우 뇌가 우리에게 장난을 쳤다는 사실은 의식적인 추론 60
으로 따져보아야 비로소 알 수 있게 되는 경우가 많다. 말로 표현해 보거나, 다른 사람에게 말해 보거나, 또는 글로 써봐서 비판적으로 따져볼 수 있게 했을 때야 비로소 뇌의 직관적 판단이 잘못이었음을 알게 된다. 어쩌면 그제서야 갑자기 맥주 한 잔이 꼭 다음 잔으로, 키스 한 번이 꼭 잠자리로, 오디오 구매가 '일단 시작을 했으므로'라는 생각에 자동차 구매로 이어질 필요는 없다는 생각이 들 것이다. 논증을 해보면, 놀랍고 유용할 때도 많지만 매우 독단적일 때도 있는 우리 뇌의 작용에 거리를 둘 수 있다. 이렇게 거리를 두면, 직관에 따라야 할지, 아니면 이를 단호히 거부해야 할지를 종종 더 잘 판단할 수 있게 된다.

끝으로 고려해야 할 것은, 욕망과 두려움뿐만 아니라 사회적 관 61
계가 우리의 추론에 영향을 미친다는 것이다. 자신에게 중요한 사람이 어떤 견해를 주장하면, 우리는 무의식적으로 그 관점을 뒷받침하는 쪽으로 추론을 변형시키는 경향이 있다. 역으로 자신이 좋아하지 않는 사람의 추론은 매우 합리적일지라도 가능하면 따르지 않으려는 경향이 있다. 이 경우에도 – 자기 친구뿐만 아니라! – 다양한 사람과 논거를 교환해보면, 수정을 받거나, 아니면 스스로 수정하는 데 도움이 될 때가 있다.

62 이러한 논증 기능은 학문에서 특히 중요한 역할을 해야 할 것이다. 학문 연구 결과물을 세미나나 같은 생각을 가진 작은 동료 그룹에서 말로만 발표하는 것으로 만족하지 못하는 데에는 그럴만한 이유가 있다. 이 경우에 예를 들어 선생과 학생 관계나 우호적 관계가 꼭 필요한 비판을 못하게 하거나, 역으로 합리적인 관점이 그룹 내의 갈등으로 관철되지 못할 수도 있기 때문이다. 그렇기 때문에 학문 연구 결과물은 지역을 뛰어넘어 널리 발표되어야 착오와 오류를 – 비록 보장은 못하지만 – 냉철한 시각으로 인식하고 객관적으로 비판할 수 있는 기회가 생긴다.

63 물론 추론과 논증의 관계에 대한 이와 같이 간략한 고찰만으로 논증에 대한 과분한 칭송을 정당화할 수는 없다. 우리는 아직 논거가 우리의 직관적 추론보다 항상 우월하다는 것을 증명하지 못했고, 논증이 항상 인식에 이르는 더 확실한 길이라는 것은 더더욱 증명하지 못했다. 하지만 뇌의 자동적인 기능에만 의존해서는 결코 안 되며, 반드시 의식적으로 논증하고, 이 논증을 분석과 비판을 통해서 통제해야 하는 설득력 있는 이유는 몇 가지 제시하였다.

더 자세히 알아보기: R. Ornstein 1991

1.3 논증과 인식

앞 장 끝부분에서 논거의 한계를 언급하긴 하였지만, 그럼에도 불구하고 우리가 너무 낙관적인 관점에 빠진 것은 아닐까? 논거가 추론을 수정하는 데 정말로 도움이 될까? 논거가 우리의 지식을 넓혀줄 수 있을까? 이미 알려진 전제로부터 새로운 것으로 이동할 때, 이 새로운 것에 대해서 우리는 얼마나 확신할 수 있을까? 전제는 또 어디서 올까? 이것 또한 의심스러운 논거의 결론에서 얻어진 것은 아닐까? 새로운 논증 단계를 거쳐서, – 꼭 진리라고는 말할 수 없어도 – 좀 더 확실한 인식에 도달할 수 있는 출발점이 되는 논거를 붙잡을 수 있는 어떤 기착점은 없을까? 64

이 중대한 질문에 대해서 여기서는 대략적으로만 답변할 수 있다. 이 대략적 답변을 여러 단계에 걸쳐 제시하면서 다양한 그림과 모델을 사용할 것이다. 물론 이 그림과 모델이 철학 전공자를 만족시키지는 못할 것이지만, 논증의 역할을 인간의 인식과 연관하여 설명하는 데에는 유용할 것이다. 65

1.3.1 세계상

인간은 다른 많은 생명체와 마찬가지로 '외부 세계에 대한 자신의 내부 모델'에 따라서 행동하는 특성을 지닌다. 인간이 외부 세계로부터 발전시킨 이 내부 모델을 우리는 앞으로 *세계상*이라고 부를 것이다. 66

생명체가 외부 세계에 대한 내부 모델을 발전시킨다는 것은 언뜻 보는 것처럼 그렇게 당연한 것은 결코 아니다. 우리는 우리의 *세계* 67

상을 그대로 믿으며, 우리를 둘러싼 세계가 실제로 우리가 보고, 듣고, 냄새 맡고, 맛보고, 느끼는 그대로 존재한다고 생각하는 경향이 있다. 그러나 내부와 외부는 사실상 서로 매우 엄격히 분리되어 있다. 우리 몸은 타당한 이유에서 음식과 공기를 제외하고는 가능한 한 아무것도 들어오지 못하도록 진화되었으며, 몸 속에 침투한 낯선 이물질을 최대한 빨리 기침을 하거나, 코를 풀거나, 토함으로써 밖으로 내보낸다. 또는 인체의 면역체계를 통해서 없애버린다. 우리의 세계상이 자리 잡고 있는 뇌로도 외부 세계가 절대로 침투하지 못한다.

68 세계상을 구성할 때 우리 뇌는 주로 유전적으로 형성된 구조와 감각을 통해서 얻는 정보에 전적으로 의존한다. 즉, 빛이 눈에 들어오면, 신경 자극이 눈에서 뇌로 흐른다. 귀가 음파를 감지하면, 신경 자극이 또 뇌에 도착한다. 우리가 어떤 물체의 표면을 만지면, 촉각 기관은 뇌에 신경자극만 보낼 뿐이다. 이 모든 경우는 *같은 종류*의 신경 자극일 뿐이다. 시신경 자극도 청각 또는 촉각 자극과 전혀 다르지 않다. 뇌는 어떤 자극이 어떤 특정한 위치에 있는 신경다발을 통해서 도착했다는 사실만으로 그것이 본 것인지, 들은 것, 아니면 만진 것인지를 알 뿐이다(G. Roth 1987; K. Bayer 1996: 78ff.).

69 이것을 보면 우리가 세계를 직접 체험한다는 생각은 놀랍게도 그저 환상일 뿐이다. 우리가 체험하는, 형형색색으로 움직이고 만질 수 있고 냄새와 소리로 가득 찬 세계란 우리 뇌가 만들어 낸 산물에 불과하다. 외부 세계에 대한 우리의 내부 모델은 사실 재구성된 모델이며, 외부 세계를 지극히 불완전하게 모사한 것일 뿐, 결코 외부 세계 그 자체는 아니다!

더 자세히 알아보기: W. v. O. Quine 1969: 17–24; G. Roth 1987

1.3.2. 해양동물을 이용한 사고 실험

세계상의 기본 구성체계와 기능을 이해하기 위해서 – 생물학적 70
으로는 존재하지 않을 – 극도로 단순화된 해양동물을 상상해 보자. 또, 이 해양동물이 온도와 빛에 민감한 세포를 지니고 있으며 따뜻한 물의 수면에서 먹이를 찾고, 열 센서와 빛 센서가 신경계를 통해 다른 신경세포와 연결되어 있다고 생각해 보자.

우선 열 센서와 빛 센서가 이 해양동물의 움직임을 조절하는 신 71
경세포에 함께 영향을 미친다. 이 신경세포는 – 이것을 세포 A라고 하자 – "그리고" 스위치를 지니고 있는데, 물의 온도와 빛의 강도가 먹이가 있는 장소에 도달했음을 알려주는 즉시 신호를 보낸다. 이 신호는 해양동물이 먹이가 있는 장소에서 헤엄을 멈추고, 입을 벌려 먹이 섭취를 시작하게 한다. 반면에 빛이나 온도 또는 두 가지 모두가 충분하지 않으면, 이 해양동물은 입을 다문 채 계속 먹이를 찾아 바닷속을 헤엄쳐 다닌다.

이 해양동물은 또 시간을 인식하는 어떤 단순한 형식을 가지고 72
있고, 또 다른 신경세포 B를 통해서 근처에 큼직한 적이 움직이고 있다는 것을 가리키는 갑작스런 빛의 강도 변화를 감지할 수 있다고 가정해 보자. 이 신경세포 B가 신호를 보내면, 이 해양동물은 도망치기 시작한다. 신경세포 A가 여전히 먹이가 있는 좋은 장소라는 신호를 보내주어도 이 해양동물은 입을 닫고 다시 헤엄치기 시작한다. 이를 위해서는 신경세포 B의 신호가 신경세포 A의 상태와 상관없이 움직임을 유발하는 방식으로 신경세포 A와 B가 동작기관 세포에 결합되어 있어야 한다.

73 이 해양동물은 매우 단순한 생명체임에도 불구하고 분명히 세계상을 지니고 있다. 즉, 감지된 자극이 신경자극으로 전달되고, 이 동물의 행동을 조절하는 신경 접속을 통해서 해석된다. 세포 A와 세포 B가 하는 일을 기본 개념으로 파악할 수 있다. 세포 A는 '먹이가 있는 장소', 세포 B는 '적'이라는 개념을 나타낸다. 즉, 자극이 – 이 해양동물에게 – 의미있는 모형으로 요약된다. 이 동물의 세계상을 – 물론 이렇게 말하는 것이 부적절하지만 – 시험 삼아 한 번 우리의 언어로 상세하게 옮겨볼 수 있다.

74

- 먹이가 있는 곳이 존재하고, 적이 존재한다.
- 어둡거나 추우면, 나는 먹이가 있는 장소에 있지 않다. 그러면 헤엄을 쳐야 한다.
- 밝고 따뜻하면, 나는 먹이가 있는 장소에 있다. 그러면 헤엄을 멈추고 먹이를 먹어야 한다.
- 갑자기 밝아지거나 어두워지면, 적이 가까이 있다. 그러면 비록 먹이가 있는 곳에 있더라도 무조건 헤엄을 쳐야 한다.

더 자세히 알아보기: V. Braitenberg 1993

1.3.3 세계상의 구성과 상대성

75 우리가 상상한 해양동물과 인간을 포함한 고등 생명체 사이에 큰 차이점이 있다는 점을 절대로 간과해서는 안 된다. 고등 생명체는 수백만 개의 감각기관과 신경조직뿐 아니라, 정서와 – 부분적으

로 정도의 차이는 있지만 – 의식도 갖추고 있다. 또한 다소간의 학습 능력을 지니고 있다. 반면에 우리가 상상한 해양동물의 신경체계는 유전적으로 완전히 고정되어 있다. 그렇지만 각자의 세계상 사이에는 공통점도 있다. 고등 생명체도 – 위에서 설명한 바와 같이 – 세계로 이어지는 직접 통로를 가지고 있지 않다는 점이다. 이 통로는 그들이 지니고 있는 일정 수준의 기능을 갖춘 복잡한 감각기관과 신경체계를 통해서만 연결된다.

고등 생명체에도 소위 외부 세계의 객체와 직접 연결되는 통로는 76
없다. 도달된 자극 중에서 어떤 자극이 해당 개념을 통해 의미 있는 자극 모형으로 파악될지는 원칙적으로 진화 과정을 거치면서 발전된 감각기관과 신경계의 구조, 기본적인 생존 본능, 그리고 생명체의 제한적일 수 밖에 없는 학습경험에 따라 좌우되는 것이지, 결코 – 그것이 어떤 형태이든 – '외부 세계의 실제 구조'에 의해서, 또는 우선적으로 그것에 의해서만 좌우되는 것은 아니다. '외부 세계의 실제 구조'에는 어떤 생명체도, 즉 인간이라고 해도 직접 접근할 수 없다. 그렇기 때문에 우리 인식의 출발점이 될 수 있는 비교적 확실한 기착점은 존재하지 않는다.

다른 생명체와 인간 사이의 공통점 중에서 우리의 논의와 관련 77
하여 가장 중요한 점은 세계상을 구축하는 데 *추론*이 중심 역할을 한다는 것이다. 우리가 예로 들었던 해양동물의 단순한 신경계도 완전히 무의식적이고 자동적으로 빛과 온도로부터 먹이가 있는 장소를 *추론하고*, 갑작스런 빛의 변화로부터 적이 가까이 있음을 *추론한다*. 또한 적이 근접했다는 *추론*에서 다시 도주의 필요성을 *추론한다*. 인간도 마찬가지로 특정한 자극의 조합으로부터 어떤 대상의 존재를 추론하는데, 예를 들어 앞에서 언급한 초록색 점과 회갈색의 표면에서 나무의 존재를 추론하고, 이로부터 다시 햇빛이나 비를 피할 수 있는 가능성을 추론한다.

78 우리가 '외부 세계의 실제 구조'에 직접 접근하기가 얼마나 어렵고, 감각기관과 뇌의 구성에 얼마나 의존하고 있는지는 다른 생명체의 세계상을 떠올려 또 다른 사고 실험을 해보면 잘 이해할 수 있다. 개가 인간보다 조금 '더 미련하고', 다른 주파수를 듣고, 냄새를 좀 더 잘 맡을 수 있다는 점을 제외하면, 개의 세계상이 인간의 세계상과 같을까? 자외선을 감지할 수 있는 새가 인간보다 좀 더 많은 것을 볼 수 있는 것뿐인가? 밤에 초음파로 방향을 감지하는 박쥐는 자신의 주변 환경을 '초음파로 투명해진 어둠' 정도로 생각하는가? 아니면 우리가 알 수 없는 다른 독특한 방식으로 생각하는가? 물고기나 새는 어떤 공간 및 방향 감각을 가지고 있을까? 새에게 지구 표면이 인간이 가지는 것과 동일한 역할을 할까? 물고기가 '지느러미 아래에 굳은 땅'이 없다고 힘들어할까? 물고기가 수면 위의 세계에 대한 어떤 개념을 가지고 있을까?

79 앞 장에서 간략히 기술한 이차원적 모형 인식망을 가진 생명체에게 철사를 구부려 만든 이차원 원 대신 삼차원 구슬을 들이대면 그는 과연 무엇을 보게 될 것인가? 특수 상대성 이론에 따라서 시계와 함께 움직이면서 시계를 보는 사람보다 가만히 서서 보는 사람에게 시계 추의 움직임이 더 느리게 느껴진다는 것을 이해하려고 할 때 인간도 비슷한 상황에 처하게 된다.

80 더욱 혼란스러운 것은 객체의 실체에 관한 문제이다. 감각기관이 우리에게 전달하는 자극은 이미 이론적으로 감지될 수 있는 자극

중에서 엄선된 결과이다. 우리는 일단 자외선을 보지 못하고, 초음파를 듣지 못하며, 개가 맡는 냄새를 맡지 못하고, 철새처럼 지구자기의 도움으로 방향을 설정하지도 못한다. 이러한 제한에도 불구하고 우리 뇌에 도달되는 자극은 우리가 적절하게 처리하기에 여전히 너무 많다. 그렇기 때문에 우리 뇌는 그때마다 많은 자극을 객체로 압축하여 파악한다. 달리 처리하기 어려운 많은 빛의 점이 '나무'라는 대상으로 압축되어 파악되고, 다른 빛의 자극은 특정한 음향 자극과 함께, 예를 들면 '말하는 인간'이라는 대상으로 압축 파악된다. 하위 신경망이 상위 신경망에게 전체 자극을 모두 전달하는 것이 아니라, 이런 모형을 인식하여 단지 그 모형의 존재만 전달한다.

일상생활에서 아주 당연하게 '존재'하는 것처럼 보이는 객체를 81
우리 뇌가 단순히 발견하는 것이 아니라, 집중적인 작업을 통해서 직접 구성한다는 사실은 특히 시간적으로 관찰해 보면 잘 드러난다. 내 창문 앞에 서 있는 나무는 봄인 지금 몇 주 전과는 아주 다른 모습이다. 그럼에도 불구하고 이것이 똑같은 객체라고 생각하는 것은 물론 바람직하고 유익할 수 있다. 그러나 이것은 많은 모형과 사고과정에 기반을 둔 가설에서 나온 것일 뿐, 그것이 어떻게 생겼든 '외부 세계의 실제 구조'를 있는 그대로 모사한 것은 아니다. 우리가 인지한 것을 의식하기 훨씬 전에, 하위 신경망들이 '중요하지 않은' 자극을 배제하고, '부족한' 자극을 보충한다. 그러나 무엇이 '중요하지 않고', 무엇이 '부족한지'에 대한 판단은 우리 스스로 형성한, 일부는 유전적이고, 일부는 습득된 학습 모형에 따라서 이뤄진다. 이 모형이 우리가 스스로 감각을 조절하는 도식이다. 그러므로 세계의 원천이 우리 뇌 속에 있다는 말은 전적으로 옳은 것이다(E. Pöppel 1993).

82 여기서 외부 세계와 거기에 나타나는 객체에 대한 우리의 가설이 아주 잘못되기는 어려울 것이라는 이의를 제기할 수 있다. 우리는 나무를 심고, 매년 계절에 따라 관찰하고, 열매를 수확한다. 우리는 다른 사람들을 만나고, 때때로 그들과 오랫동안 교제하고 협력한다. 우리는 집을 짓고, 교량을 건설하며, 복잡한 기계를 만든다. 우리는 나무가 열매를 맺고, 우리의 파트너가 약속을 지키고, 우리의 기계가 잘 작동할 것이라 기대한다. 그리고 이런 기대들은 대부분 충족된다.

83 그러나 이 모두는 외부 세계에 대한 우리의 가정이 상황 판단에 도움을 주는 한에서 유용하다는 사실을 말해 줄 뿐이다. 우리의 뇌, 문화, 언어 등이 진화하는 과정에서 다른 사람, 나무, 집, 새와 그 밖에 다른 많은 것을 객체로 파악하는 것이 인간에게 유용하다는 것이 입증되었다. 날개 달린 말, 유니콘, 요정 등이 있다는 생각이 매우 유용할 수 있는 세계상도 있겠지만, 대부분의 현대인이 가지고 있는 세계상에서 이것들은 아무런 의미를 갖지 못할 것이다. 인간과 다른 방식으로 살아가는 생명체는 전혀 다른 자극을 결합하여 인식하는 것이 더 유용할 수도 있을 것이다. 예를 들면, 새는 어쩌면 인간이 언덕과 산을 알아보는 것처럼 바람이나 회오리바람을 객체로 파악할 것이다.

84 하지만 하나의 생명체에게 어떤 가정이 일단 유용하다고 해서 그로부터 최종적인 확실성이 도출될 수는 없다. 우리의 인식은 배를 몰고 위험한 미지의 해협을 통과하는 선장과도 같다. 암초에 부딪

히면, 선장은 자신이 선택한 항로가 틀렸다는 것을 알게 된다. 배가 난파되지 않고 해협을 통과하면, 그는 자신이 택한 항로가 잘못되지 않았다는 것을 알게 된다. 그렇다고 해서 자신이 지나온 바다 밑바닥이 하나하나 어떻게 생겼는지를 아는 것은 아니다(P. Watzlawick 1985: 14f.; E. v. Glasersfeld 1985).

그렇지만 우리의 불완전한 세계상을 한탄하며 전지전능한 신이 85
되기를 소망하는 것도 별 의미가 없을 것이다. 한계가 있고, 언젠가는 죽을 운명인 생명체에게 세계상이라는 장치는 진화 과정에서 경제성의 원칙에 따라 선별된 것이다. 우리의 내부 모델은 최대한 경제적으로 생활과 생존에 중요한 외부 세계의 특질만 모사하도록 되어있다. 이 축소에 큰 위험이 포함될 때가 있다. 현대인은 예를 들면 독, 광선, 속도 등에 대한 지각능력이 부족하기 때문이다. 이러한 지각능력은 진화 과정에서 쓸모가 없다고 여겨져 퇴화되었을 것이다. 그러나 세계상은 원칙적으로 외부 세계의 다양한 차원과 자극을 그때그때 사용 가능한 것으로 축소시켜 주기 때문에 유용하다. 여기서 신의 합리성을 기대할 수는 없다. 생명체의 합리성은 추상화 능력, 즉, 개별적인 것에 집착하지 않고 그때그때 중요한 것 몇 가지만을 고려하는 능력에서 나온 것이다.

더 자세히 알아보기: P. L. Berger/ Th. Luckmann 1970; E. v. Glasersfeld 1985; H. v. Foerster 1985; G. Roth 1987; K. Bayer 2004

1.3.4 일반화와 예측

86 기본 감각 단계에서도 우리는 추론하지 않을 수 없다. 우리 감각에 도달하는 자극 자체는 매우 다의적인데, 이 자극을 받으면 우리 신경계는 어떤 모형의 적용 가능성을 추론한다. 이때 우리는 인간에게 대체로 의미 있다고 생각되는 객체를 *구성*하는데, 그렇다고 이 생각이 '절대적으로 옳은' 것은 결코 아니다.

87 그런데 우리의 세계상은 결코 객체를 단순히 열거해 놓은 것이 아니다. 설정한 객체들을 열린 집합으로 묶고, 객체와 객체 집합 사이의 관계를 파악한다. 우리의 가상 실험에서 해양동물이 먹이가 있는 장소를 찾고 적으로부터 도피하듯이, 우리도 예를 들면 광대버섯과 달걀파리버섯 같은 독버섯은 절대로 먹어서는 안 된다고 단정함으로써, 어떤 객체 집합을 특정 행위 모형과 결부시킨다. 그런데 이렇게 결부시키기 전에 우리는 틀림없이 일반화를 하였을 것이다. 즉, 위에 언급한 버섯에 속하는 것들이 지금까지 항상 독을 지니고 있는 것으로 증명되었다는 사실에서 우리는 그 종류의 버섯은 *모두* 독을 지니고 있다고 *추론한다*. 고양이 몇 마리가 나무를 기어오르는 모습에서, 고양이는 *모두* 나무를 탈 수 있다고 *추론한다*. 지금까지 죽은 모든 사람의 죽음에서, 사람은 *모두* 죽는다고 *추론한다*.

88 우리의 세계상은 이러한 일반화를 통해서 비로소 기능을 하게 된다. 우리의 세계상이 아무 목적 없이 우선적으로 주변세계를 기술하고 심미적 관점에서 철학적 고찰을 하도록 진화된 것이 아니기 때문이다. 세계상은 무엇보다도 우리가 어떤 행위를 할 때 상황 판단의 기준이 된다. 이를 테면, 어떤 시각적 자극의 조합이 감지되

면, 우리는 그 지각된 객체를 우리가 가지고 있는 객체 집합 중 하나, 예를 들어 광대버섯 집합에 배속시킨다. 이때 이 집합, 즉 모든 광대버섯에 대한 진술이 이미 존재한다면, 우리는 아래와 같은 추론 도식에 따라서 기존 세계상에 중요한, 그리고 이후 행위에 매우 의미 있는 개별 정보를 하나 추가한다.

모든 광대버섯에는 독이 있다.
이 버섯은 광대버섯이다.
↓ 이 버섯에는 독이 있다.

우리는 하루에도 수백 번씩 세계상을 이용하여 이와 같은 행위지향적 **예측**(Vorraussage)을 한다. 예를 들면, 일반화된 경험으로부터 예상되는 날씨, 다른 사람의 행동, 병의 진행 과정, 음식의 소화 여부, 혹은 단단한 벽에 가느다란 못을 박으려고 할 때 어떻게 될지 등과 같은 것도 추론한다. 이와 같은 추론에는 항상 – 어느 정도 타당한 – 다음과 같은 일반화가 바탕에 깔려있다.

- 서쪽에서 검은 구름이 몰려오면 비가 온다. 89
- 학업 성취도가 낮은 학생은 높은 학생보다 자기 비판능력이 더 약하다.
- 코감기는 최소한 9일 간 지속된다.
- 가느다란 못을 견고한 벽에 박으면 구부러진다.
- 기름진 완두콩 수프는 소화가 잘 안 된다.

90 이와 같은 그리고 또 다른 다양한 일반화에 바탕을 둔 예측을 통해서 우리는 가능한 여러 가지 행위를 추가적인 추론의 도움으로 저울질해보고, 바람직한 결정을 내릴 수 있다. 예를 들면, 비가 내릴 것 같으면 우산을 챙기거나, 장보기를 미룬다. 학업 성취도가 낮은 학생에게는 특히 조심스럽게 상담한다. 코감기에 걸리면, 이후 열흘 동안은 요트나 서핑 약속을 하지 않는다. 단단한 벽에 가느다란 못을 박으려 하지 않고, 대신 나사와 나사 홈을 사용한다. 기름진 완두콩 수프 대신 샐러드를 먹는다. 그렇지 않았다면 적어도 저녁에 왜 배가 아픈지는 알 것이다.

1.3.5 설명

91 마지막 예에서 우리는 세계상의 또 다른 기능을 알 수 있다. 세계상은 앞으로 일어날 일을 예측하게 해줄 뿐만 아니라, 과거의 사건을 **설명**(Erklärung)해주기도 한다(E. Lang 1976; K. Bayer 1981). 특히 경험을 일반화하여 예측에 사용하고자 하면, 그때마다 우리는 어떤 일이 왜 꼭 그렇게 발생했는지를 되돌아보면서 이해해야 한다.

92 인간은 자기 주변에서 일어나는 일을 자신에게 설명하려는 욕구가 강하다. 대부분의 경우 우리의 설명 장치는 눈에 띄지 않게 뒤에서 작동한다. 자동차 한 대가 달리거나, 새 한 마리가 지저귀거나, 꽃망울 하나가 꽃을 피우면, 우리의 세계상은 벌써 그에 상응하는 일반화를 제시한다. 우리는 자동차가 우리 곁으로 지나가고, 새가 지저귀고, 꽃망울이 꽃을 피운다는 것을 알고 있다. 이럴 때 우리는 일반 지식과 개별 사건을 연관 짓는 추론을 습관적이고 무의식적으로 하게 된다.

자동차는 달린다.

이 객체는 자동차이다.

↓ 이 객체가 달린다.

설명은 일반적으로 추론이나 논거로 이뤄지는데, 최소한 하나의 일반 *법칙진술*("자동차는 달린다.")과 특별한 전제조건들, 즉 *부수조건*들에 대한 최소한 하나의 진술("이 객체는 자동차이다.")로부터 하나의 사건("이 객체가 달린다.")을 도출한다. 예측과 설명은 물론 유사하다. 설명은 지나간 사건에 대한 일종의 '사후 예측'이다. 93

우리가 무언가를 설명할 수 *없을* 때, 위와 같은 설명이 학문뿐만 아니라 일상 상황에서도 얼마나 중요한지를 실감할 수 있다. 예를 들어, 밤하늘에 이상한 빛이 나타날 때마다 큰 소동이 일어난다. 경찰서, 소방서, 방송국에 불안한 전화가 폭주하는 것이 보통이다. 아마추어 사진 작가나 비디오 작가들이 사진을 제공하고, 전문가와의 인터뷰가 이어진다. 며칠 후 대개는 그 현상이 구름 속을 비행하는 비행기였거나, 디스코텍의 레이저 광선에서 나온 것이었다고 밝혀진다. UFO 신봉자는 그런 설명을 잘 받아들이지 않고, 호기심에 찬 외계인의 우주선이라는 등 나름대로의 설명을 내놓을 것이다. 94

일상생활에서는 – 학문에서와는 달리 – 각각의 설명이 타당하고 비판적 검사를 통과할 수 있는지가 그렇게 중요하지 않다. 모호한 연상과 유추, 또는 어떤 권위 주체의 진술에 만족하는 경우가 많다. 중요한 것은 오직 현상을 '사후 예측'을 통하여 우선 우리의 세계상과 일치시키는 것이다. 그런데 설명할 수 없는 현상은 우리의 95

세계상에 의문을 던지기 때문에 우리를 불안하게 한다. 어떤 현상을 설명할 수 없다는 것은 우리가 행위를 할 때마다 의존하는, 외부 세계에 대한 기존 내부 모델이 불완전하거나 오류를 담고 있다는 것을 시사하는 것이다.

96 설명할 수 없을 때 참지 못하는 것이 근대 자연과학의 사고방식 출현 이후에 비로소 생긴 현상은 아니다. 이미 수천 년 전부터 인류 문화는 주변세계의 현상을 설명할 목적으로 신화, 전설, 동화, 철학 체계 등을 통하여 세계상을 확장시켜 왔다. 예를 들어, 수많은 고대 문화에서는 세계가 한 쌍의 시조 인간에서 유래했다고 설명했다. 대부분 하늘인 남성이 지구인 여성을 비나 안개로 잉태시켰다는 것이다(E. Topitsch 1972: 19). 이런 상상을 통해서 인간은 알 수 없어 불안감을 주는 세상의 존재를 안심시켜주는 친숙한 것에 귀착시켰다(K. Bayer 2004: 12–20).

97 여기서 우리는 모두에게 설명할 수 없는 사물과 현상이 있고, 이러한 사실을 우리가 당연하게 받아들인다는 이의를 제기할 수 있다. 수많은 사람들이 컴퓨터를 사용하지만, 그 작동 원리를 자세히 아는 사람은 많지 않다. 우리는 꽃이 핀다는 메커니즘은 잘 알고 있지만, 어떻게 그렇게 되는지에 대한 세세한 것은 잘 모른다. 또한 대부분의 사람이 왜 튜브에서 가끔씩 알록달록한 줄무늬 색깔의 치약이 나오는지, 왜 하필이면 가을에 안개가 자주 생기는지에 대해서도 알지 못한다. 이런 현상을 우리는 그냥 그대로 받아들인다. 무엇보다도 이것을 설명하지 못한다고 해서 우리의 세계상이 흔들리는 것도 아니고, 꼭 필요하면 전문가로부터 필요한 설명을 들을 수 있을 것이라고 믿기 때문이다. 반면에 만약 이웃집 여자가 두 팔

을 벌리고 치마를 펄럭거리며 도로 위를 날아서 우리에게 오는 것을 보거나, 돌아가신 할머니가 갑자기 식탁에서 우리 옆에 앉아 있다면, 우리는 일단 충격을 받고, 곧바로 그 황당한 현상을 설명하려고 할 것이다.

Eckhard Henscheid의 소설 "마리아 슈네(Maria Schnee)"에서 여 98
행자 헤르만은 후프마이어 여인숙에 투숙한다. 작가는 헤르만이 여인숙에서 겪은 것을 자신에게 설명할 때 사용하는 추론을 기록한다.

> (…) 현관은 꽤 서늘했지만, 여기서 벌써 이 여인숙이 정육점도 겸하고 있다는 것을 알 수 있었다. 에나멜 칠이 된 두 개의 표지판에 각각 현관 오른쪽 문은 식당 홀로, 왼쪽 문은 정육점으로 통한다고 쓰여 있었기 때문이었다. 현관은 비어 있었다. 실제로 왼편에서는 온갖 소시지와 고기 냄새가 풍겨 왔다. (…) 헤르만은 서슴없이 식당 홀 쪽 문을 열고, 미끄러지듯 안으로 들어갔다. 창가에 앉아 있던 손님이 헤르만을 향해 주먹 쥔 손을 즉각 내뻗었다. 그러나 그 행위는 그저 우연이었던 것 같다. (…) 젊은 시절을 뒤로 한 여자 두 명이 거의 동시에 웃음을 터뜨렸다. 그러나 헤르만을 보고 웃는 것은 분명 아니었다. (…) 홀 뒤쪽으로는 일종의 나무판자 칸으로 (…) 막혀 있었다. 그 쪽에서 맛있는 냄새가 풍겨왔다. 아마 구운 소시지 냄새 같았다. 그제서야 헤르만은 한 노파가 난로 연통 아래 앉아 있는 것을 알아챘다. (…) 입이 반쯤 벌려져 있었는데, 많은 정황이 노파가 약간 자고 있다는 것을 말해주고 있었다. (…) 헤르만은 곧 그 노파가 여인숙에서 일하는 사람, 즉 여

인숙의 일원이라는 느낌을 받았다. (…) 틀림없이 가족의 일원이었다. 어쩌면 할머니일 것이다. (…) 긴 음식 진열대 뒤에서 나타난 개 한 마리가 헤르만 쪽으로 어슬렁거리며 걸어왔다. 매우 늙어 보이는 (…) 스피츠 종이었다. (…) 둥근 탁자에 앉아 있던 남자 중 한 사람은 눈이 우스꽝스럽게 반짝거리고, 눈썹은 크고 숱이 많았다. 헤르만은 그 남자가 여자들을 뭔가 좀 약을 올리려 한다는 느낌을 받았다. 그는 홍에 겨워 자기 옆 사람을 옆으로 밀쳤다. 그러자 그 남자가 기침을 했는데, 장난으로 그런 것인지 진짜로 그런 것인지는 확실치 않았다. (…) 개가 현관문을 발로 긁어대자, 할머니가 그것을 보고 손잡이를 눌러주었다. 스피츠는 주둥이로 걸쳐있던 문을 열고, 일단 사라졌다. (…) 둥근 탁자 오른쪽 비스듬한 위쪽 (…) 십자가 바로 옆에 있는 두꺼운 검정색 액자 속에 조금 오래된 큰 사진이 걸려 있었다. 사진 속에는 아주 당당한 시선을 가진, 연륜 있어 보이는 남자가 있었다. 아마도 여인숙 설립자이거나 현재 주인일 것 같았다(Eckhard Henscheid: *Maria Schnee*. Zürich: Haffmanns 1992. 5–14).

99 Henscheid의 텍스트는, 보통 눈에 드러나지 않고 기껏해야 다소 의식적인 설명 행위를 세세하게 잘 보여주고 있다는 점에서 특이하고 우리에게 시사하는 바가 크다. 그런데 이와 같은 설명 행위는 보통 아이들에게서 잘 드러난다. 소위 질문기에 아이들은 설명 메커니즘으로 자신의 세계상을 발견하게 된다. 아이들은 날이 갈수록 주변세계의 사물을 이해하지 못한 채 대충 그냥 받아들이고 넘어가려 하지 않는다. 그래서 부모나 교사에게 때로는 진지하게, 때로는

장난스럽게 줄곧 무언가를 설명해달라고 조른다. 그러다가 친숙한 현상으로부터 생소한 현상에 대한 설명을 끌어냄으로써 점차 스스로도 문제를 해결해 나간다.

FRAN(9세): "달은 어떻게 생겼지? – *아주 둥글어요.* – 항상 그래? – *아뇨, 반쪽뿐일 때도 있어요.* – 왜 반쪽뿐이지? – *가끔씩 잘라냈으니까요.* (…)" (J. Piaget 1978: 225) 100

MART(9; 5): "왜 반달이 있지? – *바람이 달을 쪼개서 반밖에 없는 거예요.* (…)" (J. Piaget 1978: 226) 101

LUG(12; 3): "달은 어떻게 생겼지? – *둥글어요.* – 항상? – *아뇨.* – 그럼 또 어떻게 생겼는데? – *가운데가 둘로 잘라져요. 저녁 무렵엔 둥글어지고, 낮에는 가운데가 둘로 잘려요.* – 왜? – *날이 밝으니까요.* – 다른 반쪽은 어디에 있어? – *가버렸어요.* – 어디로? – *밤이 된 다른 나라로요.* (…)" (J. Piaget 1978: 227) 102

더 자세히 알아보기: W. Stegmüller 1969; E. Lang 1976; J. Piaget 1978; K. Bayer 1981

1.3.6 귀납과 연역

우리는 매 순간 추론을 함으로써 외부 세계의 내부 모델인 세계상을 개발하여 사용할 수 있다. 밝혀진 몇몇 객체의 속성에서 우리는 그 집합에 속하는 모든 객체의 속성을 추론한다. 이러한 일반화 103

를 통해서 예측하고 설명한다. 앞에서 우리는 매우 당연해 보이는 지각된 객체조차 우리에게 결코 단순히 주어지는 것이 아니라는 것을 확인했다. 기본적인 객체를 파악하기 위해서도 예를 들면 '나무줄기, 큰 가지, 작은 가지와 잎이 있으면, 이것은 항상 나무이다'라는 일반화된 도식의 도움이 필요하다. 이러한 도식을 만드는 데 우리는 아주 다른 두 가지 추론 방식을 사용한다. 하나는 다음과 같은 일반화 추론 방식이다.

> 진호가 독감에 걸렸을 때, 열이 있었다.
> 나영이가 독감에 걸렸을 때, 열이 있었다.
> 다희가 독감에 걸렸을 때, 열이 있었다.
> 내가 독감에 걸렸을 때, 열이 있었다.
> …
> ↓ 따라서 독감에 걸린 사람은 열이 있다.

이러한 그리고 이와 유사한 유형의 소위 **귀납**(induktiv; inductive) 추론의 특성은 *전제가 결론의 참을 결코 보장하지 못하고, 어느 정도 개연성을 갖게 할 뿐이며, 결론은 전제에 포함되지 않은 것에 대해서 말한다는 것이다.* 이미 앞에서 말한 것처럼, 독감에 걸린 많은 환자가 대부분은 아닐지라도 많은 경우에 열이 있다고 해서 독감이 항상 열을 동반한다고 단정할 수는 없다. 그러므로 위의 일반화는 매우 위험한 것이다.

104 또 다른 하나는 예측이나 설명을 할 때, 일반 명제에서 특수 명제를 도출하는 추론 방식이다.

모든 광대버섯은 독이 있다.

이 버섯은 광대버섯이다.

↓ 이 버섯은 독이 있다.

소위 **연역**(deduktiv; deductive) 추론이라고 하는 이 추론의 특징은 *전제의 참이 결론의 참을 보장한다는 것이다*. 그런데 이 확실성 자체는 좋지만, *결론이 전제에 – 최소한 암시적으로라도 – 포함되지 않는 내용을 말해주지는 못한다*는 대가를 감수해야 한다. 모든 광대버섯에는 독이 있고, 자기 앞에 놓인 버섯이 광대버섯이라는 것을 아는 사람은 이 광대버섯도 독이 있다는 것을 은연중에 이미 안다. 그럼에도 불구하고 이런 방식으로 일반 지식을 특별한 상황에 적용하는 것이 매우 유익할 때가 많다. 다만 이 경우 우리는 지식을 *사용할 뿐, 결코 확장하는 것은 아니다*.

이러한 결론은 우리를 불안하게 한다. 우리가 일반화할 때 근거 105
로 삼는 귀납추론은 매우 불확실하고 신뢰할 수 없다. 반면에 예측과 설명에 사용되는 연역추론은 확실하긴 하지만, 지식을 결코 확장시켜 주지 못한다. 게다가 연역추론은 항상 귀납추론의 결론으로 얻은 일반 전제에 바탕을 두고 있다. 이런 점에서 귀납추론의 신빙성 부족이 연역추론에 전가될 수밖에 없다. 왜냐하면 연역추론이 *전제가 참이면* 결론의 참을 보장하지만, 전제도 *정말로 참*이라는 것은 *결코* 보장하지 *못하기* 때문이다. 전제는 오히려 다른 추론의 결론에 근거해야 하는데, 모든 일반 전제는 불확실한 귀납추론의 결과일 수밖에 없다. 따라서 우리의 인식은 불확실성에 바탕을 두고 있는 것이다. 이미 앞에서 살펴본 바와 같이, 우리에게는 인식을 외부 세계와 확실하게 결부시켜줄 기착점이 없다. 또한 우리의 세계상을 활용하고 확대하는 데 사용하는 추론도 매우 불확실한 것임을 알 수 있다.

더 자세히 알아보기: W. Stegmüller 1975a; W. C. Salmon 1983: 33–40

1.3.7 인간 인식의 가설-연역적 성격

106 위와 같은 딜레마에서 벗어날 수 있는 방법이 있을까? 역사의 흐름 속에서 인간은 확실한 인식의 토대를 *초자연적인 계시*에서 찾으려고 끊임없이 노력해왔다(H. Albert 1968: 15–21; K. Bayer 2004: 14f.). 그러나 그런 계시를 받아들이는 데에는 일반적으로 어려움이 따른다. 한편으로는 어떤 신탁이나 서적의 글을 계시로 봐야 할지를 판단해야 하고, 다른 한편으로는 계시를 계속 재해석하여 그때그때 상황에 적용해야 하기 때문이다. 이 점에서 어떤 통일성을 기하기 위해서 대부분 착오가 없다고 하는, 해석의 독점권과 그에 따른 권력 수단을 갖춘 권위주체, 예를 들면 가톨릭 교회의 교황과 같은 권위자가 무엇이 참이어야 하고 무엇을 참이라고 믿어야 하는지를 결정한다. 그러나 오늘날 사람들은 이런 권위적이고 독단적인 인식모델을 더 이상 인정하지 않는다. 그런 인식모델이 우선 객관적 사실이나 규범에 관한 문제에 대해 – 비록 억압까지는 아닐지라도 – 자유롭게 토론하는 것을 어렵게 하기 때문이다.

107 다른 해결책은 지성주의가 제시할 수 있을 텐데, 이에 따르면 인간의 이성이 감각을 통하지 않고 *직관*만으로 절대 진리에 직접 닿

을 수 있으며, 이를 바탕으로 더 구체적인 모든 진술이 연역적으로 도출될 수 있다는 것이다. 그러나 우리는 직관이 도움이 될 수는 있지만 유일한 인식도구가 될 수는 없다는 것을 이미 확인하였다.

앞 장에서 밝혔듯이, *귀납*도 결국 신뢰할 수 있는 일반화, 즉 확실 108
한 진리를 말해줄 수 없다면, 인간의 인식이란 것은 과연 무엇일까? 세계상 구성에 실제로 귀납법이 우리가 앞에서 전제로 삼았던 것보다 훨씬 더 미미한 역할을 한다는 것을 보여주는 정황들이 많다 (H. Albert 1968: 21ff.). 우리가 설명과 예측의 근거로 삼는 일반화가 심사 숙고된 귀납추론과 직관이 아니라, 순간적인 영감, 소위 '좋은 생각', 창의적 착상들, 백일몽, 혹은 앞서 소개한 물리학자 Dirac이 말하는 미적 감각에서 이뤄지는 경우가 많다. 좋아하는 사과케이크를 구울 때 연달아 여러 차례 실패하면, 우리는 보통 요리 과정을 하나하나 꼼꼼히 생각해 내려고 골몰하기보다는, 우선 무심코 "지난번 케이크를 구울 때는 다른 종류의 밀가루를 사용했었나? 오븐이 제대로 작동하지 않았나? 달걀이 상했었나? 사과에 수분이 너무 많았나? 반죽을 충분히 하지 않았나? 틀에 기름을 충분히 칠하지 않았나?" 등과 같은 질문을 하게 된다. 이런 식으로 여러 가지 추측을 한 후에야 비로소 이들을 검토를 시작한다. 통풍장치를 점검하기 위해 오븐을 다시 켜보기도 하고, 다른 품종의 사과를 사용하여 케이크가 잘 구워지는지를 확인하기도 한다.

학문 연구도 다르지 않다. 자주 인용되는 예를 들자면, 의사인 109
Ignaz Semmelweis가 19세기 중엽에 산욕열의 원인을 규명하려고 하였을 때, 그는 개별 관찰 사례들을 일반화하려고 하지 않았다. 그 대신 의심이 가는 원인에 대한 일련의 다양한 **가설**(Hypothese)을 설정했다(D. Follesdal et al. 1988: 54–60; W. C. Salmon 1983: 214–239 등등).

110 1. 환경의 영향
2. 병실의 정원 초과
3. 영양 부족
4. 부실한 산모 관리
5. 조잡한 검사방법
6. 심리적 요인
7. 출산 시 태아의 비정상적 자세
8. '시신에서 나온 물질'에 의한 감염

111 Semmelweis가 관찰 결과와 일치하는지를 *먼저* 따져보지 않고,이처럼 많은 가설을 설정한 것은 매우 창의적이다. 그는 *두 번째 단계*에서 비로소 이 가설들을 비판적으로 검사하였다. 이를 위해서 가설로부터 각각 예측을 도출하고, 이 예측이 관찰된 사실과 일치하는지를 살펴보았다.

112 예를 들어 산욕열이 가설 2에 따라 초만원인 병실에 원인이 있었다면, 환자 수가 동일한 2개의 병동에서 사망률이 비슷하게 나타나야 했을 것이다. 그러나 그렇지는 않았다. 1844년에서 1846년까지 오스트리아 빈 중앙병원의 과밀도가 비슷한 두 병동 중 한 병동의 사망률이 6.8%–11.4%였고, 다른 병동의 사망률은 2.0%–2.7%였다. 그러므로 가설 2는 포기해야 했다. 이 검증이 *연역*추론에 바탕을 둔 것임을 쉽게 알 수 있다.

가설 2가 옳다면, 과밀도가 동일한 병동의 사망률은 대체로 같아야 한다. 113

과밀도가 동일한 두 병동의 사망률이 서로 비슷하지 않다.

↓ 따라서 가설 2는 올바르지 않다.

동일한 도식에 따라 Semmelweis는 가설 1과 가설 3-7도 성립될 수 없다는 것을 알게 되었다. 1847년 한 동료 의사가 시신을 해부하다가 메스에 베인 후 산욕열과 유사한 증세로 사망했을 때, Semmelweis는 산욕열이 '시신에서 나온 물질'에서 야기될 수 있다는 자신의 가설 8을 검사하였다. 이 가설을 뒷받침하는 사실로 사망률이 높은 병동에는 매일같이 해부에 참여하여 '시신에서 나온 물질'을 산모에게 옮길 수 있는 의사와 학생들이 일하고 있었다. 그래서 Semmelweis는 분만을 돕는 사람들에게 모두 손을 철저히 소독하도록 지시했는데, 그 결과 두 병동의 사망률이 1% 정도로 감소하였다. 이로써 가설 8이 증명되었을까? 114

가설 8이 올바르면, 손 소독이 사망률을 감소시켜야 한다.

손 소독이 사망률을 감소시킨다.

↓ 따라서 가설 8은 옳다.

그런데 다른 곳에서 보았던 것처럼, 이 추론에도 문제가 있다. 손 소독의 사망률 감소 효과가 가설 8에 기술된 것과 완전히 다른 맥락에 기인할 가능성도 원칙적으로 배제할 수 없다. 이를테면, 조산사가 찬물로 손을 씻어서 손의 온도가 변했다거나, 손을 소독할 때

잠시 휴식을 취함으로써 조산사의 집중력이 높아졌다거나, 혹은 아직 밝혀지지 않은 소독약의 치유력 등에 기인할 수도 있다. 이 가능성들은 – 사실일 가능성이 매우 낮을지라도 – 위 추론에서 전제의 참이 결론의 참을 보장하지 못한다는 것은 명확히 보여주고 있다. 따라서 Semmelweis가 설정한 가설이 검증을 통과하긴 하였지만, 최종적으로 참이라고 확인된 것으로 볼 수는 없다.

115 그러므로 *우선* 자유롭게 가설을 만들고, *이어서 연역*추론으로 가설과 관찰한 내용이 일치하는지를 검증해 보는 **가설–연역 방식** (hypothetisch–deduktives Verfahren)도 확실한 인식에 도달하는 왕도는 아니다. 그러나 이 방식은 우리의 중요한 일상적 사고 메커니즘과 일치하고, 또한 학문 방법으로도 귀납법에만 의존하는 방식보다 훨씬 더 적합한 것 같다.

116 귀납적 접근이란 수동적일 수밖에 없고, 사실을 확인하는 데 그칠 뿐이다. 이 방식에 따르면, 일반인이건 연구자이건 관찰한 것을 열심히 수집하고, 관찰의 수가 일반화의 토대가 되기에 충분할 때까지 조심스럽게 기다리는 수밖에 없을 것이다. 반면에, 가설–연역적으로 접근하는 사람은 일단 자신의 직관적 메커니즘에서 출발해도 된다. 그는 능동적이고, 창의적이며, 상상력을 동원하고, 때로는 고정된 사고방식에서 벗어나 가설을 세우고, 이 가설이 어떤 점에서 관찰된 사실과 모순되는지를 찾아내려고 해야 할 것이다. 귀납 방식은 가능한 한 많은 개별 사례 조사를 통하여 최대한 신뢰할 만한 일반화를 도출함으로써 궁극에는 어떤 확실한 인식에 도달하려고 하는 반면에, 가설–연역 방식은 일단 어차피 도달할 수 없는 확실성 자체를 추구하지 않는다. 이 방식은 실제라는 복잡한 자

물쇠에 – 일시적이고 제한적이긴 하지만 – 맞는 열쇠가 되는 이론들을 내세우는데, 이들이 서로 다르고, 때로는 매우 대립되기도 한다. 이 방식은 지속적으로 맞지 않은 열쇠를 골라내려고 할 뿐, 자물쇠의 정확한 구조를 밝혀냈다는 주장은 결코 하지 않는다(E. v. Glasersfeld 1985: 20).

더 자세히 알아보기: D. Follesdal et al. 1988: 54–60; W. C. Salmon 1983: 214–239

1.3.8 논증과 의사소통

지금까지의 이야기를 통해서 인식이란 그저 다른 사람과는 전혀 상관없이 인지하고, 가설을 세우고, 추리하여 세계상을 구축하는 개인 활동일 뿐이라는 잘못된 인상을 받을 수도 있다. Henscheid의 소설에 묘사된 유난히 고독한 여행자인 헤르만에게는 어느 정도 그럴 수도 있다. 하지만 질문하는 시기의 어린이에게는 분명히 그렇지 않을 것이며, 가설-연역적으로 탐구하는 학자에게는 더 더욱 그렇지 않다. 인간의 인식은 사회적이며 언어적 의사소통, 특히 논거의 교환 없이는 불가능할 것이다. 117

이러한 사실은 어린이가 언어 사용과 밀접한 연관 속에서 인식 능력을 발전시킨다는 사실에서 쉽게 알 수 있다. 부모와 주변 사람의 발언이 어린이의 주의력을 이끌어 일정한 자극을 객체로 분류하고, 안정된 객체 모형을 만들어서 객체를 집합으로 파악하게 한다. 어린이의 추론 행위 또한 마찬가지로 선천적인 메커니즘뿐만 아니라, 들어서 알게 된 논거를 통해서도 계발된다. Jean Piaget는 118

성인이 어린이의 설명에 영향을 미치는 예를 많이 보여주었다.

119 ACK(8; 7): *"가끔은 보름달이고, 가끔은 반달이에요.* – 어떻게 그렇게 되었지? – *저절로 갈라져요.* – 그럼 달의 나머지는? – *구름 뒤에 숨어있어요.* – 그런데 구름이 없으면? – *하늘에, 하느님에게 있어요.* – 왜 갈라져? – *날씨를 나쁘게 하려고요. 보름달은 날씨를 좋게 하려는 거고요."* (J. Piaget 1978: 226)

120 LUG(12; 3): "하늘은 무엇이지? – *구름이에요.* – 어떤 색인데? – *흰색.* – 푸른 하늘은 구름인가? – *아니요.* – 그럼 뭐지? – *공기예요.* – 하늘은 어떻게 해서 시작되었지? – *공기로.* – 공기는 어디서 왔어? – *아래 땅에서요.* – 하늘 위에는 무엇이 있지? – *비어있어요."* (J. Piaget 1978: 23ff.)

121 Piaget에 따르면, 이러한 설명 시도들은 "당연히 어른의 말에 영향을 받은 것이며, 특히 달 모양의 변화가 날씨 신호라는 것을 아는 어린이의 경우는 더욱 그렇다." (J. Piaget 1978: 226) 그리고 "만약 이 어린이들이 질문하지 않았다면, 10살 혹은 11살이 되어도 하늘이 공기로 되어 있고, 고체가 아니라는 것을 모를 것이다." (J. Piaget 1978: 232; R. Rössler/O. E. Rössler 1994 참조)

122 나이가 좀 든 어린이와 성인도 끊임없이 서로 소통하면서 자신의 세계상을 구축한다. 유치원, 초·중등 학교와 대학교, 정당, 친구, 클

럽, 주거 생활 공동체 등에서도 사람들은 끊임없이 가설, 관찰, 그리고 그에 상응하는 논거를 교환한다. 그러나 자신의 말이 가설의 성격을 띨 수 밖에 없다는 것을 – 특히 정당과 친구 모임에서는 – 보통 잘 의식하지 못한다.

바로 모든 인식의 불확실성 때문에, 인간은 오랜 문화적 진화 과 123
정 속에서 형성된 언어와 함께 검증된 개념 구분과 논거 모형이라는 필수 보조수단을 비판적으로 습득하지 않을 수 없다. 또한 인간은 요리할 때나 대학에서 연구할 때도 자극과 비판이 필요하다. 즉, 새로운 가설을 세우고, 새로운 관찰을 하거나, 견고해 보이는 견해를 반박하게 된다. 따라서 인식 문제에 대한 사고에서도 우리는 이미 앞서 언급한 논증과 직관의 관계에 대한 사고에서와 동일한 결론에 이른다. 즉, 우리의 세계상이 어느 정도만이라도 신뢰성을 얻어야 한다면, 우리는 논증하지 않을 수 없다. 그렇게 하려면 새로운 가설, 관습에 얽매이지 않고 창의적으로 달리 생각하는 사람과의 의견교환, 논거에 대한 비판적 분석, 우리의 견해에 대한 논증적 비판, 비판적인 모순 탐색, 우리의 기존 견해를 의문시할 수 있을 새로운 관찰 등에 대해서 열린 자세를 가져야 할 것이다. 물론 현재의 문화적 여건이 이런 자세를 촉진하는 것이 아니라, 오히려 방해하는 것이 아닌지는 다음 장에서 따져봐야 할 것이다.

1.4 논증과 문화

1.4.1 논증의 문화적 맥락

124 전제에서 결론에 이르는 과정을 언어로 표현하는 논증은 유익할 뿐 아니라, 반드시 필요한 것 같다. 그렇지만 궁극적인 확신에 이르는 길이라기보다는 잘못된 것을 가려내는 소박한 방법일 뿐이다. 논증, 무엇보다도 다음 장들에서 제안될 사후 비판적 분석으로서의 논증은 시간이 걸리고 번거롭긴 하지만, 우리 뇌의 무의식적 메커니즘을 수정해주는 수단으로서, 틀린 가설을 반박하는 도구로서 시급하고 필수적이다.

125 논증이 그렇게 유용하다면, 논증할 줄 알고 논증할 준비가 되어 있는 사람을 왜 매 순간 만나지 못하는 것일까? 왜 논증과 논증 분석을 힘들게 가르치고 배워야 하는 것일까? 논거들이 왜 하필이면 불쾌하게 느껴질 때가 많을까? 몇 가지 답은 명확하다. 우선, 우리의 일상적 이성에 따른 직관적 추론은 항상 우리의 감정과 욕구, 그리고 우리의 사회적 관계로부터 영향을 받기 때문이다. 그런 추론을 논증을 통해 검증하면 장기적으로는 오류와 피해를 피할 수도 있지만, 단기적으로는 대개 고통스러운 모순과 갈등에 빠지게 된다. 한참 논거를 교환하고 나서 도달한 결론이 우리의 자연스런 감정에 거슬리거나, 우리가 선호한 견해를 포기하게 할 때, 또한 동료나, 파트너, 친구와 갈등 관계에 빠지게 하고, 우리의 본능적 욕구를 포기하게 한다면, 우리는 결코 즐겁지 못할 것이다. 또한 자세히 따져보았을 때 우리의 논거가 설득력을 갖지 못한다고 판명되면, 그 또한 즐겁지 못할 것이다. 이런 경우 우리의 검증되

지 않은 직관은 대부분 훨씬 더 관대하다. 그래서 우리는 '불편한 진실'을 밝혀주는 냉철한 논거나, 심지어 실패한 논거를 다시 생각하게 하는 비판보다 직관에 따르기를 너무나도 자주 선호하는 편이다. 논거를 따지고 그 결과를 수용해야 하는 사람은 이미 통찰력, 자기 규율, 관련 경험 등을 갖추고 있어야 한다. 또한 많은 전제와 보조 논거를 개관하고 그들 사이의 관계를 따져봐야 하는 경우에는 보통 사람 이상의 지적 능력과 끈기를 가져야만 논증이 가능하다.

더 중요한 사실은 논거 중에는 참 또는 거짓이라는 *사실 여부*가 126
아니라, 어떤 것을 해야 할지 또는 하지 말아야 할지라는 *당위의 문제*에 관한 것이 훨씬 더 많다는 점이다. 월식이 지구의 그늘로 인해 *생긴다*는 논거는 물리학의 기본 지식과 몇 가지 천문학적 전제를 어느 정도 믿기만 하면 이해되는 것으로 논란의 여지가 거의 없다. 반면에 능력 미달인 학생의 입학을 막고 강의의 효율성을 높이기 위해서 엄격한 입학시험이 도입*되어야 한다*는 논거는 아마도 거센 반박에 부딪힐 것이다. 무엇보다도 강의의 효율성보다 모든 대학 지원자에 대한 평등한 대우가 더 중요하며, 학생 선발 시험은 불평등을 야기한다는 사실을 들어 이의를 제기할 것이다.

"대학은 엄격한 입학시험을 도입*해야 한다*."와 같은 *규범적* 결론 127
에 대한 찬반 논거로 "대학은 효율적*이어야 한다*."거나 반대로 "지원자는 모두 평등하게 취급*되어야 한다*."와 같은 *규범적* 전제가 사용될 수 있는데, 그 유효성은 논증하는 사람의 정치·도덕적 견해와 이해 관계에 따라 달라진다. "6백 명의 학생이 지원했다."와 같이 **기술하는**(deskriptiv) 문장은 사실 정황과 관련되어 있기 때문에 그 사실 여부를 검증할 수 있는 반면에, **규범적**(normativ)인 문장의 경우에는 관찰과 연구가 더 이상 도움이 되지 못한다. 물론 객관화를 시도할 수도 있고, 평등을 옹호하는 사람에게는 효율성의 긍정적 효과를, 효율성을 지지하는 사람에게는 평등과 평등한 대우의 긍정적 효과를 설명할 수도 있다. 그러나 그런 효과를 평가하는 데 또 다시 의견 일치가 어려운 규범적 전제를 사용할 수밖에 없다. 대학 지원자로서 입학시험에 불합격한 사람은 우선 자기 이익을 고려해서 평등한 대우를 요구할 것이다. 반면에 대학교수와 유능한 학생은 교육의 효율성을 강조할 것이다.

128 이 경우, 절충점을 찾기 위해서는 대부분 많은 요구가 충족되어야 한다. 우선 양측이 상대방의 논거와 보조 논거를 들어줘야 하고, 자신의 이해관계뿐만 아니라 상대방의 이해관계도 이해해야 한다. 경우에 따라서는 양측이 서로 이해관계의 균형을 맞추는 것이 장기적으로 보아 자신의 관점만 집요하게 고집하는 것보다 더 유익할 것이라는 것을 인식해야 한다. 규범과 관련된 도덕적 혹은 정치적 논증의 질은, 결론에 이르기 전에 제기된 모든 관점의 찬반 여부를 평가하는 진솔성과 완전성의 정도에 따라 결정된다.

129 논증하는 데 따르는 지적·정서적 어려움은 보편적이며, 상이한 이해관계와 규범적 전제 사이의 갈등만큼이나 피할 수 없는 것이다. 그러나 이런 어려움에도 불구하고 논증하기를 촉진하는 문화적 조건도 있다. 이 중 특히 중요한 역할을 하는 것이 바로 문자의 사용이다. 논거가 항상 글로 작성되어야 하는 것은 아니지만, 쓰기 경험은 논증을 하기 위한 중요한 전제조건이다. 자신의 관점과 결정을 때때로 글로 작성하여 설명하는 것을 배우는 사람은 사안의

연관성을 개관하고 이에 거리를 두고 생각할 수 있는 여지를 갖게 된다. 예를 들어, 중요한 편지도 항상 서명 후 곧장 발송하거나, 처음부터 전화로만 소통하는 사람보다는 자신이나 남의 논거를 며칠 또는 몇 주 후 다시 한번 읽어보는 사람은 논거의 약점을 더 쉽게 알게 된다. 글은 때로 너무 성급한 우리의 생각에 제동을 걸어주고, 격화된 감정, 잘못된 사고, 경솔함 등에 항상 노출되어 있는 생각을 우리로부터 분리하여, 나중에 이것을 다시 좀 더 명료하고 냉철한 머리로 검토할 수 있게 해준다. 이처럼 글쓰기와 논증하기는 서로 밀접한 관련을 맺고 있다(O. Ludwig/W. Menzel 1975: 10f.; J. Oxemham 1980: 19–84; K. Bayer 1982b: 148–152). 말로 하는 논증도 미리 준비한 글이나 메모를 보면서 하는 경우가 많고, 논증을 제대로 분석하려면 말을 녹음하여 글로 옮겨야 한다.

분명한 것은 필요한 문자 혹은 문자에 가까운 언어를 사용하는 130
능력이 저절로 길러지는 것이 아니라, 무엇보다도 관련 교육이 전제되어야 한다는 점이다. 이를 위해서 기초적인 쓰기 기술을 넘어 텍스트 차원에서 글로 논증하기를 요구하고 촉진하는 교육이 필요하다. 이러한 교육이 장기간에 걸쳐 성공을 거두기 위해서는 반드시 학교, 가정 및 사회 전반에 걸쳐 논증을 보상하고, – 권력을 가진 사람까지 포함하여 – 모두가 논증에 참여하며, 그 결과를 수용하는 자세를 갖춘 환경이 조성되어야 한다. 논증과 비판을 통해서 자기 이익을 관철시킬 수 있다는 것을 최소한 가금씩이라도 경험하지 못하는 사람은 논증이 불필요하다고 생각할 것이다.

현대 서구 산업국가들과 독일에서 논증과 논증 비판이 어떤 위 131
상을 누리고 있는지를 짤막한 다음 장에서 두루 다 자세히 설명할 수는 없지만, 적어도 몇 가지 잠정적인 가설은 제시할 수 있다.

1.4.2 논증 교육?

132 현대 독일 교육이 한 마디로 논증 적대적이라고 주장하는 것은 분명히 부적절할 것이다. 우선 가정과 학교에서 *하나의 통일된* 교육을 하지 않고, 교육과 관련된 온갖 다양한 행동 방식이 실행되는데, 그 중에는 논증 행동을 촉진시키는 것도 적지 않다. 더욱이 지난 40년 동안 교육체제가 지속적으로 확장되어, 점점 더 많은 어린이와 청소년이 다양한 형태의 중등 이상의 교육을 누리게 되었다. 따라서 오늘날에는 훨씬 더 많은 청소년이 논증하는 데 필요한 지적·언어적 전제조건을 습득할 것이고, 전체적으로 보면, 학교 안팎에서 3, 40년 전보다 훨씬 더 많은 논증이 이뤄지고 있을 수 있다.

133 그럼에도 불구하고 특히 사회 및 심리 분야에서 일련의 역행하는 경향도 관찰된다. 1960년대 이래 교육 체제가 확장되면서 한편으로는 평준화가 이루어졌지만, 다른 한편으로는 바람직한, 반드시 필요한 학업능력 척도의 세분화가 구축되었다. 그래서 중등학교 및 대학의 졸업이 오늘날 형식적으로만 동일한 가치를 가질 뿐, 습득한 능력은 동일하지 않은 경우가 많다. 오늘날의 교육 체제에서 학업을 마친 사람의 능력은 양적으로나 질적으로 지난 2, 30년 전보다 훨씬 더 다양하다. 이와 같은 이질성과 종종 엄격한 전문화 덕분에 산업 및 경제 분야 종사자가 풍부하고 다양한 능력을 바탕으로 더욱 창의성을 발휘할 수 있게 되었으며, 교육자와 대학은 바로 이러한 '다양한' 인적자원을 바탕으로 학생의 다양한 관심과 학습 전략에 더 잘 대처할 수 있게 되었다. 게다가 과학·기술·의사소

통 시스템 등이 급속도로 발전하고 있기 때문에 – 제한된 좁은 분야에서조차 – 모든 능력을 다 갖췄다고 말할 수 있는 사람이 없어졌다. 이러한 점에서도 다양한 능력을 갖춘 사람들이 협업하는 것만이 성공을 약속하는 유일한 작업 형태가 되었다.

이로써 논증의 새로운 계기가 또 생기는 것이다. 그러나 동시에 134
부분적으로 대립되는 서로 다른 수행능력의 척도 속에서 중·고등학생, 대학생, 기술자, 교사 및 교수들이 자신의 작업 스타일, 지식, 능력 및 한계 등을 제대로 인정받고 있다고 느끼면서 안정된 자기 정체성과 자아의식을 발전시키기가 점점 더 어려워지고 있다. 그렇기 때문에 논증 상황이 불안스럽고 위협적으로 느껴지는 경우가 적지 않다. 그 결과, 시급히 필요한, 사실에 입각한 의견 교환이 감정과 관계의 갈등에 막히거나 아예 이뤄지지 못하는 경우도 적지 않다. 또한 논거를 직접 따져보는 것을 귀찮아하거나 그렇게 할 수 없는 사람과 비판을 주고 받는 것을 불안하게 생각하는 사람은 대개 기존 관행의 보호 아래 숨거나 그때그때의 대세에 따른다.

교육전문가들에 따르면 '일관성 없는' 교육을 하는 가정이 적지 135
않다고 한다. 전혀 일관성 없이 행동하는 부모가 점점 늘어나고 있는데, 자기 규율을 완화하고 '기분 내키는 대로' 살면서, 그때그때의 기분에 따라 아이의 뜻을 받아주기도 하고, 상 또는 벌을 주기도 한다. 이런 부모에게서 자란 어린이는 자기 행동과 부모의 반응 사이에 안정된 연관성을 찾아내지 못한다(Der Spiegel 4. 6. 1998: 126–137 참조). 아이와 부모의 기본 관계가 어린이가 자라면서 구축하는 세계상의 토대이자 모델이기 때문에, 예측할 수 없는 부모에게서 자란 어린이는 자기 주변을 논증적으로 예측할 수 있다는 생각을 하지 못할 것이다(J.-U. Rogge 1998). 반면에 아이에게 일관성 있는 행동을 보여주고 요구하는 부모도 있다. 그러나 이 경우에도 사춘기가 시작되면 부모와 자식 간의 대화가 매우 갑작스럽고 극단적으로 중단되는 경우가 적지 않은데, 그 원인을 오로지 사춘기의 갈등으로만 돌릴 수는 없다.

136 이 경우 여러 가지 원인이 문제가 된다. 예를 들면, 어느 정도 통일된 행동규범을 보장해주었던 전통적인 가정 분위기가 지난 수십 년 사이에 해체되었다(H. Giesecke 1985: 33; H. Giesecke 1996: 18, 93–98, 114f.). 그래서 가족 구성원들은 오늘날 더 이상 – 전통적으로 흔히 종교에 바탕을 두었던 – *하나의* 규범체계를 따르지 않고, *상이한* 규범체계를 따르는 경우가 종종 있다. 더 중요한 것은 현대 어린이의 행동규범이 점점 더 일찍, 그리고 점점 더 많이 가정 밖에서 형성된다는 사실이다. 어린이와 청소년이 노출되는 매우 다양한 생활 환경과 특히 그들이 접하는 영상 및 음향 매체가 이미 유치원 시절부터 어린이의 행동에 영향을 미친다(H. Gieseck 1985: 68–74; H. Gieseck 1996: 48–58).

137 한 가족 내에서 종종 나타나는 형제 간의 상이한 행동규범이 서로 충돌하기도 하고 부모의 행동규범과도 마찰을 빚기도 한다. 이 경우 지각, 설명 및 행동의 척도가 다양하고 서로 모순됨으로써 논증적 대립을 야기하기도 하지만, 또 매우 어렵게 만들기도 한다. 그래서 아예 논증이 일어나지 않거나, 어설픈 타협이 이뤄지기도 하며, 체념과 방관이 대세로 번지기도 한다. 부모의 논증은 대개 또래 집단의 영향에 비해 별 성과가 없다. 왜냐하면 한편으로 부모의 생활 환경이 청소년의 자아 및 세계 해석에 상당한 영향을 미치기는

하지만, 다른 한편으로는, Hermann Giesecke가 정곡을 찔러 말했듯이, 부모와 자식 간의 생활 환경이 "소비 공동체일 뿐 철학적 사유를 하는 콜로키움의 장은 아니기" 때문이다(Giesecke 1996: 53).

텔레비전의 영향에도 특히 주목할 필요가 있다(N. Postman 1985: 138
83-140). 한편으로는 토크쇼, 토론, 교양 프로그램, 또는 국회토론 중계 등이 어린이와 청소년에게 대체적으로 - 물론 가끔씩 그렇지 못한 경우도 있지만 - 아주 다양한 형태의 합리적인 논증을 보여준다. 다른 한편으로는 유아조차도 매우 다양하고 부분적으로는 서로 매우 모순되는 견해와 문화적 행동규범을 언제든지 많이 접할 수 있게 된 것이 아주 새로운 상황인데, 이것이 앞으로 어떤 영향을 미칠지는 쉽게 단정하기 어렵다. 1960년대까지만 해도 몇 개 안 되었던 텔레비전 방송국 프로그램은 정선된 것이었고, 방송 순서도 엄격히 관례화되어 있었으며, 방영된 영화의 대부분에서는 악한 사람이 누구인지가 명백했었다. 반면에 오늘날 대부분의 가정에는 광고로 가득 찬 채널이 무수히 제공되고 있다. 텔레비전 프로그램의 개별 내용과는 상관없이 매 순간 극단적인 행동모델들이 동시에 나타나는 것만으로도 어린이는 혼란스러워한다. 이러한 세계에서 과연 합리적인 사고와 논증으로 질서를 찾을 수 있을까라는 의구심이 생길 수 있다. 1960, 70년대까지만 해도 많은 어린이들이 세계는 원칙적으로 설명이 가능하고 인간의 행동도 원칙적으로 명확한 척도로 측정할 수 있다는 유익한 환상을 누렸다. 이러한 상황은 이제 매체를 통해 전달되는 많은 사실과 픽션, 또한 많은 상이한 논증 스타일로 인해서 거의 기대할 수 없게 되었다.

139 대중매체를 통한 정보의 물결이 널리 퍼지고 동시에 전문화되어 감에 따라서 대중매체 전체가 일차원적 '대중문화'가 아니라, 반대로 문화를 분화하고, 심지어 사회를 분할하게 되어, *학생들도 함께 이야기할 공통의 TV체험이 점점 더 적어지는 현상이 나타나고 있다.* (H. Giesecke 1996: 39, 이탤릭체 강조는 여기서 추가됨)

140 게다가 거의 모든 텔레비전 방송에서 언어보다 영상이 훨씬 더 큰 비중을 차지하고 있다. 그런데 영상은 논증하지 않는다. 영상은 암시적으로 영향을 행사할 뿐이다. 영상에도 나름의 문법이 존재하겠지만, 언어의 문법만큼 엄격하지는 않다. 그래서 영상은 언어 텍스트에 비해 논증적으로 따져보기가 훨씬 더 어렵다. 그러므로 사회가 텍스트 기반에서 동영상 기반으로 변화하면 논증 및 규범에 바탕을 둔 행동양식에서 무비판적 모방에 바탕을 둔 행동양식으로의 변화가 나타날 수도 있다는 사실을 배제할 수 없다(N. Postman 1983: 81–136; N. Postman 1985: 83ff.; W. Bergmann 1996; V. Flusser 1997: 21–40).

141 이러한 경향은 수십 년 전부터 유지되어 온, 글로 된 논증 형식을 소홀히 하고 말로 하는 논증 형식을 선호하면서 상이한 관점을 글에 바탕을 두고 따지기보다는 개별 이해관계를 말로 대변하도록 가르치고(K. Bayer 1985; K. Bayer 1987; C.Lasch 1995: 183–221), 합리성보다는 감성을 훨씬 더 중요시하는(H. Giesecke 1996: 121ff., 141, 153f.) 교육으로 인해서 더 강화될 수도 있다.

142 논증 토론이 줄어드는 경향은 가정과 학교에서의 상호관계가 점점 법적으로 규정되는 데에도 원인이 있을 수 있다. 오늘날의 관점

에서 보면 대부분 지나치지만, 옛날 부모가 권위적이고 자의적으로 할 수 있는 일과 할 수 없는 일을 결정하고, 용돈 금액을 일방적으로 책정하고, 교육비를 대부분 부담했을 때 '옥죄인 아이들'은 자신의 소망과 요구를 소상히 설명하고, 이유를 말해야 했다. 학교에서도 마찬가지로 학생은 교사에게 – 비록 성공하는 경우가 많지는 않았지만 – 과제 처리, 제출 기한 연기, 수업 중 발언의 필요성 등에 대한 이유를 납득시켜야만 했다. 이러한 종속성은 오늘날 아예 없어졌거나 완화되었다. 소비와 교육에 대한 요구(H. Giesecke 1996; 43–48, 84f., 101ff.)가 작은 논란의 여지만 있어도 아주 세세하게 규정되고, 교사의 결정과 판단의 여지도 법령과 규정으로 엄격하게 제한되어, 어린이와 청소년이 자신의 이익을 대변하기 위해 굳이 논증을 해야 할 필요가 점점 더 줄어들고 있다. 그들은 보통 또래 친구들의 일치된 생각이나 법령 및 규정에 따라 자신에게 속한다고 생각되는 권한을 당당하게 요구한다. 김나지움 상급반(Oberstufe)의 교과 이수 및 평점 제도를 잘 이용하는 학생이라면 교사를 상대로 논증할 필요조차 없다. 이러한 제도적 안정장치는 물론 환영할 만하지만, 이로 인해서 과거 논증 능력을 촉진시켰었던 – 종종 힘들고 성공률도 낮았지만 – 논증 토론의 기회가 포기된다. 교육학자인 Hermann Giesecke가 청소년의 경제적·성적 자립에 대해서 한 말이 그들의 지적 자립에도 일부 해당될 수 있을 것이다. "자립이 (···) 별 노력 없이 저절로 손에 쥐어진다면, 이것은 시대적으로나 개인적으로 가치가 없다."(H. Giesecke 1996: 46) 그래서 오늘날의 많은 대학생들은 1950-1970년대의 권위적이고 종속적인 체제 속에서 교육을 받았던 대학생보다 체계적으로 논증하는 비판적 자세와 능력이 훨씬 부족하다.

143 물론 현 조건 하에서도 매우 다양한 형태의 생활 요령과 지성이 발전하고 있다. 다양한 사회화 조건 속에서 성장하는 것이 현대 어린이에게 *단지* 어려움만 주는 것은 아니다. 오히려 새로운 배움의 기회도 제공한다(H. Giesecke 1996: 15, 65). 그러나 오로지 진솔한 논증적 담론을 통해서만 헤쳐 나갈 수 있는 단일한 세계에 살고 있다는 환상은 이제 완전히 깨졌다. 부모와 정치가의 논거는 종종 취약하거나, 때로는 거짓이라고 여겨진다. 학교에서 받는 논증 *훈련*이 예전에 *실생활의* 독립 투쟁에서 얻었던 학습 기회를 대체할 수 없으며, 학교 훈련은 흔히 실생활과는 거리가 먼 교육 프로그램일 뿐이다. 이제 어린이와 청소년이 직면하는 문제는 논증이 아니라, 정신적 성장을 위한 힘든 노력, 정체성을 찾기 위한 힘겨운 투쟁(H. Giesecke 1996: 59ff.), 부모와 학교가 제시한 규범을 교활하게 이용하거나 피하는 것(H. Kaulen 1997: 86ff.), 또래 집단의 소비 공동체에 적응하는 것 등이다.

더 자세히 알아보기: N. Postman 1983; N. Postman 1985; H. Giesecke 1985; H. Giesecke 1996; W. Bergman 1996; V. Flusser 1997

1.4.3 논증과 관련된 사회적 상황

144 앞 장에서 암시한, 논증 행동을 방해하는 요인이 어린이와 청소년에게만 해당된다는 인상을 주었다면, 이는 분명히 잘못된 것이다. 성인도 한편으로는 많은 논증과 논증을 하라는 요구에 직면하

는가 하면, 다른 한편으로는 신중한 논증을 포기하게 하는 상황에 직면하게 될 때도 있다.

시청률을 높여 광고 수입을 올리려는 라디오와 텔레비전 프로그 145
램은 점점 더 평균 시청자가 집중할 수 있는 짧은 시간에 맞추려고 노력한다. 긴 시간의 집중을 요구하는 프로그램이 줄어들면서 시청자가 집중할 수 있는 시간도 더 짧아진다. 기껏해야 90초를 넘지 못하는 발언이 점점 더 늘어남으로써 더 이상 신중한 논증이 허용되지 않고, 대부분 자극적이고 감정적으로 과장된 발언이 요구된다.

정당과 정치인은 대다수의 유권자가 복잡한 논증을 허술하고 추 146
진력이 없다는 징표로 해석하며 거부하는 것을 거의 항상 경험한다. 그래서 지금은 비교적 사려 깊은 정치가도 공개석상에서는 잘 계산된 짧은 구호성 발언만 하는 것이 보통이다. 선거운동과 많은 정치 토론도 대중매체 앞에서는 점점 더 선동적이고 감정적인 광고전이 되고 만다.

따라서 다양한 행위에 대한 찬반 의견을 허심탄회하고 완벽하게 147
따지는 정치 논증을 보기가 어렵다. 그럼에도 불구하고 깊은 생각을 한 후에 망명 신청권한과 망명 신청권한 남용 사이의 해결하기 힘든 모순을 공개적으로 지적하는 시민이나, 임금 수준과 경쟁력 사이의 긴밀한 상관 관계를 지적하는 조합원, 평등권 요구와 능력 차이 사이의 충돌되는 점을 지적하는 대학생은 '다른 편의 박수'를 받으면서 자기 편을 약화시킨다는 비난을 감수해야 할 것이다(Mohr 1998: 177). '정치적으로 올바른' 매우 다양한 언어 규정이 처음부터 정치적 관점을 확정하고, 여기에서 벗어나는 사람을 아웃사이더로 낙인찍는다. 그래서 정치 토론이 사적인 대화에서마저 일방적 주장, 회피적 처신, 소심한 순응주의 등으로 점철된다. 이러한 분위기에서 극우파나 극좌파가 주목을 끄는 것은 – 매우 유감스럽고 위험하기는 하지만 – 쉽게 이해할 수 있다. 왜냐하면 이들이 다른 곳에서는 전혀 언급조차 될 수 없는 – 매우 편파적인 – 논거를 내세우기 때문이다.

148 논증적 합리성의 전통 아성인 대학에서도 이제는 논증이 결코 당연한 것이 아니다. 1960년대 후반부터 독일에서 진행된 인문학의 정치화가 처음에는 주로 논증을 통해 설명되었으나, 얼마 가지 못해서 인문학을 여러 진영으로 분열시키는 결과를 초래하였다. 특히 정치적으로 논란이 많은 교원 양성 학과에서 논거가 아니라, 노골적인 권력이 힘을 행사하였다. 사실을 설명하는 말과 규범을 제시하는 말이 거의 구분되지 않았고, 규범적–정치적 전제가 은폐되었다. 특히 교육학과 교수법 분야에서 정치적 동기로 개발된 수업 구상이 마치 학문 연구의 결과인 양 제시되었다. 이 구상의 효과와 복합적인 결과를 먼저 연구하여 단계적 개혁을 제안하고, 부정적인 결과가 더 많이 나타나면 이를 철회하도록 하는 대신에, 가장 앞섰다고 생각하는 자기 입장을 최대한 빨리 교단에 도입하게 할 목적으로 연구소, 학술지 위원회, 교과서 편집진, 언론매체 등에서 자리를 둘러싼 치열한 투쟁이 벌어졌다(H. Giesecke 1996: 136). 이 과정에서 논증의 냉철성은 대학과 교육 정치계에서 벌어진 참호전의 전략과 전술의 희생양이 되었으며, 부분적으로는 오늘날까지도 이런 상황이 이어지고 있다.

149 많은 대학 교수가 당혹스러운 비판을 피하고, 정체성의 갈등을 줄이거나 해소하기 위하여 진영을 형성하는데, 이런 진영 형성이

개별 학과에 나타나는 경우도 있다. 진보적인 학자, 보수적인 학자, 페미니스트 학자, 즉흥적인 학자, 업적 지향적 학자, 업적 무관심 학자, 출판에 적극적인 학자, 여유롭게 혼자 지내는 학자 등이 다채롭게 섞여있는 집단에 각기 대학생 집단이 모여있다. 정치·방법론·내용 상의 대립은 보통 논의되지 않고, 다소간 적대적인 공존 속에서 묻히거나 방치된다. 이런 학과에서 공부하는 학생은 논거의 설명력과 논증 분석의 유용성에 대한 신뢰감을 키우기 어려울 것이다. 지난 수 년 간 소위 '볼로냐 프로세스(Bologna-Prozess)'과정에서 문제가 있는 개혁이 시도되면서 비판적 논증을 하기에 대학의 여건이 더 나빠졌다는 징표도 있다(S. Liebermann/Th. Loer 2006).

공학과 자연과학은 대체로 정치화에서 벗어나기는 했으나, 혼란 150
스럽기는 마찬가지이다. 예를 들면, 과학기술과 프로젝트 사이의 양립 가능성에 대해 완전히 상반되는 평가서가 제출되곤 하는 것을 보면, 자연과학자와 기술자도 때때로 정치적인 판단을 내린다고 생각하지 않을 수 없다.

지금까지 제품의 객관적 정보를 겉으로 드러나지 않는 교묘한 방 151
법으로 잠재적 고객의 감성에 호소해 온 상업광고도 오늘날에는 감정과 충동으로 채워진 체험 공간만 보여주며 현혹시키는 경우가 많다. 이러한 광고 전략은 불과 몇 년 전까지만 해도 그저 허위 정보이며 조작이라고 비판되고, 터무니없는 것으로 여겨졌겠지만, 오늘날에는 광고에 사용되는 상징과 가상의 세계가 이미 우리 사회 현실의 매우 실질적이고 효율적인 부분으로 자리 잡았으며, 소비자의 세계상 속에서 예전에 신화와 종교의 상이 채웠던 공간을 메우고 있다(K. Bayer 2004: 70-75). 이들은 거의 언어를 사용하지 않고 주로 영상과 감정에 의존하기 때문에 논증적 비판을 통해서 접근하기가 어렵다(N. Postman 1985: 154–173). 예전에 논증적 비판이 가능했던 경우에도 지금은 강력한 광고 캠페인으로 논증적 비판이 무력화된 지 오래이며, 그 토대마저도 빼앗겼다. 예를 들어, 어떤 상황에서 음주 상황으로 넘어가기 위해서 아직 논증을 통한 합리화가 필요했던 1960년대에는 "비가 오기 때문에/ 눈이 내리기 때문에/태양이 빛나기 때문에 나는 X라는 술을 마신다."와 같은 광고문이 제시되었다. 이것은 *모든 자의적* 이유가 X라는 술을 마시는 것을 정당화하므로, 술을 마시는 이유를 꼭 제시해야 할 필요가 없다는 것을 보여주는 것이었다(E. Neumann et al. 1974: 138ff.).

152 전 세계적으로 구축된 새로운 정보망 때문에 앞으로도 이성적으로 논증할 일이 있을까라는 의구심이 생기는 것도 아이러니한 일이다. 인터넷에는 유용한, 종종 잘 논증된 정보가 유례 없이 많이 제공되고 있다. 그러나 바로 이 정보의 홍수와 정보의 다각적 연계성이 문제를 야기한다. 대부분의 인터넷 사이트에는 마우스만 클릭하면 쉽게 다른 사이트로 이동할 수 있는 링크가 많이 들어있다. 그런데 이 개별 사이트 사이의 연계성이 매우 다양하여, 링크가 현재 사이트에 대한 설명이나 증명, 또는 영상 자료를 가리킬 수도 있지만, 중요하지 않은 부차적 주제나 어떤 스폰서의 광고 사이트, 혹은 전혀 관련이 없는 자료를 지시할 수도 있다.

153 이러한 방식으로 인터넷이 정보를 제공하기는 하지만, 특히 미숙하고 집중력이 약하거나 지적 능력이 떨어지는 인터넷 사용자는 도처에 나타나는 이런 링크로 인해서 – TV채널을 이리저리 돌려 볼 때와 마찬가지로 – 한 정보에서 다른 정보로 무작위로 옮겨

가는, 매우 우려스러운 방식에 빠져들게 될 것이다. 비교적 비판적인 사람도 멋진 그래픽으로 처리된 정보를 대량으로 사용하는 매력에 빠져드는 일이 더욱 잦아지고 있다. 다채로운 인터넷 사이트와 그곳에 제시된 링크의 수가 흥미롭고 권력과 정보를 소유한다는 느낌을 주는 바람에 논증을 통해 검토할 필요가 있다는 생각을 너무도 쉽게 놓쳐버린다. 동시에 많은 정보가 완벽한 레이아웃으로 제공되어 중요한 것은 모두 다 정리되어 있으니 이것을 다시 개인적으로 따지고 비판할 필요는 없다는 잘못된 인상도 준다(H. Giesecke 1998: 277-281; W. Bergmann 1996). 게다가 인간의 뇌가 정보를 우선 무비판적으로 받아들인 후, 몇 초 혹은 몇 분의 1초 후에서야 비로소 이를 비판적으로 평가한다는 단서도 있다(B. Bower 1993). 그래서 정보를 수용하는 과정에서 주의가 산만해지면 필요한 평가를 제대로 못할 수도 있다. 오락 주간지의 레이아웃을 모방하고 음향과 애니메이션을 사용하면서 오히려 이들을 능가하는, 다매체를 활용한 많은 상업 인터넷 사이트의 레이아웃이 무비판적인 수용을 부추길 수도 있다.

일반사회와 정계, 그리고 대부분의 시민 사이에 널리 퍼져 있는 154
'정보란 원칙적으로 긍정적인 것'이라는 통념은 잘못된 것이다. 예를 들어, 어떤 분야의 책을 구하는 것은 쉽지만, 그 책에서 *쓸 만한* 정보를 찾아내기는 힘들다는 것을 누구나 경험했을 것이다. 어떤 글을 복사하는 일은 쉽지만, 그 글을 읽고 가장 *중요한* 진술을 걸러내기는 힘들다. 논문을 쓸 때, 결국 중요한 것은 풍부한 자료 수집이 아니라, *적합한* 자료를 목적에 맞게 선택하여 함축적으로 설명하는 것이다. 많은 정보가 들어 있는 대용량 CD-ROM을 구입하는 것만으로 충분한 것이 아니라, 이를 *평가하고 활용할* 줄도 알아야 한다. 수백 개의 인터넷 검색 결과 중에서 실제로 *관련이 있는* 정보 서너 개를 추려낼 줄 알아야 한다.

155 부상하는 '정보 사회'에 대해서 열변을 토하는 사람은, 중요한 것이 대부분의 경우 정보 수집이 아니라, 정보의 가공과 선택이라는 사실을 알아야 한다. 유용한 세계상이란 무질서하게 넘쳐나는 정보 창고가 아니라, 정교한 구조 속에서 효율적으로 작동하는 체제이다. 이 체제를 구축하기 위해서 우리는 일반화, 추론, 논증 등을 통하여 불필요한 정보를 걸러내야 한다(N. Postman 1992: 80–101; T. Norretranders 1997: 47–76). 오늘날 수집할 수 있는 정보가 너무나 많아서 지식보다는 차라리 계획적인 망각이, 맹목적으로 수용된 논거보다는 스스로 고안하고 검토한 논거가 인식 발달에 더 큰 도움이 된다는 사실을 간과하는 일이 적지 않다.

156 끝으로, 자연과학과 기술 분야에서 논증적 이성이 성과를 불러온 것은 사실이지만, 바로 이 성과가 의심과 회의도 불러일으켰다. 환경파괴, 실업, 방향 상실의 확산 등이, 개인을 무의미하고 무능하게 만들고 산업생산의 논리에 종속시키는 '냉혹하고 파괴적인 합리성'의 불가피한 결과라고 믿는 사람이 점점 더 늘고 있다. 이런 사람은 산업생산의 논리를 거부하고, 여러 가지 즉흥적이거나 종교적–밀교(密敎)적인, 또는 정치적–행동주의적인 자세를 취하기도 한다.

1.4.4 합리성의 위기?

157 위와 같은 논증의 위기 상황에 대한 예를 더 나열하는 것은 어렵

지 않다. 그러나 더 중요한 것은, 앞에서 언급한 지적과 가능한 또 다른 지적이 합리성이 처한 현재의 위기를 보여주는 것이냐는 원론적인 질문이다. 논증의 황금기라는 것이 결코 존재한 적이 없다는 사실이 그렇지 않다는 것을 말해준다. 상황은 오히려 그 반대이다. 과거에는 줄곧 소수 엘리트층만이 숙련된 논증 능력을 갖추고 있었다. 점차 더 많은 사람이 고등교육의 혜택을 누리게 된 것은 불과 지난 수십 년 동안에 산업사회에서 나타난 현상이다. 그러므로 합리성의 위기라기보다는 오히려 합리성의 부상이라고 말하는 것이 더 옳지 않을까?

합리성의 양적 – 그리고 일부 분야에서는 또한 질적 – 부상이 이 158
뤄졌음은 결코 부정할 수 없는 사실이다. 그러나 과거 교육받지 못한 대중이 신화나 종교에 바탕을 둔 세계상이나 전해져 내려온 생활환경 속에서 경직된 행동 규범에 맞춰서 삶을 꾸려나갈 수밖에 없었던 점도 고려해야 한다. 이런 점에서 볼 때, 당시 대중은 – 비록 오늘날의 관점에서 볼 때, 그들의 삶이 계몽되지 못하고 착취당한 것처럼 보일지라도 – 논증의 필요성을 크게 느끼지도 못했다. 또한 엘리트 지배층은 하층민의 논거를 들으려고 하지도 않았을 뿐만 아니라, 용인하지도 않았을 것이다. 반면에, 현대 산업사회는 시민 개개인의 합리적인 논증적 사고에 기반을 두고 있다. 시민들은 상황 파악, 권리 주장, 정치 참여, 투표권 행사 등을 하기 위해서 제기된 논거를 인식하고, 때로는 스스로도 논증을 해야 한다.

논증을 제대로 하기 위해서는, 객관적 진술을 하는 기술적 논거 159
에서도, 결론에 대한 관심과 결론의 올바름에 대한 비판적 사고가 전제되어야 한다. 즉, 정보와 매체로 전달되는 논증이 과도하게 넘쳐나는 현대사회에서 제대로 판단할 수 없을 때, 선입견 없는 인식을 바라는 마음보다 안전과 사회적 소속감에 대한 욕구가 더 강할 때, 안전과 평온, 그리고 친구를 보장해주는 기존 견해를 냉철히 따져보려고 하지는 않을 것이다. 중등학교 학생이 학문적 사고를 전혀 경험하지 못하고 매우 다양한 학문 지식만 주입식으로 전수받으며, 대학의 예비 교사가 6~7학기 동안 심리학, 교육학, 사회학은 물론, 2~3가지 수업교과 과목을 학문적으로 이수해야 하는 현 교육 상황에서는 학문적 호기심과 비판에 대한 욕구보다는 염증과 무관심 그리고 검증되지 않은 편견이 팽배해지기 쉽다(K. Bayer 1991: 539–542).

160 상황이 훨씬 더 어려운 것은 규범적 논증의 경우이다. 어떤 행위에 대한 정치적·도덕적 논쟁은 참여자 사이에 어느 정도 공통된 가치체계와 이해관계가 전제되어야 한다. 그래야만 우리는 대화 상대방에게 우리의 제안이 그의 제안보다 *공동의* 목표에 더 적합하다는 것을, 예를 들면 우리가 세운 휴가 계획이 휴식을 취하기에 더 적합하다는 것을 납득시킬 수 있을 것이다. 공동의 목표가 없으면, 상호 소통은 훨씬 더 어려워진다. 만약 대화 상대방이 우리의 생각과는 다르게 휴식이 아니라 기분 전환을 원한다면, 상호 소통을 위한 노력을 포기하거나 삶의 보편적 목표라는 배경 속에서 휴식과 기분 전환 중 어느 것이 더 가치가 있는지를 따져보는, 훨씬 더 힘든 노력을 기울여야 한다. 휴가를 마치고 직장으로 복귀할 때, 기분 전환을 하느라 체력이 고갈된 상태가 아니라 충분히 휴식을 취한 상태에서 활기찬 모습으로 출근해야 한다는 것을 상기시켜야 할까? 그러면 우리의 대화 상대방은 그러한 생각을 받아들일까? 어쩌

면 우리의 논거가 허용될 수 없는 사생활 침해라고 여겨져 소통이 완전히 실패로 끝날 수도 있다. 여기서 하필이면 계몽-논증적 관점에서 전통적인 단일 세계상을 비판한 것이 수없이 다양한 인생관을 탄생시킴으로써 규범적 갈등을 논증으로 해결하는 데 필요했을 이전의 아주 보편적인 단일 규범까지도 파괴해 버렸다.

지금까지의 체계적이지 않고 대략적인 관찰과 사고를 바탕으로 161
더 이상 논증이 이뤄지지 않고 있다는 전반적인 - 그리고 명백히 잘못된! - 주장을 하는 것은 결코 옳지 않다. 많은 가정, 학교, 대학, 정당의 분과 위원회, 의회, 그리고 친구 모임에서도 허심탄회한, 때로는 놀라울 정도로 논리 정연한 논증이 여전히 아주 활발하게 이루어지고 있다. 그러므로 현대 서구 사회에서 수많은 하위문화 체계의 밀접한 공존과 매체를 통한 정보의 홍수가 새로운 논증의 필요성을 불러일으킬 뿐만 아니라, 논증적 소통에 대한 능력과 자세를 더욱 더 요구하고 있는 것은 아닌지, 아니면 앞에서 언급한 몇 가지 사례가 보여주듯이, 현대 사회의 교육 체계, 문화적 차이, 정보의 홍수 등이 각자 고유한 세계상으로 돌아가서 집단을 초월한 논증을 거부하게 하는 것이 아닌지라는 근본적인 질문이 제기된다.

이 질문에 대해서는 여기서 최종적인 답을 할 수 없다. 그러나 논 162
증 낙관론자라고 할지라도 고등교육이 확대되고 매체가 보여주는 논증이 증가하는 상황을 앞세워 여전히 나타날 수 있는 합리성의 위기를 과소평가해서는 안 될 것이다. 만약 근대 합리성의 정치적·학문적 성공의 결과가 자신을 가능하게 하였던 바로 그 변증법적 논증 방식의 토대를 파괴한다면, 이는 매우 우려할 만한 일이 될 것이다. 그러므로 논증과 논증 분석을 다루고자 한다면, 앞에 언급한 현상들에 유념하면서 논증적인 언어 사용을 위해 노력해야 하는 이유를 잘 설명해야 할 것이다.

1.4.5 논증은 권력행사인가?

163 지금까지 논증이 추구할 가치가 있다는 것을 보여주는 여러 가지 이유를 거론하였다.

- 논증은 빠르긴 하지만 오류와 유혹에 빠지기 쉬운 우리의 직관을 비판적으로 살펴볼 수 있게 한다.
- 논거는 우리가 세계상을 구축하고 사용하는 데 특히 설명하고 예언하거나, 지식 확장을 위해 가설을 반박할 때 중심적인 역할을 한다.
- 인간의 인식이 불확실하고 잠정적일 수밖에 없다는 점에서 우리는 항상 비판적 판단의 도움이 필요하다.
- 논증에 바탕을 둔 비판은 고질적인 오류와 선입견을 극복할 수 있는 – 비록 부족할 때도 많지만 – 기회를 제공한다.
- 논증에 바탕을 둔 토론은 폭력을 사용하지 않고 비교적 평화적으로 갈등을 해소할 수 있는 방법을 제공한다.
- 논증에 바탕을 둔 토론은 감정이입 능력을 촉진하여, 타인의 입장을 그저 낯설고 나쁜 것으로 치부하지 않고 그 논리를 이해할 수 있는 기회를 제공한다.

164 논증을 해야 하는 이유가 이렇게 충분히 있는가 하면, 또한 다음과 같이 간과할 수 없는 반대 이유도 있다. 우선 논증에 반대하는 매

우 근본적인 이유 중 하나는 논거가 전제를 통해서 논거를 내세우는 사람의 세계상에서 벗어날 수 없다는 것이다. 더욱이 논거는 세계상을 전제할 뿐만 아니라, 세계상을 *관철시키기* 위한 의식적 혹은 무의식적 조치라는 것이다. 그런데 인간의 세계상 속에 담긴 개념망과 규범체계는 결코 객관적이거나 중립적이지 않다. 아주 보편적으로는 *종*으로서의 인간 전체에 도움을 주지만, 조금 더 구체적인 형태를 갖추면 특정 *문화 및 집단*에 속하는 인간에게만, 그리고 아주 개별적인 형태가 되면 오직 *개개인*에게만 유용하게 작용한다. 그렇기 때문에 어떤 결론을 둘러싼 가볍지 않는 찬반 논증은 모두 단순히 그 결론에 대한 논쟁에 그치는 것이 아니라, 논증에 관여된 세계상의 – 정도의 차이는 있겠지만 – 공개적인 힘겨루기이기도 하다. 논증을 한다는 것은 논증하고 있는 토론에서 자신의 견해를 내세우는 것 이상의 의미를 지닌다. 자신에게는 유용하지만, 바로 그렇기 때문에 상대방에게도 반드시 유용한 것은 아닌 세계상을 주장하는 것이다. 이러한 점에서 논증은 사안 자체뿐만 아니라, 권력의 문제이기도 하다.

이에 대한 인상적인 예들을 매우 다양한 식민지 건설과 선교의 165
역사에서 발견할 수 있다. 유럽에서 간 식민지 통치자와 선교사들은 자신의 세계상에 대해서 확신한 나머지 자신의 논거가 더 훌륭하고, 원주민의 '미신'을 자신의 더 확실한 인식과 더 나은 정치 체제, 그리고 자신이 가지고 있는 유일한 참된 종교로 대체하였다고 확신하는 경우가 많았다. 이때 아주 평화적인 선교자조차 원주민을 교육하고 종교적으로 교화함으로써 자기 교회의 힘과 유럽 본국의 영향력을 확대시켰다는 것도 오늘날 잘 알려진 사실이다. 똑

같은 메커니즘이 일상 논증에서도 작용한다. 휴가지, 물건 구입, 레스토랑, 혹은 하루 계획 등을 정하는 데 자신의 입장을 제시하고 관철시킬 수 있는 사람은 – 실제로 더 좋은 논거를 제시했다고 할지라도 – 향후 공동생활에서 전략적으로 중요한 위치를 차지할 수밖에 없다. 이러한 권력 행사가 상대방보다 더 노련한 언어를 구사한다든가 단지 배려심이 부족해서 이뤄지는 것이라면 문제는 더욱 심각하다. 이런 경우에 논증을 관철시키는 요인은 논거의 우수성이 아니라, 논거가 제시된 교묘함이나 더 큰 목소리일 수 있다.

166 결국 논증이 개인의 감정과 기호, 그리고 매우 개인적인 삶의 결정과 관련된 것일 때는 언제 어디서든 논란의 소지가 된다. 각자가 다른 사람에게 해를 끼치지 않고 자신의 감정·취향·즉흥적인 영감 등에 따를 때는 그런 것들에 대하여 편하게 대화를 나눌 수 있다. 그러나 이런 경우에도 너무 집요한 – 보통 무례하고 눈치 없는 – 논증은 원칙적으로 하지 않는 것이 바람직하다.

167 이런 점들을 고려하면 논증에 대한 순진한 낙관론을 누그러뜨릴 수 있다. 이 절 처음에 열거한, 논증을 해야 하는 이유가 물론 중요하기는 하다. 논증은 분명히 인식과 갈등해소에 유익한 도구이다. 하지만 이 도구를 사용할 때 부작용이 없는 것은 아니다. 논증하는 사람은 권력을 행사하고, 아무리 평화로운 논증일지라도 관련된 사람의 세계상 사이의 경쟁을 내포한다. 진화를 통해서 생겨났기에 상호경쟁을 피할 수 없는 생명체인 인간(K. Bayer 1996: 1–32) 사이에 지배 관계가 전혀 작용하지 않는 상호작용이란 결코 생각도 할 수 없다. 그러므로 이성적인 태도는 지배 관계가 작용하지 않는 토론에 대한 유토피아적 기대를 자제하면서 동시에 모든 논증

을 단순한 권력 행사로 폄하하지도 않는 중용의 길뿐이다. 이 중용의 길을 찾는 데 논거의 형식과 논증의 구조를 명확히 이해하는 것이 도움이 된다. 여러 가지 이유에서 다음 두 장은 독자의 논증 능력을 개선한다거나 더욱이 논증하는 법을 가르치는 데는 충분하지 않다. 단지 자신과 타인의 논거를 살펴보고 평가하는 데 일차적인 길잡이가 될 뿐이라고 생각한다.

2. 논거의 구성

2.1 의미론 및 의사소통 이론적 토대

2.1.1 언어표현, 진술, 사실관계

다리를 건설하려면 일단 다리를 지탱할 강가 또는 경사면의 상태를 점검해야 하듯이, 전제에서 결론으로 넘어가는 과정에 대해서 알아보려면 일단 전제와 결론의 상태에 대해서 알아봐야 한다. 논거에 사용되는 전제와 결론은 문장이다. 문장은 언어로 표현되는 것이므로 문장 대신 **언어표현**(Formulierung)이라는 말을 사용할 수 있다(A. Naess 1975: 1–7). 168

언어표현은 다양한 상황과 맥락에서 매우 다양한 **진술**(Aussage; statement)을 나타낼 수 있다. "나는 배를 사고 싶다."라는 언어표현은 과일가게와 선박회사에서 매우 다른 의미를 지닐 것이다. "코가 예쁘다."라는 언어표현은 연관 대상이 사람이냐 버선이냐에 따라 169

서 다른 의미를 지닌다. 그러나 이로 인해 심각한 오해가 발생하는 경우는 *비교적* 드물다. 의사소통에 참여하는 사람의 언어 사용과 상황 해석이 *비교적* 서로 비슷하며 의사소통 맥락도 알려져 있기 때문이다(K. Bayer 1996: 94–119). 하지만 언어표현을 맥락에서 떼어 놓으면, 오해가 생길 수 있다.

170 "마리아가 예쁘다."와 같은 언어표현과 그것이 표현하는 진술은 구별되어야 한다. 언어표현이 낱말의 연속체라면, 진술은 사고의 내용이다. "Maria ist schön.", "마리아가 예쁘다.", "Maria is beautiful." "玛丽很漂亮", 또는 "Maria est belle." 등은 각기 다른 언어표현이지만, 모두 '마리아가 예쁘다'라는 동일한 진술을 나타낸다. 반대로 하나의 언어표현이 문맥에 따라 상이한 진술을 나타낼 수 있다. 예를 들어, "8시다."라는 언어표현은 아침인지 저녁인지에 따라서 각기 다른 의미가 된다.

171 또한 언어표현에 대해서는 독일어·한국어·영어·중국어·프랑스어 표현이라는 말을 사용할 수 있지만, 진술은 한 언어에 국한되지 않는다. 위에서 예로 제시한 '마리아가 예쁘다'라는 진술은 개별 언어에 결부된 의미가 아니라, 다섯 가지 언어의 표현에 공통으로 해당되는 것이다. 따라서 참 또는 거짓의 여부는 언어표현이 아니라, 진술에 대해서만 말할 수 있다. "마리아가 예쁘다."라는 문장이 문법적으로는 올바르지만, '마리아가 예쁘다'라는 진술은 마리아가 실제로 어떻게 생겼는지, 사람들이 마리아의 외모를 어떻게 평가하는지에 따라서 참 또는 거짓이 가려진다.

172 진술은 진술을 나타내는 언어표현뿐만 아니라, 그와 연관되는 **사실관계**(Sachverhalt)와도 구분된다. 진술이 사고 내용으로서 심리

적인 것이라면, 사실관계는 실제적인 – 단지 가정했거나 잘못 추정한 것일지라도 – 사물의 속성과 상호관련성을 말한다. 관련된 사실관계가 실제로 어떤지에 따라서 진술을 참 또는 거짓이라고 한다. “중국은 아시아에 있다.”라는 말의 경우처럼 진술과 관련된 사실관계가 실제로 그러한 경우는 **실제 사실**(Tatsache)을 말하는 것이므로, 이 진술은 **참**(wahr; true)이라고 말한다. “중국은 유럽에 있다.”라는 말의 경우처럼 진술된 사실관계가 실제 사실이 아닌 경우, 이 진술은 **거짓**(falsch; false)이라고 말한다. 이러한 내용을 다음과 같이 표로 정리할 수 있다.

173

개념	설명	예	관련 학문
‘언어표현’, ‘문장’, 개별언어 예) 독일어, 한국어, 영어, 중국어, 프랑스어, …	낱말 연속체 언어 단위	“Maria ist schön.” “마리아가 예쁘다.” “Maria is beautiful” “玛丽很漂亮” “Maria est belle.”	언어학
‘진술’ 개별 언어를 초월함	사고내용, 인지 단위	마리아가 예쁘다는 것 ‘마리아의 아름다움’	언어학, 심리학
‘사실관계’, 때로는 ‘실제 사실’ 언어와 관련 없음	사물의 실제적 또는 가정적이거나 잘못 추정된 속성 또는 관계		해당 개별 학문

더 자세히 알아보기: A. Naess 1975: 1–10; G. Patzig 1970: 39–76; K. Bayer 1996: 94–119

2.1.2 사용과 언급, 대상언어와 메타언어

174 진술과 사실관계에 대해서 이야기할 때에도 언어표현의 도움을 받아야만 한다는 점에서, 언어표현, 진술, 사실관계 등을 명확히 구분하기가 쉽지 않다. 그래서 "마리아가 예쁘다."라는 언어표현을 '마리아가 예쁘다'라는 진술과 마리아가 예쁘다는 사실관계로부터 명확히 구분하는 것이 좋을 때가 많다. 글에서는 다양한 표기 방식으로 이를 구분할 수 있다. 언어표현에는 큰따옴표를 사용하고("마리아가 예쁘다."), 진술과 진술에 포함된 개념은 작은 따옴표('마리아는 예쁘다'라는 진술, '아름다움'이라는 개념)나 앞장의 표에서처럼 "…하다는 것"으로 표시한다. 사실관계에 대해서는 보통 특별한 표시를 사용하지 않는다.

175 또한 언어표현의 **사용**(Gebrauch; use)과 **언급**(Erwähnung; mention)을 구분해야 한다(W. C. Salmon 1983: 240–242). 외부 세계의 어떤 사실관계에 대하여 이야기할 때, 우리는 언어표현을 *사용*하여 의자나 찻잔과 같은 사물을 *언급*한다. 그런데 우리가 때로는 언어로 된 표현에 대해서 이야기하는데, 이때는 이 표현을 언급하는 것이다. 혼란을 막기 위해서 항상 표현을 언급한 것인지 표현을 사용한 것인지를 분명히 밝혀야 한다. "의자가 두 음절이다."라거나, 심지어 "그 의자는 두 음절이다."라고 쓰면 안 된다. "의자"라는 낱말에 우선 명칭을 부여해야 한다. 언어로 된 표현에 큰따옴표를 붙임으로써 그 표현의 명칭을 만들 수 있다. 즉, ""의자"는 두 음절이다."라거나 ""의자"라는 낱말은 두 음절이다."라고 써야 할 것이다.

176 이러한 방식으로 한국어의 표현에 대해 이야기하기 위하여 한국어를 사용하면, 이때 한국어는 **대상언어**(기술 대상인 언어;

Objektsprache; object language)인 동시에 **메타언어**(기술 도구인 언어; Metasprache; metalanguage)가 된다. 혼동을 피하기 위해서는 기술하려는 표현의 명칭에 따옴표를 붙여서 메타언어임을 표시해야 한다.

177

개념	예	사용과 언급	주석
‘메타언어’ 다른 언어, 즉 대상언어에 대해 이야기할 때 사용하는 언어	““제비”라는 낱말은 두 글자로 되어 있다.” 이 예에서 메타언어의 진술은 대상언어의 진술에 대해서 이야기한다.⇓	“제비”라는 낱말을 언급하기 위해 ““제비””라는 명칭이 사용됨.	⇐ 옆의 *설명*은 메타-메타언어에 해당됨: ““제비””는 “제비”라는 명칭을 언급하기 위한 명칭으로 사용됨.
‘대상언어’ 메타언어의 도움으로 이야기의 대상이 되는 언어	“제비는 날개가 두 개이다.” 대상언어의 진술은 외부 세계에 대해서 이야기한다.⇓	제비라는 실제 대상을 언급하기 위해서 “제비”라는 낱말이 사용됨.	⇐ 이 *설명*은 메타언어에 해당됨. “제비”는 “제비”라는 낱말을 언급하기 위한 명칭으로 사용됨.
‘외부 세계’		해당 없음	[제비는 날개 끝이 가늘어 매우 빠르게 나르며 여름에 한국에 오는 새이다.]

올바른 따옴표 사용을 요구하는 것이 지나친 형식주의가 아니라는 것은 쉽게 설명할 수 있다. 어떤 학생이 문법 과제에 “뚱뚱한 아줌마는 분석하기 어려운 주어이다.”나 “뚱뚱한 아줌마가 들어가야 할 위치를 잘 모르겠다.”라고 썼다면, 이를 본 사람은 멈칫하면서 178

뚱뚱한 아줌마라는 사람에 대해 말하고 있는 것인지, 아니면 "뚱뚱한 아줌마"라는 낱말 연속체에 대해서 언급하는 것인지를 고민할 것이다. "두만강은 흘러간 옛 노래이다."나 "아, 내가 철학, 법학, 의학, 신학까지 다 섭렵했지만 이 뜻을 쉽게 파악할 수가 없구나.", 또는 "제비는 음절 수만큼 날개를 가지고 있다." 등과 같은 문장도 혼란스럽기는 마찬가지일 것이다.

179 사용과 언급을 명확히 구분해야 하는 더 깊은 이유가 또 하나 있다. "나는 거짓말을 한다."나 "이 문장은 틀렸다."와 같은 문장은 과거에 오랫동안 철학적 논쟁을 불러일으켰다. 그것은 이 문장 속에 사용과 언급이 뒤섞여 있어서 이들이 대상언어와 메타언어의 기능을 동시에 수행하고 있다는 사실을 인식하지 못했기 때문이었다 (W. C. Salmon 1983: 246f.). 즉, '나는 거짓말을 하고 있다'고 말하는 사람이 거짓말을 하고 있는 것인지, 아니면 진실을 말하고 있는지, 자신을 지칭하며 스스로의 거짓을 주장하는 문장이 실제로 거짓인지 아니면 참인지에 대해서 혼란을 느꼈던 것이다.

더 자세히 알아보기: W. C. Salmon 1983: 240-247

2.1.3 해석

180 논증을 할 때 최대한 오해를 막기 위해서 전제와 결론을 가능한 한 정확히 표현하는 것이 좋다. 예를 들어, 우리가 소풍을 가기 위해 논거를 수집한다면, "우리가 소풍을 간다."가 아니라, "우리가 9월 둘째 주에 광릉 수목원으로 소풍을 간다."가 결론이 되어야 할 것이다. "우리가 소풍을 간다."와 같이 결론을 불명확하게 표현하

면, 소풍을 가는 것 자체에 대한 합의점은 일단 도출할 수 있지만, 아마도 곧이어 새로운 논쟁이 벌어질 것이다. 9월이 적당하지 않다거나, 광릉 수목원이 그다지 소풍 가고 싶은 장소가 아니라고 말하는 사람이 나타날 수 있다. 그러면 우리는 다시 논거를 교환해야 한다. 그러므로 최대한 이른 시점에 적절하고 명확하게 표현하는 노력을 기울여야 할 것이다.

일상생활에서는 언어표현을 이해하는 다양한 방식을 해석이라 181
고 부른다. 누군가 "영희가 오늘 또 매우 흥분했어."라고 말하면, 사람에 따라서 "영희가 오늘 또 아주 활발하다."라거나 "영희가 오늘 또 아주 예민하다." 또는 "영희가 오늘 또 뭔가 큰 일을 벌이려고 한다." 등으로 이해할 수 있다. 이러한 의미 해석은 인간 사고의 흐름에 해당하는 것으로, 직접 관찰할 수가 없다. 그래서 해석을 살펴보려면, 우선 이것을 언어표현으로 나타내 보아야 한다. 이 책에서는 "해석"이라는 말을 관찰할 수 없는 사고의 흐름이 아니라, 언어로 된 표현을 가리키는 말로 사용할 것이다. *이에 따라 언어표현* F_1*이 적어도 하나의 문맥에서 언어표현* F_0*과 같은 진술을 나타낼 때,* F_1은 F_0*에 대한 하나의* **해석**(Interpretation)*이 되는 것이다*(A. Naess 1975: 10–21).

F_1이 F_0에 대한 해석이라면, 역으로 F_0도 당연히 F_1의 해석이 된 182
다. 하지만 다음 예에서 볼 수 있듯이, F_1과 F_2가 F_0의 해석이라고 해서, F_2가 반드시 F_1의 해석이 되어야 하는 것은 아니다.

F_0: 철수가 7시에 온다. 183

F_1: 철수가 저녁 7시에 온다.

F_2: 철수가 아침 7시에 온다.

184 물론 한 언어표현의 가능한 해석에 대해서 생각해보는 것 자체가 목적은 아니다. 원칙적으로는 어떤 언어표현 F_0에 대해 특정 맥락에서 수많은 해석 F_i가 가능할 때가 많다. 그러나 문제가 되는 것은 오직 중요한 오해를 불러일으킬 수 있는 해석이다. 카드놀이에서 "민호가 낸대."라는 발화에 대해 "뭐? 민호가 어디에 기부라도 한대?"라고 묻는 사람은 물론 없을 것이다. 이 질문의 근거가 되는 해석은 이 문맥에 어울리지 않는다. 이런 질문은 싱거운 농담거리조차 되지 못하며, 오래 생각해 볼 필요도 없는 경우가 보통이다.

185 언어표현의 해석 가능성은 그 속에 들어있는 **명칭**(Bezeichnung)을 어떻게 해석하느냐에 달려있을 때가 많다. 명칭이란 "시저", "뮌헨 교회", "현 대한민국 대통령", "서울역 스키 리프트" 등과 같은 것이다. 이 명칭들은 과거·현재·미래의 대상을 가리킬 수 있다. 명칭은 "서울역 스키 리프트"처럼 가리키는 대상이 존재하지 않아도 의미를 지닐 수 있다. *언어표현 F_0의 명칭 B_0을 B_1로 교체했을 때 적어도 한 맥락에서는 F_0와 동일한 진술을 담고 있는 F_1이 성립될 경우에만, 명칭 B_1이 명칭 B_0의 해석*이라고 말할 수 있다.

다음의 예를 살펴보자.

F_0: 철수가 진호에게 봉투(B_0)를 준다.

F_1: 철수가 진호에게 돈(B_1)을 준다.

F_1은 F_0에 사용된 명칭 B_0를 B_1으로 대체한 것인데, F_1이 F_0와 동일

한 진술이라고 볼 수 있는 대화 맥락을 상상할 수 있기 때문에 언어표현 F_1은 F_0의 해석이라고 말할 수 있다. 따라서 명칭 B_1도 B_0에 대한 해석이다.

더 자세히 알아보기: A. Naess 1975: 10–21

2.1.4 명제: 지시와 서술

언어표현과 명칭의 구분은 인간이 사고하고 말하는 기본 방식과 186
관련이 있다. 간단한 내용을 생각하거나 말로 표현할 때 우리는 항상 두 가지 행위를 수행해야 한다. 그 중 하나는 *하나 또는 여러 개의 객체를 지시하는* 것이다. 어떤 것에 대하여 생각하거나 말해야 하기 때문이다. 이러한 사실은 다음과 같이 어색한 발언에서 확인할 수 있다.

예쁘다
내일 온다
안다
준다

위 말들은 무엇인가가 예쁘다, 내일 온다, 다른 어떤 것을 알고 있다, 또는 어떤 것에게 어떤 것을 준다는 것은 말해주지만, 실제로 무엇에 대해서 말하고 있는지는 알려주지 않는다.

다른 하나는 *지시된 객체에 관해 어떤 것을 진술하는* 것이다. 우 187
리는 지시된 객체가 *어떤 속성*을 지니고 있다거나 *어떤 관계*를 맺고 있다는 것을 표현해야 한다. 이 두 번째 행위 역시 얼마나 필수적인지도 어색한 다음 발언을 보면 알 수 있다.

나
철수
두현 나영이 컴퓨터

위의 말들은 언급되는 객체가 무엇인지는 분명히 밝혀주지만, 그 객체에 대해서 무엇을 말하고자 하는지는 알려주지 않는다.

188 객체와 연관 짓는 것을 **지시**(Referenz)라고 하고, 개별 객체의 속성이나 객체 간의 관계를 표현하는 것을 **서술**(Prädikation)이라고 한다. 지시하는 표현과 서술하는 표현을 모두 담고 있는 완전한 진술은 **명제**(Proposition)라고 한다. 위에 제시한 첫 번째 부류의 막연한 말들(예쁘다, 내일 온다, 안다, 준다)은 화자가 서술을 통해 표현하고자 하는 객체를 지시하고 있지 않기 때문에 연관된 대상이 없는 서술에 해당한다. 두 번째 부류의 막연한 말들(나, 철수, 두현, 나영이, 컴퓨터)은 대상에 대해서 진술하지 않은 채 객체만 언급하고 있기 때문 서술이 없는 대상 연관에 해당한다.

189 이제 우리는 언어표현과 명칭의 차이를 좀 더 명확하게 구분할 수 있게 되었다. 언어표현은 사실관계를 나타내는 완전한 명제를 표현하는 반면, 명칭은 언어표현의 한 부분으로, 명제 속에서 진술되는 객체를 지시할 뿐이다.

[철수] 는 멋지다.

[진호]는 [형]을 방문한다.

[루나] 는 [영희]에게 [책]을 준다.

위와 같은 간단한 문장에서 대괄호 안의 표현은 명칭이며, 나머지 표현은 서술에 해당한다. 그리고 문장은 각각 완전한 명제를 표현한다. 이를 그림으로 나타내면 다음과 같다.

190

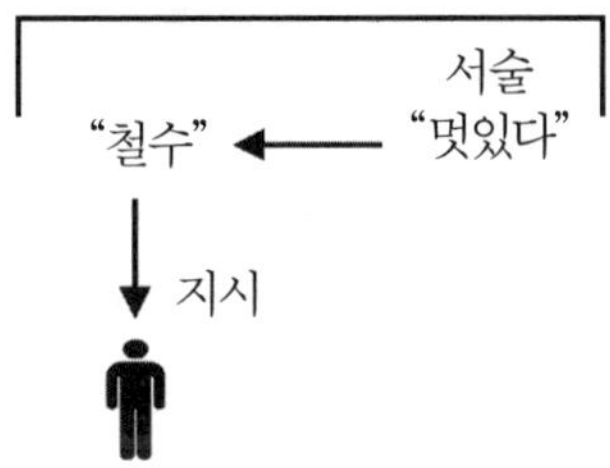

아래와 같은 문장에서는 이 관계가 조금 더 복잡해진다. 191

[철수는] [인혜가 아프다고] 주장한다.

[인혜가 아프다는 것이] [나를] 슬프게 한다.

[인혜가 아픈] 동안, [유건이가 집안일을 한다].

여기서는 언뜻 언어표현과 명칭을 구분할 수 없다고 생각할 수도 있다. 그 이유는 문장 속에서 연관 지어지고 진술되는 대상의 일부분이 *단순한 객체*가 아니라, *사실관계*이어서, 언어표현이 명칭의 기능을 떠맡고 있기 때문이다. 그러므로 우리는 *객체뿐만 아니라 사실관계와도 맺어지는 연관*이라는 확대된 개념으로 지시를 이해해야 한다. 위 예문의 첫 번째 문장은 '철수'와 '인혜가 아픈 것' 사이에 주장 관계가 놓여있음을 말하고 있다. 두 번째 문장에서는 '인혜가 아픈 것'과 '화자' 사이에 '슬프게 하다'라는 관계가 놓여있다. 세 번째 문장에서는 '인혜가 아픈 것'과 '유건이가 집안일을 하는 것' 사이에 동시성 관계가 존재한다. 이를 그림으로 나타내면 다음과 같다.

192 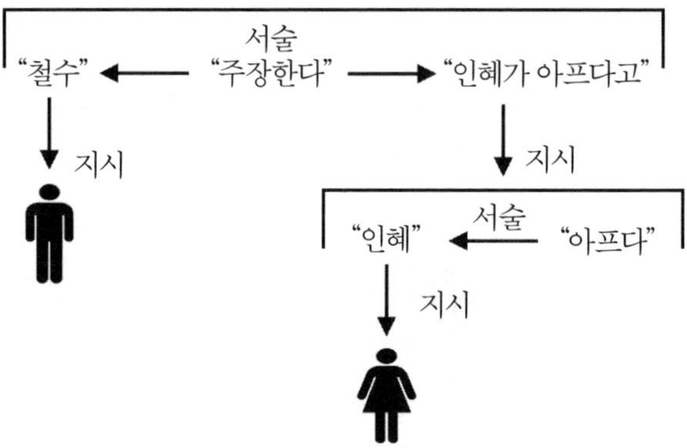

193 이때 "인혜가 아프다." 또는 "인혜가 아픈 것"과 "유건이가 집안일을 한다." 또는 "유건이가 집안일을 하는 것"이라는 표현은 사실관계에 대해 명칭 기능을 한다. 이들은 동시에 바로 아래 층위에서 언어표현이 되는데, 이 언어표현 역시 명칭을 담고 있다. *사실관계를 나타내기 위해 삽입된 명칭*에 중괄호를 씌우면 다음과 같다.

[철수]가 {[인혜]가 아프다고}주장한다.

{[인혜]가 아프다는 것이}, [나를] 슬프게 한다.

{[인혜]가 아픈} 동안, {[유건]이가 [집안일]을 한다}.

삽입된 언어표현은 인혜에게 '아프다'는 속성이 있으며, '유건'이와 '집안일' 사이에 '처리한다'는 관계가 놓여있음을 진술하고 있다.

더 많은 예를 자세히 분석해보지 않더라도 언어표현을 해석할 194
수 있는 주요 근거를 쉽게 알 수 있다. 언어표현은 우선 그 속에 포
함된 *명칭*과 관련하여 다의적일 수 있다. 다음 예문을 살펴보자.

페터 슈미트는 함부르크에 산다.
베를린의 대학생들이 방학을 맞이했다.

여기서 화자가 "페터 슈미트"라는 이름을 가진 사람 중 누구를 말하는지, 베를린의 대학생에 베를린 훔볼트 대학의 학생과 더불어 베를린 자유 대학의 학생, 베를린 공대의 학생 그리고 베를린 전문 대학의 학생도 포함하는지가 명확하지 않을 수 있다. 언어표현은 또한 *지칭된 대상의 속성과 연관 관계를 진술하는 표현*과 관련하여 다의적일 수 있다.

영희가 아프다.
민호가 수영을 하였는데, 예나는 추위에 떨며 강가에 앉아 있었다.

위의 첫 번째 예문에서는 영희가 정신적으로 혹은 육체적으로 아픈 것인지, 만성 질환을 앓고 있는지, 아니면 급성 질환을 앓고 있는지, 위독한지 아니면 가볍게 아픈 것인지 등을 알 수 없고, 두 번째 예문에서는 민호가 수영하는 것과 예나가 추위에 떠는 일이 동시에 일어났다는 것을 말하는 것인지, 아니면 두 가지 사건을 대비

하여 표현하고자 한 것인지도 분명하지 않다. 결국 복합적인 언어 표현은 *결합된 언어표현이나 삽입된 언어표현 사이의 관계*와 관련하여 다의적일 수 있다.

진호가 민아에게 욱원이를 도울 수 있게 책을 가져오라고 부탁했다.

이 예문에서는 진호가 직접 욱원이를 도우려고 민아에게 부탁하는 것인지, 아니면 민아에게 욱원이를 돕게 하려는 것인지가 분명하지 않다.

2.1.5 표면상의 의견 일치와 표면상의 의견 불일치

195 다양한 해석의 가능성이 오해를 불러일으키고 논증에 장애가 될 수도 있을 것이라는 것은 쉽게 생각할 수 있다. 논거가 제기되기도 전에 오해가 생기는 경우도 적지 않다. 이를 테면, **겉으로 보기에 서로 의견이 일치하는**(scheinbar einig) 것 같아서 정작 필요한 논증을 하지 않는 경우이다. 이 경우 보통은 얼마 못 가서 실망과 다툼이 일어난다. 그런가 하면, **겉으로 보기에 서로 의견이 일치하지 않는**(scheinbar uneinig) 것 같아서 전혀 불필요한, 그리고 – 바로 이 불필요함이 서서히 드러남으로써 – 종종 쓸데없는 대화가 이뤄지기도 한다. 예를 들면, 어떤 사람이 F_0이라는 언어표현을 사용하면서 그에 대한 해석으로 I_1을 생각했는데, 이 말을 듣는 청자가 F_0의 의미를 I_2라고 해석할 수 있다. 이때 만약 청자에게 I_1과 I_2의 의미에 대해서 묻는다면, I_2가 I_1과 조금 다른 의미라고 말할 것이다. 그래서 어쨌든 오해가 생길 것이다. 예를 들어보자.

F_0: 독일의 세금제도는 공평하지 않아. 196

I_1: 세금 제도가 전문가만 이해할 수 있게 되어 있어.

I_2: 기업과 고소득자가 사회 결속의 의무를 이행하지 않고 있어.

화자가 I_1의 의미로 F_0을 말했으므로, 우리는 그가 I_1을 참으로 생각한다고 볼 수 있다(1칸). 그에게 I_2와 같은 해석은 아무런 역할을 하지 못한다. 어쩌면 그런 생각을 전혀 하지 않았을 수도 있다. 반면에 청자는 I_1과 같은 해석을 전혀 염두에 두지 않을 수 있다. 그런데 청자가 화자와 같은 생각인지 여부를 판단하기 위해서는 청자가 I_1을 어떻게 생각하는지(2칸)가 중요하다. 청자가 화자의 발화를 I_2의 뜻으로 해석하기 때문에, 화자의 발화에 대한 청자의 실제 반응은 I_2에 대한 평가(3칸)에 달려있다. 다음 표에 나타날 수 있는 경우를 정리하였다. 197

198

	1칸	2칸	3칸	4칸	5칸	6칸
	화자	청자		실제 의견 일치 여부?	언어표현상 일치 여부?	표면상 의견 일치/ 표면상 의견 불일치?
	수용 여부	수용 여부				
	I_1	I_1	I_2			
1열	O	O	O	O	O	-
2열	O	O	X	O	X	표면상 의견 불일치
3열	O	X	O	X	O	표면상 의견 일치
4열	O	X	X	X	X	-

199 청자가 I_1과 I_2를 모두 수용하거나(1열) 모두 거부한다면(4열), 원칙적인 오해가 있음에도 불구하고 화자의 발화 의도(I_1)와 관련하여 화자와 청자는 실제로 명확하게 의견 일치 또는 불일치를 보여준다(4칸). 비록 잘못된 전제에 바탕을 두고 있지만 청자는 아마도 적합한 말로 반응할 것이다(5칸).

200 더 심각한 문제는 청자가 I_1은 수용하지만, I_2는 수용하지 않을 때이다(2열). 이때 청자는 I_1에 대해서 사실상 화자와 의견이 같음에도 불구하고(4칸) – F_0을 I_2으로 해석하기 때문에 – 화자의 의견을 반박할 것이다(5칸). 역으로 청자가 I_2를 수용하고 I_1을 수용하지 않으면(3열), 청자는 실제로는 화자와 의견이 다름에도 불구하고(4칸) 화자의 의견에 동의하게 된다(5칸). 이때(6칸) **표면상의 의견 불일치**(Scheinuneinigkeit)(2열)와 **표면상의 의견 일치**(Scheineinigkeit)(3열)가 나타난다.

더 자세히 알아보기: A. Naess 1975: 68–86

2.1.6 언어표현의 엄밀화

201 위에서 살펴본 문제점을 고려할 때, 해석 가능성이 너무 많은 언어표현은 해석 가능성이 적은 언어표현으로 대체하여 표현의 엄밀화를 꾀해야 할 때가 있다(A. Naess 1975: 22–67). 엄밀하지 않은 언어표현 F_u에 대해서 I_1부터 I_n에 이르기까지 다양한 해석이 있다고 생각해 보자.

202

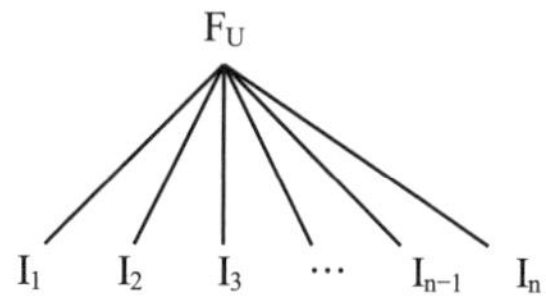

그리고 그 중 특히 I_n이 오해를 불러일으켜서 이를 허용하지 않는 203
언어표현 F_p로 대체한다고 생각해 보자.

204

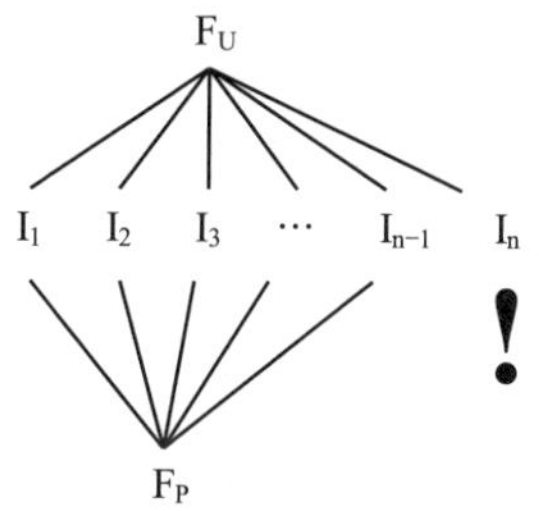

그러면 F_p는 F_u보다 더 엄밀하므로 F_u의 **엄밀화**(Präzisierung)라고 205
말할 수 있다. 만일 F_p가 아니라, 바람직하지 않은 I_n 대신에 역시 F_u에 해당하지 않는 또 다른 해석, 예를 들면 I_0를 허용하는 새로운 언어표현 $F_?$를 택했다면, 이 역시 도움이 되지 않을 것이다.

206

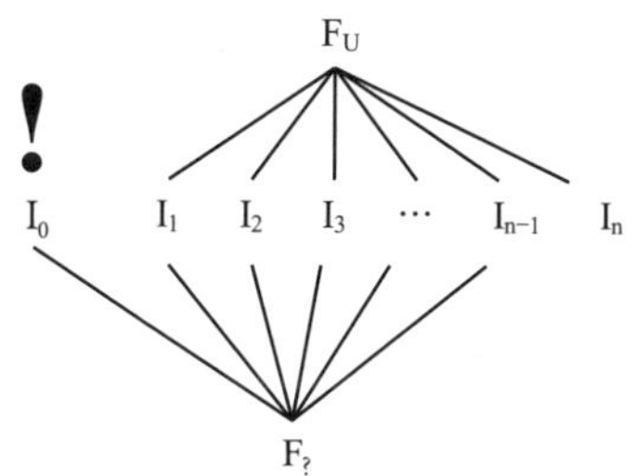

207 왜냐하면 I_n을 제거함으로써 사라진 모호성이 $F_?$의 해석 I_0으로 다시 '슬며시' 끼어들 것이기 때문이다. 따라서 $F_?$는 F_u의 엄밀화가 아니다.

208 앞에서 들었던 예를 다시 한번 살펴보자. "철수가 7시에 온다."라는 언어표현 F_0은 7시라는 시각이 저녁 7시(I_1)와 아침 7시(I_2)를 모두 가리킬 수 있기 때문에 오해의 소지가 있다. 반면에, "철수가 저녁 7시에 온다."는 언어표현은 철수가 아침 7시에 온다(I_2)는 가능성을 배제하기 때문에 엄밀화가 잘 된 것이다. "철수가 아침 7시에 온다."라는 언어표현 F_2도 마찬가지이다. 하지만 "철수가 저녁 때 온다."라는 언어표현 $F_?$는 새로운 해석, 즉 "철수가 저녁 8시에 온다."(I_3)나 "철수가 저녁 6시에 온다."(I_4)라는 새로운 해석을 허용할 것이기 때문에 엄밀화가 잘못된 것이다.

209

처음 언어표현		적합한 엄밀화 (해석 I_2를 배제함)		잘못된 엄밀화 (해석 I_2를 배제하지만, 그 대신 I_3및 I_4 와 같은 해석을 허용함)	
F_0	"철수가 7시에 온다."	F_1	"철수가 저녁 7시에 온다."	$F_?$	"철수가 저녁 때 온다."
두 가지 해석		한 가지 해석		최소한 세 가지 해석	
I_1	"철수가 저녁 7시에 온다."	I_1	"철수가 저녁 7시에 온다."	I_1	"철수가 저녁 7시에 온다."
I_2	"철수가 아침 7시에 온다."	!			
				I_3 !	"철수가 저녁 8시에 온다."
				I_4 !	"철수가 저녁 6시에 온다."

어떤 언어표현 쌍 F_1과 F_2의 가능한 해석들의 집합을 다음과 같이 벤다이어그램으로 나타낼 수 있다. 210

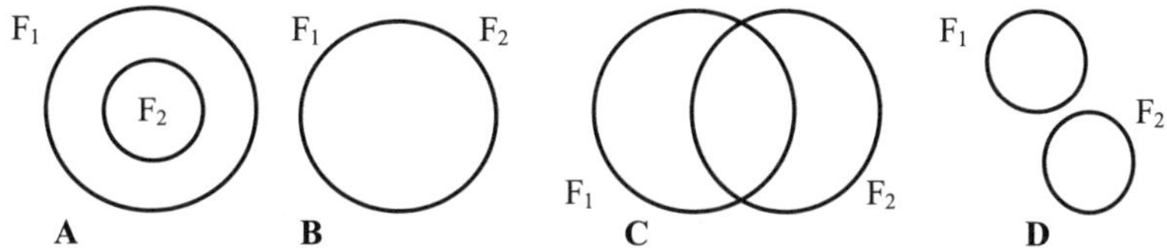

A에서 F_2의 해석 집합은 F_1의 해석 집합보다 작다. F_2에는 F_1에 속하지 않는 해석이 들어있지 않다. 그러므로 F_2는 F_1의 엄밀화이다. B에서는 두 개의 해석 집합이 동일하다. 그러므로 두 언어표현의 엄밀성 정도도 동일하다. C에서는 F_2가 F_1에 대한 특정 해석을 배제하지만, F_1에 속하지 않는 해석도 포함하고 있다. 그러므로 F_2가 F_1보다 더 엄밀한 것은 아니다. D에서는 F_1와 F_2는 사실상 어떤 해석도 공유하지 않는다. 그러므로 F_1과 F_2는 엄밀성과 관련하여 의미있는 비교를 할 수 없다. 211

위 예에서는 우리는 F_0에 대한 해석 가능성을 의도적으로 제한하였다. "철수가 …온다."를 어떻게 해석할 수 있을까? 철수가 온다는 곳이 학교일까? 대학일까? 아니면 음식점일까? 어떤 철수를 말하는가? 등등 물론 더 많은 해석이 가능하다. 212

왜 이런 생각을 해야 할까? 융통성 없는 사람이나 따지는 것은 아닐까? 대학생 몇 명이 저녁 6시 30분에 음식점에 앉아서 동료인 철수를 기다리는 상황이라면, "철수가 7시에 온다."라는 언어표현은 충분히 엄밀한 것이다. 이런 상황에서 "1987년 5월 26일 광주에서 태어난 박철수가 오늘 저녁 19시에 서울에 있는 홍부 보쌈 집에 213

도착할 것이다."와 같은 언어표현을 사용한다면, 이것이야말로 융통성 없는 사람임을 자처하는 것이다. 반면에 다음 언어표현을 한번 살펴보자.

XYZ사의 신형 스포츠카는 친환경 자동차이다.

광고나 많은 대화 속에서 이런 식의 언어표현이 아주 중요한 역할을 한다는 사실은 거의 부인할 수 없을 것이다. "XYZ사의 스포츠카는 친환경 자동차이다."라는 문장을 어떻게 해석해야 할까? 이 언어표현은 얼마나 엄밀한 것인가? 어떤 해석을 허용하는가? 매우 다양한 해석이 가능할 것이다.

214 • XYZ사의 신형 스포츠카는 연비가 좋다.
• XYZ사의 신형 스포츠카는 배기가스를 적게 배출한다.
• XYZ사의 신형 스포츠카는 매우 효율적인 촉매 장치를 가지고 있다.
• XYZ사의 신형 스포츠카는 재활용 소재로 제작되었다.
• XYZ사의 신형 스포츠카는 부식에 강하다.
• XYZ사의 신형 스포츠카는 장거리 고속열차보다 에너지 효율이 더 높다.
• XYZ사의 신형 스포츠카는 적은 에너지 소비로 생산되었다.
• XYZ사의 신형 스포츠카는 전기 자동차이다.
• XYZ사의 신형 스포츠카는 4~5인승이다.
• XYZ사의 신형 스포츠카는 친환경 염료로 도색되었다.

• XYZ사의 신형 스포츠카는 급가속 기능을 포기하였다.
• XYZ사의 신형 스포츠카는 초고속 기능을 포기하였다.
• XYZ사의 신형 스포츠카는 사람의 손길이 닿지 않은 자연 속으로 여행할 수 있게 해준다. 등등

일부 가능한 해석만 나열하여도 원래 언어표현이 얼마나 엄밀하 215
지 않은지를 알 수 있다. 이 언어표현을 사용할 때는 오해 받을 각오를 해야 하거나, 아니면 고의로 오해를 유발하려는 것이다. 이 언어표현을 아무 생각 없이 받아들이거나 따라서 되풀이하는 사람은 그런 오해를 확산시키고, 광고에서 주장하는 친환경성에 대하여 확신하지도 않으면서 그 스포츠카를 구입하도록 설득당할 수 있다. 그런데 이 스포츠카의 장점에 대해서 논증하고자 한다면, 좋든 싫든 주장된 친환경성에 대하여 잘 알아보고 엄밀화를 해야 할 것이다.

간략하고 폭발적인 슬로건으로 복잡한 정책 프로그램을 대변하 216
는 규범적 언어표현을 예로 들어보자.

모두를 위한 교육!

전단지, 현수막, 선거 포스터 등에 적힌 슬로건은 물론 합법적인 정치 선전수단이다. 그래서 이와 같은 선전문구를 철저히 엄밀화하라는 요구가 합당하지 않은 것 만큼, 그 문구를 읽는 사람은 그만큼 더 슬로건과 결부된 프로그램을 명확하게 이해해야 할 필요가 있다. 이 슬로건도 다양한 해석을 허용한다.

217 • 모두를 위한 역사·문화·언어 교육!

• 모두를 위한 직업 교육!

• 25세 미만의 어린이와 청소년을 위한 교육!

• 어린이·청소년·성인 교육!

• 모든 교육 활동에 대한 국가의 무조건적인 재정지원!

• 교육 활동에 대한 국가의 한시적 재정 지원!

• 엄격한 선발 시험을 통과한 모든 영재에 대한 국가의 재정 지원!

• 자기 부담 교육에 대한 국가의 지원금!

• 모두를 위한 기본 교육에 대한 국가의 지원!

218 "모두를 위한 교육!"이라는 슬로건에 대한 논거를 찾는 것은 별로 의미가 없는 것 같다. 슬로건의 요구가 너무 모호해서 대화 초반에 '표면상의 의견 일치'와 '표면상의 의견 불일치'가 나타날 수밖에 없다. 대화가 진행되면서 각각의 화자가 어떤 해석에 기초하여 이야기하고 있는지가 매번 분명하지 않을 수 있다. 그러므로 단순한 정치 선전 차원을 넘어서는 순간 이 슬로건의 언어표현도 곧바로 엄밀화해야 한다.

2.1.7 엄밀화의 대가와 유용성, 그리고 기회

219 배를 타고 여행하는 중 모두가 무슨 이야기인지 아는 상황에서 "하나가 멀미를 해."라고 말하는 대신에 "1970년 12월 13일 옥천에서 출생하여 우리와 함께 이 배를 타고 부산으로 여행 중인 김하나가 높은 파도 때문에 자율신경계 장애로 현기증이 나서 구토를 해."라고 말하는 것은 물론 엉뚱한 일이다. 정당의 정치 포스터를

만들 때에도, 중요한 것은 언어표현의 엄밀성이 아니라, 사람의 기억에 오래 남는 간결한 문구이다. 그러나 우리가 어떤 주장이나 요구를 위해 논거를 수집할 때는 종종 결론을 엄밀하게 표현해야 할 때가 많다. 물론 언어표현의 엄밀성이 논증보다 우선하는 것은 결코 아니다. 근거를 제시하려는 다양한 시도를 하면서 비로소 결론이 엄밀해지는 경우가 자주 있다.

220 그러나 언어표현을 새롭게 엄밀하게 하였어도, 그 말을 받아들이는 사람이 이해할 수 없을 정도로 어렵다면 무슨 소용이 있겠는가? 또한 언어표현이 간명하지만 엄밀하지 않아서 그저 표면상의 이해와 동의만 이끌어낼 수 있다면, 이 또한 무슨 소용이 있겠는가? 우리가 언어표현을 엄밀하게 해야 할지 아닐지는 그때그때의 상황에 달려있는 것 같다(A. Naess 1975: 34–38). 언어표현을 어느 정도 엄밀하게 해야 할지를 결정하는 데에는 다양한 질문이 영향을 미친다.

221 주어진 상황에서 언어표현의 해석 범위가 오해를 불러일으킬 수 있는가? 다시 말해서, 엄밀화를 하는 것이 의미가 있는가? 오해를 예방하는 데 도움이 되는가? 위에서 언급한 친환경 스포츠카에 대한 주장이나 "모두를 위한 교육!"과 같은 슬로건에서는 엄밀화를 하는 것이 분명히 도움이 될 것이다. 하지만 "하나가 멀미를 한다."라는 언어표현에서는 아마도 그렇지 않을 것이다.

222 *더 엄밀한 언어표현이 받아들이는 사람에게 언어적으로 이해 가능한 것인가?* 언어표현의 엄밀성은 그 대가를 요구한다. 언어표현은 엄밀하게 표현하면 할수록 그만큼 더 길어지고 복잡해지며, 경우에 따라서는 전문용어가 등장하여 이해하기가 어려워지는 경우

가 많다. "해가 뜬다."와 같은 일상 문장을 엄밀하게 하고자 할 때에도 "지구의 자전에 의거하여 지구의 표면상에서 우리의 현 위치가, 햇빛이 오직 직선으로만 퍼지기 때문에, 지금까지 햇빛이 비추지 않던 영역에서 햇빛이 비추는 영역으로 들어간다. 즉, 태양이 동쪽 지평선 위로 드러난다."와 같은 더 길고 이해하기 쉽지 않은 텍스트가 만들어지기 쉽다. 이 텍스트만 해도 적지 않은 사람들에게 가독성이 떨어지고, 텍스트에 포함된 진술 또한 이해하기 어렵다. 그러나 해가 뜨는 과정에 대해서 묻는 어린아이에게 합리적인 설명을 하려고 하면, 그에 따르는 복잡한 사고를 피해가기는 어려울 것이다.

223 *더 엄밀한 언어표현은 받아들이는 사람에게 어떤 사고의 노력을 요구하는가?* 스포츠카의 광고 문구나 교육 정책 슬로건에 대한 해석, 그리고 해가 뜨는 과정에 대한 엄밀한 묘사 등은 비교적 사변적인 독자에게조차 불확신, 어쩌면 일종의 양심의 가책 같은 것까지 느끼게 했을 수도 있다. 이를 테면, 환경 친화성이나 교육, 또는 일출에 대해 의미적으로 합당한 이야기를 하려면 정말로 저렇게 많은 사실관계와 가능성에 대해서 생각해야 하는 것일까? 그 구분들이 지나친 것은 아닐까? 아니면 이런 것에 대해서 이미 오래 전에 적어도 한번쯤은 깊이 생각해 봤어야 했던 것은 아닐까? 환경운동가, 교육정책가, 천문학자라면 이런 주제에 대하여 일반 사람보다는 더 깊이 생각해 보았을 것이다. 그런가 하면 일반 사람도 그러한 통찰을 전제로 하는 결정을 내리거나 그러한 통찰을 전제로 하는 질문에 답해야 하는 경우가 있다(A. Naess 1975: 48–51).

224 여기에 간단한 해답은 없다. 우리는 앞에서 생명체에게는 외부세계로 이어지는 직접 통로가 없다는 사실을 확인했다. 이러한 사

실은 다른 사람으로 향할 때에도 마찬가지이다. 개인은 비록 다른 사람의 영향을 받지만, 세계상을 구축할 때는 오로지 자기 자신에게만 의존할 수밖에 없기 때문에 개인의 세계상은 필연적으로 다른 사람의 세계상과 다를 수밖에 없다. 지금까지 그 어떤 사람도 다른 사람의 머릿속에 들어가서 그 사람의 눈으로 세계를 본 적이 없다. 온갖 의사소통 노력에도 불구하고 우리는 결국 자신 속에서 혼자일 수밖에 없다(K. Bayer 1996: 94–119). 그래서 언어표현이 우리 머릿속에 있는 정보를 그대로 다른 사람의 머릿속으로 옮겨주는 배달 용기라고 생각해서는 안 된다. 언어표현이란 물리적 기호, 즉 공기의 파동이나 종이 위의 잉크 자국의 연속체로 이뤄진 것으로, 받아들이는 사람이 자신의 머릿속에 이미 존재하는 요소를 바탕으로 생각하도록 자극하는 것이다. 그 결과 어떤 생각이 형성될지는 선택된 언어표현과 – 또한 그에 못지않게 – 받아들이는 사람의 머릿속에 이미 존재하는 요소, 그리고 언어능력에 달려있다. 그런데 표준화된 언어 기호의 겉모양이 같을 때 우리는 너무 쉽게 의미한 것과 이해한 것이 서로 일치한다고 생각해 버리는 경향이 있다. 그러나 사실은 그렇지 않다. 그러므로 우리가 언어표현을 좀 더 엄밀하게 한다고 해서 받아들이는 사람이 반드시 더 엄밀하게 생각하는 것은 아니다.

따라서 어떤 언어표현을 선택하기 전에 반드시 엄밀화를 할 필요 225
가 있는지, 또한 자신과 상대방이 어떤 언어 및 사고의 노력을 해야 하는지를 잘 헤아려봐야 한다. 어쨌든 상황에 맞는 엄밀한 언어표현을 사용한 후에도 의사소통의 힘을 너무 믿지 말고, 오해와 실패의 가능성을 염두에 두는 것이 좋다.

226 엄밀화의 유용함은 다른 측면에서도 찾을 수 있다. 어떤 언어표현을 들었을 때, 좀 더 엄밀하게 말해달라고 요청함으로써 화자가 그 언어표현에 어떤 생각을 정말로 담았는지를 알게 되는 경우가 종종 있다. 하지만 "그 말을 좀 더 엄밀하게 표현할 수 있겠니?"라는 직설적인 반문은 오히려 반감을 살 수도 있다. 훨씬 더 효과적인 방법은 보통 "그게 무슨 뜻인데?"라는 열린 질문을 한다거나, "XYZ사의 스포츠카가 휘발유를 적게 먹어 친환경적이라는 거니? 아니면 촉매 장치가 좋아서? 아니면 재활용이 가능한 소재를 써서?" 등등과 같이 가능한 해석 중 하나를 선택하여 묻는 것이다. 이러한 질문에 대한 대답을 들으면 대개는 대화 상대방이 – 혹은 질문한 사람 스스로가! – 그 말을 하기 전에 깊이 생각했는지, 아니면 그저 "생각 없는 말"을 지껄였는지가 금방 드러난다(A. Naess 1975: 33). 추가 질문에 대해서 "나도 몰라." 또는 "그것에 대해서는 생각해본 적이 없는데."라고 대답할 수밖에 없는 사람은 그것에 대해서 다시 한번 생각해 봐야 할 것이다.

더 자세히 알아보기: A. Naess 1975: 22–67

2.1.8 정의

227 상황에 맞게 엄밀하면서도 너무 길지 않은 언어표현을 하고자 한다면 **정의**(Definition)를 사용하는 것이 도움이 될 때가 있다(A. Naess 1975: 87–115; W. C. Salmon 1983: 247–264). 정의를 통해서 – 보통 간결한 – 어떤 언어표현 또는 명칭, 즉 **정의 용어**(definiendum)를 일정 맥락에서 – 대개 더 길고 비교적 엄밀한 – 다

른 언어표현 또는 명칭, 즉, **정의 설명**(definens)과 똑같이 해석되도록 할 수 있다. 예를 들어보자.

"화학자"는 "화학에 정통한 사람"을 의미한다.

이런 정의가 유용하다는 것은 설명할 필요가 없다. 이렇게 정의하면 간결한 정의 용어를 경제적으로 사용하면서도 정의 설명에 담긴 엄밀성을 표현할 수 있다. 또한 대화 참여자나 어떤 집단의 모든 구성원이 어떤 정의를 수용하면, 적어도 정의된 표현에 관해서는 오해나 표면상 의견 일치 또는 불일치가 발생할 가능성이 줄어든다. 228

앞에서 언급한 "화학자"의 정의에서 정의 용어에 대한 정의 설명에는 화학자의 특징으로 '사람임'과 '화학에 정통함'이 언급되어 있다. 대부분의 경우 한편으로는 정의 용어가 가리키는 객체가 바로 위의 어떤 상위 개념(genus proximum, 예: "사람임")에 속하는지가 언급되고, 또 다른 한편으로는 이 대상이 동일한 상위 개념에 속하는 다른 대상과 구분되는 특별한 속성(differentia specifica, 예: "화학에 정통한")이 언급된다. 낱말의 의미를 전체적으로 특징짓는 속성을 *내포(Intension)*라고도 하므로 이러한 정의를 *내포 정의(intensionale Definition)*라고 한다. 229

다른 방식의 정의도 있다. 내포된 속성을 언급하는 대신에 R. Boyle, K. Scheele, J. Priestley, J. von Liebig, L. Meyer, C. Gerhardt 등등과 같은 많은 화학자의 이름을 언급할 수도 있다. 한 낱말이 가리키는 대상의 집합을 그 낱말의 외연이라고 하므로 언어나 비언 230

어적 제스처를 사용하여 이 집합을 가리킴으로써 내리는 정의를 *외연 정의*(*extensionale Definition*)라고 한다.

231 정의가 – 사전에 있는 기술적 의미 설명과는 달리 – *규범적인* 문장이라는 점에 유의해야 한다. 정의는 특정 표현의 사용에 대한 메타언어적 *제안*이다. 정의는 허용되는 관습이나 사용 규칙을 표현한다는 점에서 참 또는 거짓을 논할 수 있는 사안이 아니며, 굳이 따지자면 유용성이나 사용 가능성의 사안이다. 특히 정의는 정의 용어가 지칭하는 대상의 '참된 실체'를 보여주는 것이 아니다(K. R. Popper 1958, Bd. II: 20–30). 따라서 정의 자체에 대해 논쟁을 벌이기보다는 차라리 명백하고 경제적인 표현 사용에 대해 의견의 일치를 구하는 편이 더 낫다. 일반적으로 정의 용어에 있어서는 유연하고 양보할 수 있어야 되지만, 사실 자체에 대해서는 단호한 자세를 취해야 한다는 것이 정설이다.

더 자세히 알아보기: A. Naess 1975: 87–115; W. C. Salmon 1983: 247–264

2.2 논거의 논리적 분석

2.2.1 전제와 결론, 유효성과 관련성

이미 확인한 바와 같이, 논거는 하나의 결론과 하나 이상의 전제 232
로 구성된다(W. C. Salmon 1983: 7–19). 결론은 전제로 뒷받침되어야 하는 진술이며, 전제는 결론을 뒷받침하기 위해 제시되는 진술이다.

모든 고양이는 나무를 탈 수 있다.
티나는 고양이이다.
↓ 따라서 티나는 나무를 탈 수 있다.

위 예에서 "모든 고양이는 나무를 탈 수 있다."와 "티나는 고양이이다."는 전제이고, "따라서 티나는 나무를 탈 수 있다."는 결론이다. 즉, 세 문장이 함께 하나의 논거를 구성한다. 그런데 일상 언어에서는 '논거'란 개념을 그다지 일관성 있게 사용하지는 않는다. 논리학에서처럼 전제와 결론의 총합을 지칭할 때도 있고, 일상생활에서처럼 완전한 논거가 아니라 개별 전제만 의미하는 경우도 있다(Naess 1975에서도 그렇다). 그래서 때로는 "티나는 고양이이다."를 "티나는 나무를 탈 수 있다."라는 주장에 대한 논거라고 말하기도 한다. 이 책에서는 우선 논리학의 어법에 따르기로 하고, 일상 논증을 분석하는 3장에서는 편의상 개별 전제도 간단히 논거라고 부를 것이다.

전제가 결론을 뒷받침해야 한다면 결론과 특별한 관계에 놓여야 233

한다는 것은 자명한 사실이다. 그런데 다음과 같은 논거에서는 그런 관계가 명확하게 나타나지 않는다.

뮌헨은 독일에 있다.
나무는 식물이다.
↓ 따라서 에베레스트 산은 세계에서 가장 높은 산이다.

전제와 결론이 모두 참이지만, 위 논거는 올바르지 않다. 다음 논거도 내용이 이상하기는 마찬가지이지만, 올바른 논거임에는 틀림없다.

모든 나무는 파충류이다.
모든 데이지 꽃은 나무이다.
↓ 따라서 데이지 꽃은 파충류이다.

전제가 결론을 뒷받침하고 있기 때문이다. 전제가 참이*면* (*그러면*) 결론도 참이어야 한다. 물론 여기서는 전제와 결론이 모두 거짓이다.

234 위의 두 논거는 모두 이상한데, 그 이유는 서로 매우 다르다. 논거를 분석할 때는 두 가지 관점을 명확히 구분해야 한다. 한편으로, 전제란 어떤 사실관계를 주장하는 진술이다. 주장된 사실관계가 실제 사실에 부합할 수도 있고, 그렇지 않을 수도 있다. 이런 관점에서 전제는 참 또는 거짓일 수 있다. 전제가 거짓이면, 이것은 *명목상의* 근거에 불과하다. 따라서 결론을 뒷받침할 수 없다. 그러므로

"데이지 꽃은 파충류이다."라는 결론은 전제인 "모든 나무는 파충류이다."와 "모든 데이지 꽃은 나무이다."가 명확한 거짓이기 때문에 뒷받침되지 못하고 있다. 여기서 전제의 **유효성**(Haltbarkeit)을 논할 수 있다. 즉, "모든 나무는 파충류이다."와 "모든 데이지 꽃은 파충류이다."라는 전제는 유효하지 않다.

다른 한편으로, 전제와 결론은, 전제의 유효성과는 상관없이, 전제가 참일 때 결론도 참이라는, 위에서 이미 언급했던 특별한 관계에 놓여야 한다. 이런 관계가 성립되지 않으면, 전제 자체가 아무리 유효하다고 하더라도 관련성이 없기 때문에 결론을 지지할 수 없다. "뮌헨은 독일에 있다."와 "나무는 식물이다."는 각각 참이므로 유효하지만, 에베레스트 산의 높이와는 아무런 관련이 없다. 여기서 전제의 **관련성**(Relevanz)을 논할 수 있다. "뮌헨은 독일에 있다."와 "나무는 식물이다."라는 전제는 "에베레스트 산이 세계에서 가장 높은 산이다."라는 결론과는 관련이 없다. 235

유효성과 관련성의 구별은 논리학자뿐만 아니라, 일반 사람에게도 중요한 문제이다. 특이한 것은, 법률가와 신학자가 논거의 올바름, 즉 전제의 관련성에 대해서는 매우 신중하지만, 전제의 유효성에 대해서는 – 동기야 매우 다양하겠지만 – 전혀 의문을 제기하지 않는다는 사실이다. 법률가는 마땅히 현행 법을 논거의 전제로 채택해야 한다. 신학자는 자기 신앙 공동체의 신앙규범을 논거의 전제로 삼고자 할 것이고, 또 그러는 것이 당연하다(K. Bayer 2004: 50–53). 이렇게 볼 때, 두 집단은 일정 맥락에서 제한된 매우 특수한 방식으로 생각하고 논증한다. 이 경우 또는 이와 유사한 경우에는 신중을 기해야 한다. 올바른, 또한 심지어 아주 명확한 논리라고 236

하여도 오로지 전제 역시 참일 때에만 결론의 참을 보장할 수 있기 때문이다.

237 반면에 정치 연설가, 광고 전문가, 또는 드물지 않게 사석의 일반인이 일단 유효성이 있는 전제를 제시하지만, 결국에는 이 전제와 관련성이 없는 결론으로 넘어가는 경우도 종종 있다. 이럴 때 우리는 전제가 유효성에 문제가 없다는 점에 빠져 나머지 종종 문제가 될 수 있는 결론도 그냥 참이라고 생각하는 위험에 빠지게 된다. 예를 들어보자.

중국은 평지에 있는 국가다.
중국은 아시아에 있는 국가다.
니더작센 주는 평지에 있는 주이다.
니더작센 주는 북부 독일에 있다.
↓ 따라서 니더작센 주는 중국과 경제 관계를 강화해야 한다.

238 니더작센 주와 중국의 경제 관계에 대해 어떻게 생각하든, 위에 제시된 – 모두 유효한 – 전제로부터 양국의 경제 관계와 관련하여 어떤 요구도 도출할 수 없다. 결론에 대한 전제의 비관련성이 훨씬 명확하지 않게 나타나는 경우도 있다.

폭력범이 모두 마스크를 쓰고 있었다.
페터 마이어가 마스크를 쓰고 있었다.
↓ 따라서 페터 마이어는 폭력범이다.

언뜻 볼 때 여기서는 전제가 결론을 지지하는 것처럼 보인다. 그러나 자세히 살펴보면, "폭력범이 모두 마스크를 쓰고 있었다."라는 전제가 "마스크를 쓴 사람이 모두 폭력범이었다."와 동일한 의미를 갖지 않는다는 것을 알 수 있다. 즉, 페터 마이어가 비록 가면을 쓰고 있었다고 해도 폭력범이 아닐 수 있다. 그러므로 전제가 유효할 수는 있어도, 결론과 관련성이 있는 것은 아니다. 아울러 이따금씩 엄밀성의 부족이 얼마나 위험할 수 있는가를 알 수 있다. 예를 들면, 폭력적인 시위 뒤에 이어진 격한 토론에서 다음과 같이 위에서 보다 훨씬 더 엄밀하지 않은 논거가 제시되었다고 생각해보자. 239

> 폭력범이나 마스크를 쓴 자는 모두 똑같다. 그들은 모두 마스크를 쓰고 있었다.
> 그 페터 마이어도 역시 그 중 하나였다.
> ↓ 그 페터 마이어도 당연히 폭력범이다.

위와 같이 말하면, "폭력범이 모두 마스크를 쓰고 있었다."와 "마스크를 쓴 자는 모두 폭력범이었다." 사이의 결정적 차이가 불분명해진다. 처음부터 페터 마이어가 폭력을 휘둘렀는지("역시 그 중 하나였다.")가 명확하지 않았다는 사실이 분명하게 드러나지 않게 되었다. 이 엄밀하지 못한 언어표현으로 인해서 전제의 비관련성이 제대로 파악되지 않게 된다. 페터 마이어는 유죄일까 무죄일까? 위 전제로는 죄를 단정할 수 없다. 따라서 유효성과 관련성을 잘 판단할 수 있도록 반드시 전제와 결론을 엄밀하게 표현해야 한다. 240

더 자세히 알아보기: W. C. Salmon 1983: 7–19

2.2.2 논리학의 과제

241 논리학과 논증이론에서 다루는 것은 유효성이 아니라, 전제의 관련성이다(W. C. Salmon 1983: 12ff.). 논리학의 대상 영역을 전제와 결론 사이의 *관계*로 한정하면 어떤 장점이 있는가? 전제와 결론이 실제로 *참*인지에 대한 중요한 물음이 배제되는 것은 아닌가? 다음 예를 살펴보자.

나무는 모두 파충류이다.
데이지 꽃은 모두 나무이다.
↓ 따라서 데이지 꽃은 파충류이다.

전제와 결론이 모두 거짓인 위 논거에서 전제와 결론의 관계가 올바르다고 하여 무슨 소용이 있을까? 위 논거는 어쨌든 논리학이 왜 전제와 결론의 참 여부에 전혀 관여할 수 없는지를 보여준다. 위 논거의 개별 진술이 참인지를 검증하기 위해서는 논리학이 생물학의 영역으로 들어가야 할 것이다. 그렇지 않으면 물리적, 심리적 혹은 언어적 판단을 내릴 수밖에 없다. 간단히 말해서, 논리학이 개별 진술의 참 여부를 다루려면 모든 학문과 그 학문에서 다루는 문제를 총괄하는 매우 복합적인 최고 층위의 종합 학문이 되어야 할 것이다.

242 그렇다면 논리학은 각각의 경우에 우리가 어떻게 논증해야 할지를 알려주는 사고 및 논증을 위한 학문은 아닐까? 여기서도 우리

는 실망하게 된다. 왜냐하면, 논증을 하려고 하면 우선 풍부한 상상력과 창의력, 때로는 사고의 순발력이 요구되기 때문이다. 논거를 전개하는 것은 발견 과정이다. 먼저 결론을 내리고, 이어서 타당한 이유를 찾아야 하는 경우도 있다. 처음 제시한 이유가 충분치 않아서 또 다른 이유를 찾아야 할 때도 있다. 때로는 어떤 진술에서 출발해서 어떤 결론을 도출할 수 있을지를 알아내야 하는 경우도 있다. 그런가 하면 점차적으로 하나의 논거로 맞아떨어지는 막연한 연상들을 떠올리는 경우도 있다. 잘못된 길을 가다가 교정하고 새로운 시도를 하기도 한다. 어떤 날은 그 전날까지 전혀 생각할 수 없었던 완벽한 논거를 아침에 눈뜨면서 떠올리는 경우도 있다. 그러므로 즉흥적인 생각을 프로크루스트의 침대와 같이 틀에 박힌 논리적 규칙에 꿰맞추려고 하는 것은 매우 위험한 일이다. 논거를 표현하기 위한 추론을 찾는 데 논리학은 도움이 되지 않는다 (G. Frege 1966a: W. C. Salmon 1983: 29–32).

논리학이 도움이 되지 못하는 측면이 또 있다. 논리학은 전제와 243
결론의 관계를 오로지 관련성의 관점에서만 살펴보기 때문에 전제와 결론 사이의 관계에 영향을 미치는 부분만 대상으로 삼는다.

> 나영이조차 그 토끼를 다시 잡아넣지 못했다.

논리학의 관점에서는 이 진술이 다음과 같이 축소된다.

> 나영이는 그 토끼를 잡아넣지 못했다.

244 “조차”라는 말은 표현된 진술의 참 여부에 영향을 미치지 않기 때문에 논리 분석에서는 아무런 역할도 하지 못한다. 그러나 의미는 분명히 지니고 있다. 이 말은 나영이가 그 토끼를 잡아넣을 수 있는 가장 유력한 사람이었다는 부수적인 알림, 즉 ‘힌트’를 주고 있다 (G. Frege 1966a: 37).

> 나영이조차 그 토끼를 다시 잡아넣지 못했다.

이 문장은 다른 진술, 이를테면 다음과 같은 의미를 함축하여 전달하고 있다.

> 나영이는 그 토끼를 다시 잡아넣을 수 있는 능력을 누구보다 더 잘 갖췄다.

245 이 추가 진술이 인식되고 표현되면 이후 대화나 글에서 논거의 전제나 결론으로까지 사용될 수 있다. *그러면* 이 진술은 논리적으로도 의미를 갖게 된다. 그러나 논거의 전제나 결론의 특성을 지닌 *원래 문장*을 논리적으로 분석할 때는 이 추가 진술이 아무런 영향을 미치지 못한다. 왜냐하면 이 문장의 참 또는 거짓과 관련이 없기 때문이다(G. Frege 1966a: 36ff.).

246 논리학이 모든 것을 포괄하는 최고 학문도 아니고, 기본적인 사고 방법론이나 복합적인 문장의 의미를 분석하는 도구가 될 수 없다면, 그 유용성은 도대체 무엇일까? 우리는 이미 일상 추론과 논거에 많은 오류가 내포되어 있는 것을 확인하였다. 이런 일상 논리

에 들어있는 오류를 생각해 볼 때, 학문적 논리학은 무엇보다 *비판의 도구*가 된다. 논리학은 올바른 논거와 올바르지 못한 논거를 구별할 수 있는 수단을 제공한다. 그러나 올바른 인식을 하는 지름길을 알려주지는 않는다. 즉, 관찰, 사고, 배움, 언어표현과 해석 그리고 학문적인 연구 등의 힘든 과정을 건너뛰게 해주지는 못한다. 그 과정을 조금 더 확실하게 해줄 뿐이다. 경찰과 법정이 아래와 같은 논거에 담긴 오류를 간파하였기 때문에 법정에서 무죄판결을 받을 수 있었던 가상인물 페터 마이어와 같은 사람이라면 이런 비판적 확인 장치가 얼마나 유익한지를 평가할 수 있을 것이다.

> 폭력범이 모두 마스크를 쓰고 있었다.
> 페터 마이어가 마스크를 쓰고 있었다.
> ↓ 따라서 페터 마이어는 폭력범이다.

마찬가지로 산욕열을 발견하고, 생명을 구하는 위생 조치를 도입한 것이나 이어진 의학의 발전 등은 Semmelweis가 당시 의학의 견해와 자신의 가설을 올바른 논리적 비판으로 살펴본 덕분에 가능하였다(D. Follesdal et al. 1988: 54–60).

그러나 앞에서 잘못된 전제와 잘못된 결론을 담고 있는 데이지 247
꽃 논거를 올바르다고 보는 논리학이 어떻게 이런 비판적 기능을
수행할 수 있을까? 또한 아래 논거처럼 전제가 거짓인데 결론이 참
인 논거도 올바르다고 판정할 논리학이 어떻게 그런 기능을 수행
할 수 있단 말인가?

함부르크는 브라질에 있다.

브라질은 독일에 있다.

↓ 따라서 하노버는 독일에 있다.

논리학이 과연 전제와 결론의 관계에 대하여 합리적인 진술을 하는가? 이미 앞에서 말한 것처럼, 그런 진술도 물론 존재한다. 예를 들면, *올바른 논거에서 전제가 참이라는 사실은 결론도 참이라고 여길만한 충분한 이유가 된다.* 올바른 논거는 거짓 전제와 거짓 결론을 가질 수도 있고, 거짓 전제와 참인 결론을 가질 수도 있다. 그러나 *올바른 논거는 절대로 전제가 참인데 결론이 거짓일 수는 없다. 그래서 전제가 참이면 결론도 참이라고 확신할 수 있다.* 이것이 바로 추론과 논거의 목표라는 것을 우리는 앞에서 이미 확인했다. 우리에게는 이미 알고 있거나 알고 있다고 믿는 것으로부터 새로운 것으로 옮겨가는 것이 중요하다. 논리학은 새로운 지식을 제공하지는 않는다. 그러나 이미 알고 있거나 알고 있다고 믿는 것에서 새로운 것으로 이동할 수 있게 하며, 오해의 소지가 있는 잘못된 이동을 알아채게 하거나 이를 처음부터 피할 수 있게 해준다.

더 자세히 알아보기: W. C. Salmon 1983: 12ff.

2.2.3 일상 언어 속의 논거

248 여기서 논거를 논리적으로 비판하는 것이 정말 유익하긴 하지만, 실제로는 그렇게 할 수 없다는 이의를 제기할 수 있다. 일상생활에서는 물론이고, 학술 논문에서조차 논거가 분명히 드러나지

않아서 논거를 논거로 인식할 수 없을 때가 많기 때문이다. 게다가 결론이 항상 전제 뒤에 반듯하게 따라 나오지도 않는다. 결론이 화살표, "따라서…", 혹은 "이로써 증명할 수 있는 것은(quod erat demonstrandum)" 등과 같은 말로 명확하게 표시되는 일도 거의 없다. 논거를 대부분 논거로 인식할 수 없다는 점에서 논거에 대한 비판도 – 그 자체로는 매우 바람직하지만 – 이뤄질 수 없는 것이 아닐까? 이러한 반론은 설득력이 있다. 실제로 일상대화, 신문기사, 정치연설 또는 학술적인 글에서 논거를 찾아내려면 어느 정도 훈련과 노력이 필요하다. 사려 깊게 논증하고 다른 사람의 논거를 꿰뚫어 보려면 우선 논거와 그 구성 요소를 인식할 수 있어야 한다(W. C. Salmon 1983: 16–19).

이를 위해서 전제와 결론의 구분이 필수적이다. 그런데 전제와 결론이 아주 다양한 순서로 나타날 수 있기 때문에 그 구분이 항상 쉽지만은 않다. 아래 논거도 매우 다양하게 표현될 수 있을 것이다. 249

육상선수는 모두 지구력이 있다. 250
민호는 육상선수이다.
↓ 따라서 민호는 지구력이 있다.

- 민호는 육상선수이다. 민호는 지구력이 있다. 육상선수는 모두 지구력이 있기 때문이다. 251
- 육상선수는 모두 지구력이 있다. 민호는 육상선수이다. 따라서 민호는 지구력이 있다.
- 민호는 많이 달린다. 그는 육상선수이다. 많이 달리는 사람은 오

랫동안 견딜 수 있다. 민호는 분명히 지구력이 있다.

- 민호는 모든 육상선수처럼 지구력이 있다.
- 민호는 어쨌든 육상선수이다. 그는 분명히 지구력이 있다.
- 육상선수인 민호는 지구력이 있다. 등등

252

전제 표지어	
표지어	예시
(왜냐하면) … *때문이다*	…, *왜냐하면* 민호가 육상선수이기 *때문이다.*
…이므로	민호가 육상선수*이므로* …
…처럼	모든 육상선수*처럼*…
근거는…	내가 그렇게 주장하는 *근거는*…
…때문에	민호가 육상선수이기 *때문에*
…인 까닭에	민호가 육상선수*인 까닭에*
…라는 근거/이유에서	많이 달리는 사람은 오래 견딜 수 있다는 *근거/이유에서*
…를 고려한다면	육상선수는 모두 지구력이 있다는 점을 *고려한다면*
…을 판단하면	민호가 육상선수임을 *판단하면*
…인 한	민호가 육상선수*인 한*

253 특정 단어와 숙어가 전제와 결론을 찾아내는 데 도움이 될 때가 있다. 몇 가지 언어표지를 앞의 표와 다음 표에서 볼 수 있다. 그러나 위 예문에서 볼 수 있었듯이, 일상 논거에서는 당연하다고 생각해서인지 중요한 전제를 일일이 거론하지 않을 때가 많다.

254

결론 표지어	
표지어	예시
그러므로/따라서/그래서	*그러므로/따라서/그래서* 민호는 지구력이 있다.
그렇다면	*그렇다면* 민호는 지구력이 있다.
결과적으로/필연적으로	*결과적으로/필연적으로* 민호는 지구력이 있다.
결국…이다	*결국* 민호는 지구력이 있*다*.
…을 의미/함축한다	민호가 지구력이 있다는 것*을 의미/함축한다*.
…을 증명/입증한다	민호가 지구력이 있다는 것*을 증명/입증한다*.
…믿음/견해를 정당화한다	민호가 지구력이 있다는 *믿음/견해를 정당화한다*.
…라고 결론 내릴 수 있다	민호가 지구력이 있다*고 결론 내릴 수 있다*.
…라고 추론할 수 있다	민호가 지구력이 있다*고 추론할 수 있다*.

아래 논거에서 화자는 감기가 열을 동반한다는 것을 당연한 것으 255
로 전제하고 있다.

은아는 감기에 걸렸다.

(…)

↓ 따라서 은아는 열이 있다.

이 논거의 완전한 형식은 다음과 같다.

은아는 감기에 걸렸다.

감기에 걸린 사람은 열이 있다.

↓ 따라서 은아는 열이 있다.

이 경우에는 전제가 없어도 큰 문제가 되지 않겠지만, 다음 경우에 256

는 문제가 있다.

마이어 씨는 스포츠카 운전자이다.

(…)

↓ 마이어 씨가 아마도 과속을 했을 것이다.

여기에 암시되어 있는, 스포츠카 운전자는 과속을 한다는 전제가 "모든 스포츠카 운전자는 항상 과속을 한다."는 식으로 매우 일반화된다면 분명히 잘못된 것이다. 이 논거를 완전한 형식으로 표현해보자.

마이어 씨는 스포츠카 운전자이다.

모든 스포츠카 운전자는 항상 과속을 한다.

↓ 따라서 마이어 씨가 아마도 과속을 했을 것이다.

이제 전제의 약점이 분명해져서 비판이 가능할 것이다. 그러나 전제를 말로 표현하지 않으면, 눈에 띄지 않고 비판 없이 넘어갈 위험이 생긴다. 그러므로 논거에 들어있는 암시적인 전제를 살펴볼 필요가 있다. 이 전제가 아무런 문제가 없고 실제로 자명한 것으로 판명되는 경우도 많지만, 때로는 이 속에 편견과 잘못된 법칙이 스며들어 있어 잘못된 결론을 유도하기도 한다.

257 또 다른 문제는 일상논거에서 결론이 이따금씩 말로 표명되지 않는다는 것이다.

그 소년이 배가 고팠다.

상점 진열대에 놓인 사과가 유혹적으로 빛났다.

더 이상은 내가 말할 필요가 없을 것이다.

↓ (…)

특히 화자가 "더 이상은 내가 말할 필요가 없을 것이다."와 같은 말 258
로 자기 논거의 불완전성을 명시하지 않을 때, 아마도 청자는 아래와 같은 논거가 완전하게 수행된 논거라고 생각할 수도 있다.

그 소년이 배가 고팠다.

상점 진열대에 놓인 사과가 유혹적으로 빛났다.

↓ *따라서 그 소년이 사과를 훔쳤다.*

청자는 위의 논거에서 표현되지 않았으나 매우 문제가 많은 전제, 즉, "배고픈 사람은 식품을 훔친다."라는 것을 전제했을 때만 위 논거가 올바르게 된다는 것을 아마도 전혀 눈치 채지 못했을 것이다. 완전한 논거는 다음과 같을 것이다.

그 소년은 배가 고팠다.

상점 진열대에 놓인 사과가 유혹적으로 빛났다.

배고픈 사람은 식품을 훔친다.

↓ 따라서 그 소년이 사과를 훔쳤다.

259 실제 말로 표현된 아래 논거와는 차이가 뚜렷하다.

> 그 소년은 배가 고팠다.
>
> 상점 진열대에 놓인 사과가 유혹적으로 빛났다.
>
> (…)
>
> 더 이상은 내가 말할 필요가 없을 것이다.
>
> ↓ (…)

이와 같이 허점이 있는 논거는 적어도 두 가지 이유에서 위험하다. 첫째는 이 논거가 듣는 사람에게 그다지 이상하게 여겨지지 않아서 잘못된 추론을 하게 한다는 것이고, 둘째는 화자가 자신의 논거에서 문제가 되는 부분을 명확하게 말하지 않음으로써 비판을 피할 수 있게 된다는 것이다. 경우에 따라서는 "나는 그런 말을 한 적이 없어.", 또는 "모두 억측이야!"라는 말로 화자가 불편한 상황을 모면할 수도 있다.

260 이것은 물론 그다지 공정한 태도가 아니다. 화자는 청자의 협조를 받아야 하기 때문이다(H. P. Grice 1979; A. Linke et al. 1994: 195-200). 청자가 추론할 준비가 되어 있지 않으면, "그 소년은 배가 고팠다."와 "상점 진열대에 놓인 사과가 유혹적으로 빛났다."라는 전제 사이의 관계조차 이해할 수 없을 것이다(S. -P. Ballstaedt et al. 1981: 77-82). 화자는 청자가 배고픈 사람, 사과 등에 대한 지식을 활용하여 스스로 두 문장을 연관시킬 수 있다고 확신할 수 있어야 한다. 만약 화자가 청자에게 의도적으로 문제가 있는 전제를 보충하게 하고 확실치 않은 추론을 하도록 술수를 쓴다면, 이것은 바

로 화자가 청자의 협력 자세를 악용하는 것이다. 청자는 화자의 말을 듣는 동안 적합한 추론을 통해서 다양하게 연결된 지식을 끊임없이 결합하고 새롭게 정돈해야 한다. 어떤 경우에는 화자가 청자의 이런 협력적인 추론 활동을 이기적으로 악용하여 청자가 자신의 속셈을 알아차리기 어렵게 만들기도 한다.

그러므로 일상 논거를 분석하기 위해서 다음 네 가지 중요한 단 261
계를 거쳐야 한다(W. C. Salmon 1983: 19).

1. 논거를 *논거로 인식해야* 한다. 화자가 단지 어떤 진술을 주장하고 있을 뿐만 아니라, 그 진술을 특정한 전제에서 도출한 결론으로 제시하고 있다는 것을 알아야 한다.
2. 아주 다양하게 구성된 논거에서 *전제와 결론을 찾아내고*, 언어적으로는 명확하게 표시되지 않았더라도 이들을 서로 구분해야 한다.
3. 명확히 표현되지 않은 전제와 때로는 심지어 표현되지 않은 *결론을 보충해야* 한다.
4. 전제가 결론을 실제로 잘 지지하고 있는지를 검사하기 위해서 논거를 *완전하고 명확한 형식으로 적어봐야* 한다.

항상 간단하지만은 않은 이 단계적 절차를 이제 겨우 다섯 살이 되 262
어가는 요나스의 논거에 적용하여 검토해보자.

> 아빠가 자는 척했을 뿐이야. 방금 전까지 아빠 방에 불이 켜져 있었어. 그렇게 빨리 잠들 수 있는 사람은 없어(R. Rössler/O. E.

Rössler 1994: 46).

위 진술들은 분명히 서로 연관을 맺고 있다. 요나스는 자기 아버지가 자는 척 하고 있다("아빠가 자는 척했을 뿐이야.")고 주장할 뿐만 아니라, 주장의 근거를 대고 있다. 한마디로 논증을 하고 있는 것이다.

263 이 논거에서는 결론("아빠가 자는 척했을 뿐이야.")이 전제 뒤가 아니라 앞에 나온다. 요나스는 아주 일반적인 형식을 사용하고 있다. 즉, 우선 주장을 하고, 이어서 근거("방금 전까지 아빠 방에 불이 켜져 있었어. 그렇게 빨리 잠들 수 있는 사람은 없어.")를 제시하여 주장을 뒷받침하고 있다. 우리는 이 논거를 일단 다음과 같이 적어볼 수 있다.

방금 전까지 아빠 방에 불이 켜져 있었어.
그렇게 빨리 잠들 수 있는 사람은 없어.
↓ 아빠는 자는 척했을 뿐이야.

264 원래의 형식으로도 이해가 가지만, 위와 같은 일반적인 형식으로 바꾸면 논거를 더 잘 이해할 수 있다. 물론 보충을 하고 스스로 추론도 해야 한다.

방금 전까지 아빠 방에 불이 켜져 있었다.
이제 불이 꺼졌다.
불이 방금 전에서야 꺼졌음에 틀림없다.

불을 끌 수 있었던 사람은 아빠 자신뿐이었다.

그러므로 아빠는 방금 전까지 깨어 있었다.

그렇게 빨리[*"방금 전"*과 *"지금"사이에*] 잠들 수 있는 사람은 아무도 없다.

↓ 아빠는 자는 척했을 뿐이다.

완전하게 재구성된 위 논거가 고지식하게 느껴질 수 있다. 그래도 다섯 살짜리 어린아이가 말로 표현하지는 않았으나 어떤 중간 단계를 거쳤고, 그의 말을 듣는 사람이 어떤 전제를 보충해야 하는지를 알 수 있다. 좀 더 자세히 살펴보면, 원래 논거에는 전제뿐만 아니라, 완전한 보조논거가 두 개나 빠져 있음을 알 수 있다. 265

방금 전까지 아빠 방에 불이 켜져 있었다.

이제 불이 꺼졌다.

↓ 불이 방금 전에야 꺼졌음에 틀림없다.

불이 방금 전에야 꺼졌음에 틀림없다.

불을 끌 수 있었던 사람은 아빠 자신뿐이었다.

↓ 따라서 아빠는 방금 전까지 깨어 있었다.

전제와 보조논거는 논리학자에게만 중요한 것이 아니라, 일상 대화에서도, 심지어는 어린아이와의 대화에서도 충분히 테마가 될 수 있다. 요나스는 아마도 아빠가 자는 척했기 때문에 실망했을 것이다. 그러나 그의 의심이 전혀 근거가 없는 것일 수도 있다. 이때 요 266

나스의 어머니가 그에게 전제 중 하나가 틀렸다고 말해줄 수도 있다. 우선 "그렇게 빨리 잠들 수 있는 사람은 없다."라는 명시적 전제가 잘못된 것일 수 있다. 실제로 몇 초 안에 잠들 수 있는 사람도 있기 때문이다. "불을 끌 수 있었던 사람은 아빠 자신뿐이었다."라는 암시된 전제도 반드시 참은 아니다. 어머니가 아버지가 자고 있는 방의 불을 껐을 수도 있기 때문이다. 이처럼 논거를 신중하게 살펴보면 객관적인 인식을 얻게 될 뿐만 아니라, 상호 이해도 촉진시킬 수 있다.

더 자세히 알아보기: H. P. Grice 1979; W. C. Salmon 1983: 16–19

2.2.4 발상과 근거

267 실제로 엄마가 요나스에게 아빠가 순식간에 잠들 때도 있으니 요나스의 전제 중 하나가 틀렸다는 것을 지적했다고 생각해 보자. 이에 대해서 요나스가 "엄마는 아빠와 결혼했다고 항상 아빠 편만 들어." 또는 "나를 달래주려고 그러는 거지!"라고 대꾸할 수도 있다. 이것은 요나스가 엄마의 *동기*를 추정하는 것이다. 이와 비슷하게 엄마도 요나스가 요새 그렇지 않아도 자주 아빠에게 트집을 잡고 있기 때문에 아빠가 자는 체한다고 생각하는 것이라고 말할 수 있다. 이러한 추정들에 대해서 두 사람은 모두 불만족스러워 할 수 있다. 요나스와 엄마는 아빠가 정말 잠을 잤는지 아닌지를 우선 판명하고자 하기 때문이다. 그런데 이런 의도와는 달리 대화의 초점이 주장의 *참* 여부에서 아들이 주장하는 동기와 어머니가 그의 전제를 부정하는 *동기*로 옮겨갔다.

우리가 어떤 주장을 하게 되는 동기는 주장의 근거를 대기 위한 논거와는 완전히 다르다. 그래서 논리학과 학문이론에서는 주장의 **발상 맥락**(Entdeckungszusammenhang; context of discovery)과 **근거 맥락**(Begründungszusammenhang; context of justification)을 엄밀히 구분한다(W. C. Salmon 1983: 25–32; H. Albert 1968: 37–41). 발상 맥락에는 누구에게 주장을 하게 하는 *심리적*, *사회적*, *역사적 등등의 모든 요인*이 속한다. 근거 맥락에는 이 주장을 뒷받침하는 *논거*가 속한다. 발상 맥락과 근거 맥락은 엄격히 구별되어야 한다. 주장이 어떻게 생겨났는지가 그 주장의 참 또는 거짓을 말해주지 않는 것이 보통이다. 268

요나스와 엄마가 발상 맥락과 근거 맥락을 뒤섞으면 두 사람의 대화는 쉽게 풀리지 않을 것이다. 아빠가 실제로 잠들었는지에 대한 원래 의문은 밝혀지지 않을 것이다. 그 대신 아들의 질투심이나 부자 관계에 대한 엄마의 불만과 같은 문제가 추가적으로 대두될 것이다. 269

수업이나 학술·정치 논쟁에서도 발상 맥락과 근거 맥락을 뒤섞으면 문제가 매우 심각해진다. 어떤 진술이 책상에서, 아니면 욕조에서 나온 것인지, 비몽사몽간에, 아니면 산책 중에 떠오른 것인지, 또는 유럽인이 말한 것인지, 아니면 아프리카인이 말한 것인지, 남성에게서 나온 것인지, 아니면 여성에게서 나온 것인지는 그 진술의 사실 여부와는 관련이 없다. 어떤 주장이 어린 학생에게서 나왔다고 해서 틀리라는 법도 없다. 마찬가지로 어떤 주장이 급진적이거나 적대적인 당파의 대표에 의해 제기되었다는 이유만으로 거부되어서도 안 된다. 또한 유명하거나 영향력이 있는 학자가 한 주장 270

이라고 해서 꼭 옳은 것도 아니다. 주장은 모든 경우에 논거를 통해서 증명 또는 반박되어야 한다. 발언자의 동기, 사회적 지위 혹은 당적 등과 관련된 정보가 오히려 객관적인 의견 교환을 방해할 수도 있다. 발상 맥락의 개별 사항을 부당하게 근거 맥락으로 옮기려는 시도를 **추론의 발생적 오류**(genetischer Fehlschluss; genetic fallacy)라고 한다.

271 결론적으로 진술의 참은 발상 상황과 관련이 있는 것이 아니라, 진술의 근거를 대기 위해 제시되는 논거와 관련이 있다. 그렇다고 해서 논거를 논리적으로 분석하는 유효 범위를 과대평가해서는 안 된다. 논거의 올바름이나 올바르지 못함을 입증했다고 해서 그 결론의 참 또는 거짓에 대해서 아는 것은 아니다. 올바르지 못한 논거로는 결론에 대해서 아무런 말도 할 수 없다. 올바른 논거에서도 전제가 참일 경우에만 결론이 참이기 때문에, 올바른 논거라고 하여도 전제가 참일 때만 우리는 결론의 참을 말할 수 있다.

272 어떤 논거가 올바르지 않거나, 그 전제가 잘못되었다는 것을 알았다고 해도, 그 논거가 결론을 증명할 수 없다는 사실만 주장할 수 있을 뿐이지, 그 결론이 거짓이라는 것을 증명할 수 있는 것은 아니다!

하노버는 브라질에 있다.
미국은 독일에 있다.
↓ 따라서 하노버는 독일에 있다.

이 논거에는 잘못된 전제가 두 개 있다. 또한 이 전제들은 결론을 뒷받침하기에도 적합하지 않다. 그럼에도 불구하고 결론은 참이다. 우리는 분석을 통해서 하노버가 독일에 있다는 주장을 *이* 논거로는 증명할 수 없다는 사실*만* 알 수 있을 뿐이다. 이 주장을 증명할 수 있는 논거도 있다. 물론 다음 논거에서처럼 반드시 전제가 참이어야 한다.

하노버는 니더작센에 있다.
니더작센은 독일에 있다.
↓ 따라서 하노버는 독일에 있다.

근거 제시에 실패했다는 것을 보여주는 것으로 결론의 거짓을 입증하지는 못하지만, 진술의 거짓은 충분히 보여줄 수 있다. 물론 논*거가 올바르고 전제가 참이어야 한다*. 예를 들어, 우리는 참임을 증명하는 긍정적 근거 제시가 아니라 거짓 가설을 배제함으로써 학문 발전이 이뤄진 사례를 이미 살펴보았다(W. C. Salmon 1983: 214–239). 그런 부정적 근거를 제시하기 위해 다음과 같은 올바른 형식의 논거를 사용할 수 있다.

가설 H가 옳다면, 그에 따라 예측된 사건 E가 일어났어야 했다. 273
예측된 사건 E가 일어나지 않았다.
↓ 따라서 가설 H는 올바르지 않다.

올바른 논거를 통해 가설의 거짓이 밝혀지면, 이후 연구에서 그 가설은 배제할 수 있다. 그러나 이 가설을 배제하는 것이 단지 논거의 올바름만으로 가능한 것이 아니라, 반드시 예측된 사건 E가 일어나지 않았음을 실제로 확인해야 한다. 부정적이건 긍정적이건, 근거를 제시하기 위해서는 전제의 관련성뿐만 아니라, 유효성도 반드시 함께 고려해야 한다.

274 논리적 분석을 과대평가해서는 안 되는 이유가 또 있다. 앞서 살펴보았듯이, 우리의 인식은 직관력, 상상력, 창의력, 통찰력의 자유로운 활동에 기반을 두고 있으며, 논증을 통한 근거 제시는 우리가 지닌 최초의 영감, 환상, 가설, 번뜩이는 재치 등에 관여하는 것이 아니라, 이를 추가적으로 조절하고 비판할 때에 비로소 영향을 미친다. 인식 과정의 초기 단계에서 행해지는 추론은 발상 맥락에 속한다. 추론의 놀라운 생산성은 그 즉흥성과 자유로움에 기인하는 것으로 논리적으로 분석되지 않는다. 그렇기 때문에 사고를 엄격한 논리 규칙에 고리타분하게 묶으려고 하면 오히려 사고를 방해하고 결국에는 질식시킬 것이다(K. Bayer 1996: 158–165). 따라서 논리학은 사고에 관한 학문이 아니라, 사고의 결과를 검증하는 소박한 도구일 뿐이다(W. C. Salmon 1983: 29–32).

더 자세히 알아보기: W. C. Salmon 1983: 25–32; H. Albert 1968: 37–41

2.3 연역논거

2.3.1 연역논거의 기능

이미 앞에서 보았듯이, 연역추론에서는 전제의 참이 결론의 참 275
을 보장하지만, 결론은 전제에 – 최소한 함축적으로라도 – 포함되지 않은 것은 말해주지는 않는다. 사람은 모두 죽게 되어 있고 윤호가 사람이라는 것을 아는 사람은 윤호가 죽을 것이라는 것도 이미 은연중에 알고 있다. 그러므로 아래와 같은 연역논거는 우리의 지식을 확장해주지 못하고, 기껏해야 이를 설명하고 전개할 뿐이다.

모든 사람은 죽게 되어 있다.
윤호는 사람이다.
↓ 따라서 윤호는 죽게 되어 있다.

하지만, 앞에서 살펴본 바와 같이, 연역논거를 사용할 수 없다면 우리의 세계상 체제는 제 기능을 하지 못할 것이다. 연역논거를 펼칠 수 없다면 다른 사람을 이해할 수 없고, 예측과 설명도 할 수 없을 것이다. 우리는 매 순간 세계에 대한 일반화된 이해에서 구체적인 진술을 *이끌어내어* 어떤 돌발 사태를 설명하거나 미래의 사태를 예측하고, 우리의 지식을 새로 짜 맞추거나 텍스트의 맥락을 추론한다. 무수한 개별 사실로 채워진, 다음과 같이 일반화되지 않은 세계상은 매우 비경제적이며 쓸모가 없다.

윤호는 죽게 되어 있다.

미나는 죽게 되어 있다.
대진이는 죽게 되어 있다.
영희는 죽게 되어 있다.
…

그런데 "모든 사람은 죽게 되어 있다."와 같은 경제적인 일반화에 바탕을 둘 수 있기 때문에 우리는 그때그때 상황에 일반화된 지식을 적용하는 연역추론과 논거를 사용하게 된다.

276 뿐만 아니라, 연역논거의 결과가 위에서 본 예처럼 항상 그렇게 자명하거나 진부한 것도 아니다. 학문을 연구하거나 범죄를 규명할 때, 또는 추리소설(v. B. Brecht 1967a 참조) 속에서는 모든 중요한 사실과 관련된 일반 법칙이 이미 알려진 경우가 많다. 그럼에도 불구하고 이미 가지고 있는 지식으로부터 적합한 전제를 선별하고, 이 전제로부터 추론에 도움이 되는 진술을 이끌어내기 위해서는 상당한 창의력과 예리한 통찰력이 필요하다.

277 1. 범행 현장에서 오토바이 타이어 자국이 발견되었다.
2. 범인은 수염을 기르고 있었다.
3. X는 범죄 시각에 신뢰할 만한 알리바이를 가지고 있다.
4. 피해자가 살인자를 알고 있었음에 틀림없다.
5. V, W, X는 범행 현장에 들어갈 수 있었다.
6. X는 빨간색 오토바이를 소유하고 있다.
7. 살인은 V, W, X 중 한 사람이 저질렀음에 틀림없다.
8. 살인은 4월 14일에 일어났다.

9. V와 W는 수염을 기르고 있다.

10. X는 16일에 면도를 했다.

11. V의 집에서 피해자의 혈흔이 묻은 칼이 발견되었다.

12. 피해자는 V를 전혀 알지 못했다.

일단 위와 같이 뒤섞인 진술에서 범인 수사와 관련이 있는 진술을 걸러내야 한다. 여기에 여러 가지 방법이 존재한다. 일단 X를 범인에서 제외할 수 있다. 신뢰할 만한 알리바이를 가지고 있기 때문이다(진술 3). 피해자가 살인자를 알고 있었음에 틀림없지만(진술 4) V는 피해자와 아는 사이가 아니었음이 확실하기 때문에(진술 12), V도 범인일 수가 없다. 그런데 V, W, X 중 한 사람이 살인을 저질렀기 때문에(진술 7), 살인자는 W일 수밖에 없다. 이 결론을 도출하는 데 다른 모든 진술까지 전제로 삼을 필요는 없다. 피 묻은 칼이 어떻게 V의 소유가 되었는지(11), 범행 현장에서 왜 오토바이 자국이 발견되었는지(진술 1), 이 자국을 X의 오토바이(진술6)가 남긴 것인지, 또는 X가 살인 사건 이후에(진술 8) 왜 면도를 했는지(진술 10) 등과 같은 사실이 흥미로울 수도 있다. 그리고 수염에 관한 나머지 정보(진술 2와 9)가 사실관계를 추가적으로 확인해줄 수도 있다. 그러나 살인자의 정체는 이러한 정보 없이도 추론할 수 있다.

이 간단한 예를 통해서 우리는 처음에는 결코 명확하지 않았던 278
해답을 연역을 통해서 찾을 수 있으며, 그 해답을 찾는 데 필요한 전제를 선별하기 위한 노력이 필요하고, 이때 보조 연역이 도움이 될 수 있다는 것을 알 수 있다. 그러므로 연역논거에 대해서 좀 더 자세히 살펴볼 필요가 있다.

더 자세히 알아보기: F. v. Kutschera/ A. Breitkopf (1971): 12f.

2.3.2 타당성과 논증 형식

279 올바른 연역논거를 **타당하다**(gültig; valid)고 한다(W. C. Salmon 1983: 41–49). 그런데 어떤 연역논거가 타당한가? 타당한 논거와 **타당하지 않은**(부당한; ungültig; invalid) 논거가 어떻게 구별되는가? 한 가지 방법은 가능한 모든 논거를 적어보고 살펴보는 것일 것이다. 그러면 우리는 정리되지 않은, 끝없는 논거 목록을 얻게 될 것이다. 예를 들어보자.

280 티나가 고양이라면, 나무를 탈 줄 안다.
티나는 고양이이다.
↓ 따라서 티나는 나무를 탈 줄 안다.

비가 오면, 길이 축축하다.
비가 온다.
↓ 따라서 길이 축축하다.

악천후이면, 천둥이 친다.
악천후이다.
↓ 따라서 천둥이 친다.

이것이 나무라면, 이것은 파충류이다.
이것은 나무이다.
↓ 따라서 이것은 파충류이다.

영희는 감기에 걸리면, 열이 난다.
영희는 열이 난다.
↓ 따라서 영희는 감기에 걸렸다.

철수가 도둑이라면, 마스크를 쓰고 있다.
철수가 마스크를 쓰고 있다.
↓ 따라서 철수는 도둑이다.

이것이 독버섯이라면, 독이 있다.
이것은 독버섯이다.
↓ 따라서 이것은 독이 있다.

비가 오면, 길이 축축하다.
길이 축축하다.
↓ 따라서 비가 온다.

281 이 논거를 하나씩 분석해 볼 수도 있을 것이다. 그러나 우리의 세계

상을 구성하는 일반적인 방법을 사용하는 것이 더 유리하다. 어떤 객체를 접할 때, 우리는 보통 중요하게 여겨지는 특질을 기준으로 객체의 집합을 분류한다. 마찬가지로 논거도 논거의 타당성을 결정짓는 특질에 따라서 그 집합을 정한다. 그런데 논거의 타당성은 그 속에 포함된 전제나 결론의 내용이 아니라, 논거의 *형식*에 따라 결정된다. 따라서 어떤 형식이 타당하다고 입증되면 그와 같은 형식을 갖춘 논거는 모두 타당하다고 말할 수 있다. 그래서 우리는 논거의 집합을 분류할 때 **논거 형식**(Argumentform)을 기준으로 삼는다. 위의 예들을 짤막한 전보문 형식으로 바꿔보면, 서로 비슷해 보이는 논거가 눈에 띄는데, 8개 논거를 형식에 따라 두 개의 집합으로 나눌 수 있다. 그러면 4개는 A형식, 4개는 B형식을 취한다.

282

A 현식의 논거:	p이면, q이다. p이디. ↓ 따라서 q이다.
원래 텍스트	전보 형식
티나가 고양이라면, 나무를 탈 줄 안다. 티나는 고양이이다. ↓ 따라서 티나는 나무를 탈 줄 안다.	고양이라면, 나무 타기. 고양이. ↓ 따라서 나무 타기.
이것이 독버섯이라면, 독이 있다. 이것은 독버섯이다. ↓ 따라서 이것은 독이 있다.	독버섯이면, 독이 있음. 독버섯. ↓ 따라서 독이 있음.
이것이 나무라면, 이것은 파충류이다. 이것은 나무이다. ↓ 따라서 이것은 파충류이다.	나무라면, 파충류. 나무. ↓ 따라서 파충류.
비가 오면, 길이 축축하다. 비가 온다. ↓ 따라서 길이 축축하다.	비라면, 축축함. 비. ↓ 따라서 축축함.

283

B 형식의 논거:	p이면, q이다. q이다. ↓ 따라서 p이다.
원래 텍스트	전보 형식
철수가 도둑이라면, 마스크를 쓰고 있다. 철수가 마스크를 쓰고 있다. ↓ 따라서 철수는 도둑이다.	도둑이면, 마스크. 마스크. ↓ 따라서 도둑.
영희는 감기에 걸리면, 열이 난다. 영희는 열이 난다. ↓ 따라서 영희는 감기에 걸렸다.	감기라면, 열. 열. ↓ 따라서 감기.
악천후이면, 천둥이 친다. 천둥이 친다. ↓ 따라서 악천후이다.	악천후이면, 천둥. 천둥. ↓ 따라서 악천후.
비가 오면, 길이 축축하다. 길이 축축하다. ↓ 따라서 비가 온다.	비라면, 축축함. 축축함. ↓ 따라서 비.

284 위와 같은 방식으로 논거를 쉽게 A집합과 B집합으로 나눌 수 있다. 그러나 A형식의 논거와 B형식의 논거가 타당한지를 어떻게 알 수 있는가? A형식은 유효하지만, B형식은 유효하지 않다는 것을 증명하기 전에는 일단 직관과 통찰에 기댈 수밖에 없다.

285 A형식의 첫 번째 전제는 p가 참이면, q가 참임을 보여준다. 그러므로 두 번째 전제에서 p가 참이면, – 결론에서 주장하듯이 – q도 참이어야 한다. 따라서 A형식을 갖춘 논거는 모두 전제가 참이면 결론도 참이다. p와 q를 "Ardu"와 "Bula"라는 아무 뜻 없는 표현으로 대체해보면, 논거의 타당성이 개별 진술의 내용이 아니라, 오로지 형식에 좌우된다는 사실을 알 수 있다.

Ardu면 Bula다.
Ardu다.
↓ 따라서 Bula다.

"Ardu"와 "Bula"에 어떤 의미를 부여하든, 전제가 참이면 결론도 286
확실히 참이다. B형식의 논거가 타당하지 않다는 것, 소위 **잘못된 연역추론**(연역추론 오류, deduktiver Fehlschluss; deductive fallacy)이라는 것은 **반증 예시법**(Methode des Gegenbeispiels; methods of counter example)을 통해서 알 수 있다.

비가 오면, 길이 축축하다.
길이 축축하다.
↓ 따라서 비가 온다.

위 논거와 관련하여 전제는 분명히 참이지만 결론이 거짓이 되는 상황을 생각해 볼 수 있다. 비와 축축한 길의 관계에 대한 첫 번째 전제는 참일 수 있다. 그런데 길의 축축함을 주장하는 두 번째 전제가 참이기 위해서 반드시 비가 내려야 하는 것은 아니다. 수도관이 터졌을 수도 있고, 청소차가 지나갔을 수도 있기 때문이다. A형식의 논거에서는 이러한 상황을 생각할 수 없다. 비와 축축한 길의 관계에 대한 첫 번째 전제가 참이고, 비가 온다는 두 번째 전제도 참이면, 길은 축축해야 한다.

반증 예시법을 사용할 때에는 당연히 신중해야 한다. 287

모든 고양이는 포유류이다.

모든 포유류에게는 4개의 심실이 있는 심장이 있다.

↓ 따라서 모든 고양이에게는 4개의 심실이 있는 심장이 있다.

위 논거는 *타당*하며, 아래와 같은 논거 형식을 갖추고 있다.

p

q

↓ r

그리고 이 형식에 대해서는 갖춘 반증 예시도 얼마든지 찾을 수 있다. 명백히 부당한 다음 논거가 한 예가 될 수 있다.

봄에는 나무에 꽃이 핀다.

고양이는 포유류이다.

↓ 항주는 중국에 있다.

위의 논거에서는 문장 p와 q가 참이라는 사실에서 세 번째 문장 r이 참이라는 근거를 도출할 수 없다. 다음 논거에서는 또 다른 논거 형식이 발견된다.

모든 고양이는 포유류이다.

모든 포유류에게는 4개의 심실이 있는 심장이 있다.

↓ 모든 고양이에게는 4개의 심실이 있는 심장이 있다.

즉,

모든 U는 V이다.

모든 V는 W이다.

↓ 모든 U는 W이다.

앞으로 살펴보겠지만, 위의 논거 형식은 분명히 타당하다. 이 타당한 논거 형식에 대해서는 반증 예시를 찾을 수 없다.

언뜻 보면, 논거가 부당한 부분과 타당한 부분이 들어있는 여러 288
개의 형식을 가질 수 있다는 것이 혼란스러울 수도 있다. 그러나 일상에서도 대개 대상의 특징과 형태를 부각시킬 수 있는 다양한 방식이 있지만, 그 중 단 *한 가지*만 의미를 지닐 때가 종종 있다. 전차 안에서 차표를 검사할 때, 어떤 금발 여성이 자기 나이, 원피스의 초록색, 신발 사이즈, 월 정기권 차표, 금발, 새 향수 등 사실상 자기의 모든 특질을 제시할 수도 있을 것이다. 그러나 검표원은 오직 차표만 인정할 뿐, 나이, 원피스, 신발 사이즈, 금발, 향수 따위는 인정하지 않을 것이다.

그러므로 여러 형식 중 *하나*가 타당하지 않다고 해서 성급하게 해 289
당 논거가 부당하다고 생각하면 안 된다. 그보다는 논거의 타당성을 증명하는 어떤 다른 형식이 있는지를 신중히 살펴봐야 한다. 그렇지 않으면 검표원이 "금발 여성이라고 전차에서 특별대우를 하지는 않아요!"라고 무뚝뚝하게 말하면서 정작 그 여성이 가지고 있는 정기권 차표는 알아보지 못하는 것과 같은 잘못을 저지를 수 있다. 일상에서와 마찬가지로 논거를 분석할 때에도 매번 결정적인 형식적 특질을 찾아내기 위해서 어느 정도의 지식과 훈련이 필요하다.

더 자세히 알아보기: W. C. Salmon 1983: 41–49

2.3.3 조건논거

290 바로 앞 장에서 살펴본 A형식의 논거와 B형식의 논거는 이른바 **조건논거**(konditionales Argument; conditional argument) (W. C. Salmon 1983: 49–62)에 해당한다. 조건논거의 특징은 조건 진술을 담고 있다는 것이다. **조건 진술**(Konditionalaussage; conditional statement)의 예를 들어보자.

> 비가 오면, 길이 축축하다.
> 지금이 5월이라면, 다음 달은 6월이다.
> 감기에 걸리면, 열이 난다.

291 이런 진술은 두 부분으로 구성된다. "…면"에 속하는 부분은 **선행 조건부**(전건; Antecedens; antecedens), "그러면…(이다)"에 속하는 부분은 **후행 결과부**(후건; Konsequens; consequens)이다. 위의 예들은 보통 다음과 같은 형식을 취한다.

> p면, q이다.

일상 언어에서는 조건 진술이 매우 다양한 형식으로 나타난다. 그래서 다음 형식이 논리적으로 동일한 가치를 지닌다는 것을 알아내기 위해서는 잠시 생각을 해 봐야 할 수도 있다.

비가 오면, 길이 축축하다. 292
길이 축축하다, 비가 오면.
길이 축축할 경우에만, 비가 오는 것이다.
비는 길이 축축할 경우에만 내린다.

앞에서 살펴보았던 A형식의 논거와 B형식의 논거 외에도 다음 표에서 보는 것처럼 두 개의 또 다른 형식인 C형식의 논거와 D형식의 논거가 있다. 4개의 논거 형식에는 모두 첫 번째 전제로 "p면, q이다."라는 조건 진술이 담겨 있다. 293

294

	A: 선행 조건부의 긍정	
	논거의 형식:	예시:
타당함	p면, q이다. p. ↓ 따라서 q.	악천후이면, 천둥이 친다. 악천후이다. ↓ 따라서 천둥이 친다.
	B: 후행 결과부의 긍정	
	논거의 형식:	예시:
부당함	p면, q이다. q. ↓ 따라서 p.	악천후이면, 천둥이 친다. 천둥이 친다. ↓ 따라서 *악천후이다.*
	오류:	반증 예시:
	전체가 참이어도 결론이 거짓일 수 있음!	악천후이면, 천둥이 친다. 천둥이 친다. *그러나 악천후가 아니다.* 그럼에도 천둥이 친다. 예를 들어 어떤 폭발 때문에.

295

	C: 후행 결과부의 부정	
	논거의 형식:	예시:
타당함	p면, q이다. q가 아니다. ↓ 따라서 p가 아니다.	악천후이면, 천둥이 친다. 천둥이 치지 않는다. ↓ 따라서 악천후가 아니다.
	D: 선행 조건부의 부정	
	논거의 형식:	예시:
부당함	p면, q이다. p가 아니다. ↓ 따라서 q가 아니다.	악천후이면, 천둥이 친다. 악천후가 아니다. ↓ 따라서 *천둥이 치지 않는다.*
	오류:	반증 예시:
	전제가 참이어도 결론이 거짓일 수 있음!	악천후이면, 천둥이 친다. 악천후가 아니다. *그럼에도 불구하고 천둥이 친다.* 예를 들어 어떤 폭발 때문에.

296 차이는 두 번째 전제가 선행 조건부 p나 결론 q을 긍정 또는 부정하는 데 있다. 위 표에서 각각 위쪽에 있는 **선행 조건부의 긍정**(Bejahung des Antecedens; modus ponens)(A)과 **후행 결과부의 부정**(Verneinung des Konsequens; modus tollens)(C)은 타당한 논거 형식이며, 아래쪽에 있는 **후행 결과부의 긍정**(Bejahung des Konsequens)(B)과 **선행 조건부**(D)**의 부정**(Verneinung des Antecedens)은 잘못된 추론이다.

297 B와 D가 타당하지 않은 형식이라는 것은 해당 칸의 반증 예시를 보면 알 수 있다. 이 형식의 논증에서는 전제가 참이어도 결론이 거짓인 상황을 충분히 생각할 수 있다. A와 C에 대해서도 그런 상황을 생각해서 악천후가 반드시 천둥과 결합되는 것은 아니라고 말하고 싶을지도 모른다. 그럴 수도 있으나, A와 C를 반증하는 적

합한 예가 될 수 없다. 그런 예는 *전제가 참이지만 결론이 거짓인* 상황을 보여주어야 하기 때문이다. 그런데 조건 *전제가 거짓*이라는 주장이나 증명조차 결코 그런 반증이 될 수 없다. "악천후이면, 천둥이 친다."라는 전제가 참이라*면*, *그러면* 악천후일 때 천둥이 쳐야 하거나, 천둥이 치지 않으면 악천후인 일은 없을 것이기 때문이다.

이러한 분석이 지나친 결과를 낳는 것은 아닌지를 다시 한번 물 298
어보는 것도 나쁘지 않다. 위 구분은 첫 번째 전제의 진술 p와 q가

'p면, q이다'

라는 조건 진술에서 p와 q가 서로 결합되었을 때만 의미가 있다. 첫 번째 전제가 아래와 같은 유형의 동치(쌍방 조건) 진술이면, 이 구분은 의미가 없을 것이다.

'p면 q이고, q면 p이다'

p와 q가 이런 방식으로 서로 결합된다면, 'p면 q이다', 'q면 p이다', 'p가 아니면 q가 아니다', 'q가 아니면 p가 아니다'라고 마음대로 말할 수 있을 것이다. 이런 사실관계가 성립되는 상황도 분명히 있다. 크리스마스 축제가 열리면, 크리스마스 때이고, 역으로 크리스마스 때이면 크리스마스 축제가 열린다고 볼 수 있다.

반면에 관련 진술을 연계하는 것만으로 우리가 적절한 행동을 299
취할 수 없는, 결코 간단하지 않은 사실관계도 있다. 금요일 오후에는 대부분 교통량이 많다. 그러나 교통량이 많을 때가 꼭 금요일 오

후만은 아니다. 오직 동치로만 연계시켜 세계상을 구축하려는 사람은 금요일 오후는 교통량이 많고, 교통량이 많으면 금요일 오후라고 생각할 것이고, 월요일 아침에 교통량이 많으면 놀라면서 그날이 아마도 금요일일 것이라고 생각할 것이다. 금요일 교통량이 많지 않으면, 그는 어찌되었든 그날이 금요일이 아니라고 생각해야 할 것이다. 이 경우 동치는 기껏해야 "교통량이 매우 많다. 오늘이 금요일인가?"라는 불확실하고 검증이 필요한 가설을 설정하게 할 따름이다.

300 이러한 동치에 사로잡힌 사고는 세상의 이치와 전혀 맞지 않으므로, 우리는 조건 진술을 결코 포기할 수 없다. 그러나 조건논거는 선행 조건부의 긍정(A)과 후행 결과부의 부정(C) 형식에서만 타당하다. 선행 조건부의 부정(B)과 후행 결과부의 긍정(D)을 타당한 것으로 취급하면, 조건과 동치를 구별해야 할 필요성에서 얻을 수 있는 인식을 놓쳐버리는 것이다. 그러므로 이러한 구분과 B형식의 추론 오류와 D형식의 추론 오류에 대한 비판을 포기하는 사람은 어리석음을 감수해야 한다.

더 자세히 알아보기: W. v. O. Quine 1969: 38–44; W. C. Salmon 1983: 49–62

2.3.4 결론의 거짓으로 전제를 판단하기: 귀류법

301 지금까지 우리는 전제에서 결론으로 이동할 때에 전제의 참을 결론에 적용하기 위해서 타당한 논거를 사용한다고 생각했다. 그러나 사람들은 때때로 논거에 사용된 전제의 진리값에 대해서도

궁금해 하였다(H. Albert 1968: 12). 가설-연역 접근법에서 우리는 이미 가설의 거짓을 증명할 수 있는 다음과 같은 논거 유형을 살펴보았다.

가설 H가 옳다면, 그에 따라 예견된 결과 E가 나타나야 한다.
예견된 결과 E가 나타나지 않았다.
↓ 따라서 가설 H는 옳지 않다.

이 논거를 우리는 지금까지 가설 H의 거짓을 증명하는, 후행 결과부를 부정하는 조건논거(C)라고 하였다. 그러나 이 논거는 다른 논거에 근거하고 있다. 가설은 보통 어떤 부수 조건에 처해 있는 특정 상황을 어떤 사건과 결합시킨다. 예를 들면 아래와 같다.

어떤 사람이 감기에 걸리면, 열이 있다.

이 가설을 검증하기 위해서 개별 사례를 조사할 텐데, 감기에 걸린 302
환자가 열이 없는 경우를 발견할 수도 있다. 그런데 우리의 논거는 아래와 같다.

어떤 사람이 감기에 걸렸다면, 그는 열이 있다(전제 1).
이 환자는 감기에 걸렸다(전제 2).
↓ 따라서 이 환자는 열이 있다.

이와 같이 선행 조건부를 긍정하는 조건논거(A)는 물론 타당하다. 303

이 논거에는 가설의 조건부에 나온 부수 조건이 충족되어 있다. 즉, 전제 2는 명백히 참이다. 그런데 열이 없는 환자가 발견되었으면 결론, 즉 환자가 열이 있을 것이라는 예측은 명백히 거짓이다. 그런데 타당한 논거에서는 전제가 참이면 결론도 참이어야 하므로, 전제 1이 거짓이라는 추론만 가능하게 된다. 이로써 결론의 거짓이 전제 1을 평가하는 척도가 되었다.

304

진술의 유형	논거	진술	진리치
가설	전제1	감기에 걸리면, 열이 있다.	← 거짓!
부수 조건	전제2	이 환자는 감기에 걸렸다.	← 참! (관찰 결과에 따라)
예측	결론	↓ 따라서 이 환자는 열이 있다.	← 거짓! (관찰 결과에 따라)

305 소위 **귀류법(Reductio ad absurdum)**도 이와 아주 비슷하다(W. C. Salmon 1983: 63-68). 귀류법은 p라는 테제의 거짓인 'p가 아니다'가 거짓임을 증명함으로써 테제 p의 참을 우회적으로 증명하는 방법이다. 'p가 아니다'의 거짓은 보조논거를 통해 제시한다. 이 보조논거에 'p가 아니다'를 전제로 집어넣고, 'p가 아니다'와 하나 이상의 명백히 참인 전제로부터 명백히 틀린 문장을 끌어낸다. 보조논거가 형식적으로 올바르고, 나머지 전제가 참이지만 결론이 거짓이라면, 앞의 예처럼 결론의 거짓은 의심스러운 전제인 'p가 아니다'로 귀결되어야 한다. 'p가 아니다'가 거짓이라면, 출발 테제인 p가 참이라는 것이 간접적으로 증명된다.

306 귀류법은 라틴어 명칭을 보고 잘 쓰이지 않을 것이라고 생각할

수 있지만 일상생활에서도 생각보다 훨씬 더 자주 사용된다. 고장 난 자동차 앞에서 청자에게 배터리가 방전되었다는 것을 증명하려고 하는 경우를 생각해 보자. 이때 우리의 테제는 “배터리가 방전되었다.”이다. 이제 이 테제의 부정인 “배터리는 방전되지 않았다.”는 말을 바탕으로 보조논거를 열거해 보자. “배터리가 방전되지 않으면, 표시등에 불이 들어온다. 배터리가 방전되지 않았다. 따라서 표시등에 불이 들어온다.” 그런데 표시등에 불이 들어오지 않는다면, 보조논거의 결론은 거짓이다. 보조논거의 형식이 올바르기 때문에, 결론이 거짓일 경우에는 모든 전제가 참일 수는 없다. “배터리가 방전되지 않으면, 표시등에 불이 들어온다.”라는 전제가 참이라는 것은 차의 구조나 설명서의 배선도를 보면 알 수 있다. 그러므로 “배터리가 방전되지 않았다.”는 전제가 거짓이어야 한다. 따라서 전선과 표시등이 망가지지 않았다면, “배터리가 방전되었다.”라는 테제가 우회적으로 증명이 된 것이다.

307

귀류법		
테제 p: 배터리가 방전되었다.		
테제에 대한 부정을 전제로 사용한 보조 논거		
p가 아니다.	배터리가 방전되지 않았다.	거짓!
p가 아니면, q이다.	배터리가 방전되지 않으면, 표시등에 불이 들어온다.	참!(자동차 사용설명서에 따라)
q이다.	↓ 표시등에 불이 들어온다.	거짓!(관찰 결과에 따라)
q가 거짓이므로, ‘p가 아니다’가 거짓이어야 한다. 따라서 테제 p는 참이다.		

더 자세히 알아보기: H. Albert 1968: 8–28, 특히 12; W. C. Salmon 1983: 63–68

2.3.5 진리표와 타당성

308 **진리표**(Wahrheitstafel; truth table)는 논거 형식의 타당성을 조사하는 데 매우 설득력 있고 효과적인 방식이다. 구조를 형식적으로 나타내는 것에 별로 관심이 없는 사람이라도 최소한 이 방식의 기본 내용은 알아야 한다(W. C. Salmon 1983: 72–78). 진리표를 사용하면 매번 전문가의 진술에 의존하지 않아도 논거의 타당성을 스스로 검토할 수 있다.

309 지금까지 살펴본 논거는 대부분 쉽게 "p", "q"등으로 기호화할 수 있는 문장을 포함하고 있었다. 문장의 내부 구조는 논의의 대상이 아니었기 때문에, 논거를 검토하는 데 중요한 것이 아래 형식에 모두 포함되어 있었다.

p이면, q

p

↓ 따라서 q

진리표는 각각의 진술을 "p", "q", "r"과 같은 문자로 표시하고, 이 기

310

명칭	형식	예시	기호
부정	p가 아니다	철수가 아프지 *않다*.	$\neg p$
연접	p와 q	진호가 일을 하고 영희가 여행을 떠난다.	$p \wedge q$
이접	p 또는 q	민호가 산책을 가*거나* 진환이가 축구를 한다.	$p \vee q$
(실질) 조건	p면 q	예지가 코를 골*면*, *그러면* 잠을 잔다.	$p \supset q$
(실질) 동치	오직 q면 p	기온이 0° C 이하로 떨어지*면*, *반드시* 물이 언다.	$p \equiv q$

본 진술이 다양하게 **결합**되어 어떻게 복합 진술을 만들어내는지를 보여준다. 복합 진술의 진리치는 오직 그 속에 들어가는 기본 진술의 진리치에 따라서 결정된다. 기본 진술을 연결하는 다양한 방법은 이미 앞에서 다루었다.

논리학에서는 연결된 기본 진술을 '참'(W)과 '거짓'(F)의 표를 통하여 기본 진술의 연결이 어떤 **진리치**(Wahrheitswert; truth value)를 지니는지를 보여준다. 단지 하나의 기본 진술 p만 관여되기 때문에 소위 한 자리 연결이라고 할 수 있는 **부정**(Negation; negation)에 대한 도표는 다음과 같다. 311

312

	부정
p	¬p
W	F
F	W

p가 참이면 p의 부정은 거짓이고, p가 거짓이면 p의 부정은 참이다. 두 자리 연결은 다음과 같이 나타난다. 313

314

			연접	이접	조건	동치
	p	q	p∧q	p∨q	p⊃q	p≡q
1	W	W	W	W	W	W
2	W	F	F	W	F	F
3	F	W	F	W	W	F
4	F	F	F	F	W	W

연접(Konjunktion), **이접**(Disjunktion), **동치**(Bikonditional)는 바로 315
이해할 수 있다. 연접 p∧q("p와/이면서 q")는 p와 q가 모두 참일 때

만 참이고(1), 나머지 세 경우(2-4)는 거짓이다. 이접 $p \vee q$("p 또는/이거나 q")는 p와 q 둘 다 참(1)이거나 p(2) 또는 q(3)만 참이면 참이다. 이접은 p와 q 둘 다 거짓이면 거짓이다(4). 동치인 $p \equiv q$("q이면 오직 그러면 반드시 p")가 참이려면 p와 q가 동일한 진리치를 가져야 한다(1, 4). 그 외의 경우(2,3)는 거짓이다.

316 **조건**(Konditional; conditional)의 경우는 언뜻 쉽게 이해가 되지 않을 것이다. 조건 연결 $p \supset q$("p이면, q이다.") 는 p와 q가 모두 참(1)이면 참이어야 한다. 물론 p가 참인데 q가 거짓일(2) 수는 없다. 일상생활에서도 "비가 오면 길이 축축하다."라는 문장을 들으면, 우리는 비가 오는데 길이 축축해지지 않는 경우가 있을 수 없다는 뜻으로 이해한다. 그러나 p가 거짓이고 q가 참인 경우(3)와 p와 q가 모두 거짓인 경우에도 조건 연결이 참이라는 것은 우리를 당황스럽게 한다. 이에 따르면 다음 문장들도 우리의 언어감각과는 달리 참인 것이다.

> 북경이 미국에 있으면 하노버는 니더작센에 있다. (3)
> 북경이 미국에 있으면 하노버는 호주에 있다. (4)

문제의 원인은 "…면, …다."라는 일상어 표현이 진술 p와 q사이의 *내용적* 연결을 고려한다는 데 있다. 논리에서는 p와 q의 내용이 아니라 오로지 그 *진리치*만 고려하여 조건을 정의한다. 그러므로 논리적 연결은 일상어의 "…면, …다."라는 일상적 표현보다 더 약하다. 그렇지만 연결된 진술의 진리치를 보면, 논리적 연결은 인과관계에 대한 우리의 일상적 직관과 완전히 일치한다. 우리가 두 개의 진술을 "…면, …다."로 연결하면, 우리는 일단 첫 번째 진술이 참인데 두 번째 진술이 거짓일 수는 없다고 생각한다. 단순한 형식을 뛰어넘는 내용적 결합도 대개는 물론 중요하다. 위 예문의 두 문장은 내용적으로 부합되지 않기 때문에 받아들이기가 힘들다. 그러나 진리치의 관점에서는 내용 관계를 따지지 않는다(W. C. Salmon 1983: 78ff.; G. Patzig 1970: 20–25).

317 연접의 경우에도 비슷하다. 일상적인 말로 "철수가 사과를 깎아 먹었다."라고 말하면, 우리는 대체로 "철수는 사과를 깎았다."와 "철수는 사과를 먹었다."라는 두 문장의 진실뿐만 아니라, 시간적 순서도 함께 표현하려고 한다. 이 경우에도 논리적 연결은 문장의 내용적 관계일 수 있는 시간적 순서는 고려하지 않는다(R. Posner 1979 참조).

318 문장 p와 문장 q의 조건 연결은 p가 참이면서 동시에 q가 거짓일 수는 없다는 것을 나타낸다. 이와 같은 조건 연결은 이미 확인한 바와 같이 타당한 연역논거의 전제와 결론 사이에 나타난다. 올바른 논거에서는 전제가 참이면서 동시에 결론이 거짓일 수는 없다(W. C. Salmon 1983: 96). 진리표를 사용하여 논거 형식의 타당성을 따져볼 수 있다. 우선 복합 진술인 "p이거나 p가 아니다."에 대해 아래 진리표를 살펴보자.

319

항진명제 1 (타당함)			
	p 이거나 p가 아니다		
p	p∨¬p	➔	➔
W	W∨¬W	W∨F	W
F	F∨¬F	F∨W	W

320 맨 왼쪽 칸에는 p에 나타날 수 있는 두 개의 진리치가 위치한다. 그 다음 칸에는 이 진리치를 진술 p∨¬p에 적용한다. 그리고 나머지 오른쪽 두 칸에는 앞에서 확인한 연결 기호 ∨와 ¬의 사용법에 따라 단계적으로 (➔) 진리치를 산정한다. 결과적으로, p가 어떤 진리치를 갖더라도 진술 p∨¬p는 참이다. 직관적으로 생각해봐도 그렇다. 문장이란 참이거나 참이 아닐 수 밖에 없다. 진술 p가 어떤 내용이든지, 참이든 거짓이든 간에, p∨¬p는 항상 참이다. p∨¬p와 같이 그 속에 들어있는 기본 진술의 진리치와는 무관하게 항상 참인 복합 진술을 **항진명제**(Tautologie; tautolgy)라고 한다(W. C. Salmon 1983: 94-97). 아래 도표에 항진명제의 또 다른 예인 ¬(p∧¬p)가 들어있다. 항진명제인 ¬(p∧¬p)는 하나의 진술이 참인 동시에 거짓일 수 없다는 것을 나타낸다.

321

항진명제 2(타당함)			
	(p이면서 p가 아닌 것이)아니다		
p	**¬(p ∧¬p)**	**➔**	**➔**
W	¬(W∧¬W)	¬F	W
F	¬(F∧¬F)	¬F	W

322 이제 같은 방법으로 다양한 형식의 조건논거를 분석해볼 수 있다. 지금까지 사용한 방법은 다음과 같다.

p이면, q

p

↓ 따라서 q

여기서 "…면, …다."를 연결 기호 "⊃"로 대치하고, "따라서"를 없애 보자.

$p \supset q$

p

↓ q

타당한 연역논거의 전제와 결론 사이에 조건적 연결이 놓여있으므 323
로, 전제들의 연접을 대괄호"[…]"로 묶은 다음, 이를 다시 조건적 연결을 통하여 결론과 연결시킬 수 있다.

$[(p \supset q) \wedge p] \supset q$

이를 – 부득이 장황한 – 말로 풀어내자면 다음과 같다.

(p면 q이다)이면서 p이라면, 그러면 q이다.

선행 조건부의 긍정(타당함)						324
		[(p이면 q이다) 그리고 p]이면 q이다				
p	**q**	**[(p⊃q)∧p]⊃q**	**➔**	**➔**	**➔**	
W	W	[(W⊃W)∧W]⊃W	[W∧W]⊃W	W⊃W	W	
W	F	[(W⊃F)∧W]⊃F	[F∧W]⊃F	F⊃F	W	
F	W	[(F⊃W)∧F]⊃W	[W∧F]⊃W	F⊃W	W	
F	F	[(F⊃F)∧F]⊃F	[W∧F]⊃F	F⊃F	W	

위 표에서도 p와 q에 다양한 진리치가 배분될 때 이 복합 표현이 어 325

떤 진리치를 취하는지를 단계적으로(➔) 보여주고 있다. [(p⊃q)∧p]⊃q는 p와 q에 어떤 진리치를 배분하든 참이라는 것을 알 수 있다. 즉, 선행 조건부에 대한 추론 도식은 항진명제이다. p와 q에 대해 어떤 진술을 대입해도 p⊃q와 p가 참이면, q도 참이어야 한다. 그러나 후행 결과부에 대한 긍정을 분석하면 다른 결과가 나타난다. p가 거짓이고 q가 참이면, 전제 p⊃q와 q가 참임에도 불구하고

326

후행 결과부의 긍정(부당함)					
		[(p이면 q이다) 그리고 q)] *이면* p이다			
p	q	[(p⊃q)∧q]⊃p	➔	➔	➔
W	W	[(W⊃W)∧W]⊃W	[W∧W]⊃W	W⊃W	W
W	F	[(W⊃F)∧F]⊃W	[F∧F]⊃W	F⊃W	W
F	W	[(F⊃W)∧W]⊃F	[W∧W]⊃F	W⊃F	F !
F	F	[(F⊃F)∧F]⊃F	[W∧F]⊃F	F⊃F	W

327

후행 결과부의 부정(타당함)					
		[(p이면 q이다)이고 q가 아니다] *이면 p가 아니다*			
p	q	[(p⊃q)∧¬q]⊃¬p	➔	➔	➔
W	W	[(W⊃W)∧¬W]⊃¬W	[W∧F]⊃F	F⊃F	W
W	F	[(W⊃F)∧¬F]⊃¬W	[F∧W]⊃F	F⊃F	W
F	W	[(F⊃W)∧¬W]⊃¬F	[W∧F]⊃W	F⊃W	W
F	F	[(F⊃F)∧¬F]⊃¬F	[W∧W]⊃W	W⊃W	W

328

선행 조건부의 부정 (부당함)					
		[(p이면q이다)이고 p가 아니다] *이면 q가 아니다*			
p	q	[(p⊃q)∧¬p]⊃¬q	➔	➔	➔
W	W	[(W⊃W)∧¬W]⊃¬W	[W∧F]⊃F	F⊃F	W
W	F	[(W⊃F)∧¬W]⊃¬F	[F∧F]⊃W	F⊃W	W
F	W	[(F⊃W)∧¬F]⊃¬W	[W∧W]⊃F	W⊃F	F !
F	F	[(F⊃F)∧¬F]⊃¬F	[W∧W]⊃W	W⊃W	W

결론 p는 거짓이다. 즉, 후행 결과부를 긍정하는 추론 도식은 항진 명제가 *아니며,* 전제가 참이면 결론도 참임을 보장하지 *못한다.*

329 후행 결과부에 대한 부정과 선행 조건부에 대한 부정도 동일한 방식으로 분석할 수 있다. 결과는 지금까지 우리가 살펴본 것과 일치한다. 중요한 차이점은 이제 직관과 통찰에 전혀 의지하지 않고서도 논거 형식의 타당성 여부를 정확히 산정할 수 있다는 것이다.

더 자세히 알아보기: W. C. Salmon 1983: 72–87; F. von Kutschera/ A. Breitkopf 1971: 17–28

2.3.6 정언 진술과 삼단논법

330 지금까지 살펴본 논거에서는 그 속에 담긴 부분 진술의 세부 내용을 문제 삼지 않았기 때문에 부분 진술을 서슴없이 "p" 혹은 "q"로 대체할 수 있었다. 다만 일관되게 한 문장을 한 문자로 대체해야 하였다. 그런데 부분 진술의 세부 내용이 아주 결정적인 역할을 하는 논거도 있다.

모든 포유동물은 심장을 가졌다.
모든 토끼는 포유동물이다.
↓ 모든 토끼는 심장을 가졌다.

331 우리는 이 논거가 타당하다는 것을 직관적으로 알 수 있다. 그러나 첫 번째 전제의 "모든"을 "몇몇"이라는 말로 대체하면, 이 논거는 더 이상 타당하지 않게 된다.

몇몇 포유동물은 심장을 가졌다.

모든 토끼는 포유동물이다.

↓ 모든 토끼는 심장을 가졌다.

332 몇몇 포유동물이 심장을 가졌다는 진술은 심장이 없는 포유동물도 있다는 가능성을 열어 둔다. 위의 전제들은 토끼 혹은 몇몇 토끼가 심장이 없는 포유동물에 속한다는 사실을 배제하지 않는다. 논증 개론서인 이 책에서 논리학의 기초 과정(W. C. Salmon 1983; W. v. O. Quine 1969; F. v. Kutschera/ A. Breitkopf 1971; H. Reichenbach 1966)을 체계적으로 다룰 수는 없고, 그래서도 안 될 것이다. 하지만 위와 같은 논거가 자주 나타나기 때문에 그 구조 및 타당성의 조건을 간단히 살펴볼 필요는 있다.

333 "모든 F는 G이다." 혹은 "몇몇 F는 G이다."는 각각 F인 객체의 집합과 G인 객체의 집합 사이의 관계를 나타낸다. 이런 진술을 **정언 진술**(kategorische Aussage; categorial statement)이라고 한다. 정언 진술은 네 가지로 구분되는데, 그 의미를 *집합 다이어그램*으로 가장 잘 표현할 수 있다. 다음 그림에서 두 개의 원은 각각 F의 집합과 G의 집합을 나타낸다. 두 원이 겹치는 부분은 F이기도 하고 G이기도 한 객체의 집합이다. *빗금 친* 부분은 *비어있다*는 것을 나타낸다. 이 부분에 해당되는 객체는 없다. *흰색* 부분은 우리가 그것에 대해서 *아무 것도 알지 못한다*는 뜻이다. X를 친 부분은 *비어 있지 않다*는 것이다.

334 "모두"와 "몇몇"이라는 표현에 대한 논리학의 관습은 일상어의 관습보다 더 엄격하다. "모든 F는 G이다."라는 유형의 보편·긍정 진

술은 F 혹은 G라는 특성을 가진 객체가 있다는 의미 자체를 내포하지 않는다. 단지 F이면서 G가 아닌 객체는 존재하지 않는다는 것을 말할 뿐이다. 이러한 점에서 흰색 부분은 실제로 정보가 없음을 나타낸다. “몇몇 F는 G이다.”와 “몇몇 F는 G가 아니다.”라는 부분 진술은 F와 G의 겹치는 부분 또는 G와 겹치지 않는 F의 영역이 비어있지 않다는 것을 의미할 뿐이다. 이 부분은 최소한 하나의 객체를 포함하지만, 반드시 여러 개일 필요는 없다.

335

정언 진술		
	긍정	부정
보편	모든 원숭이는 동물이다.	어떤 나무도 돌이 아니다.
	모든 F는 G이다.	어떤 F도 G가 아니다.
	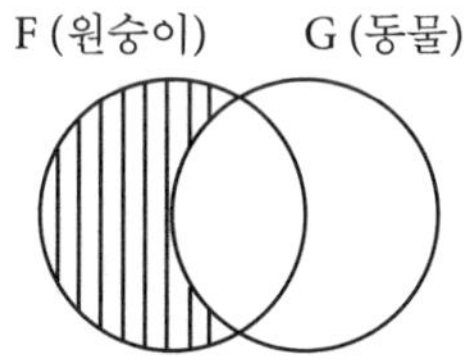	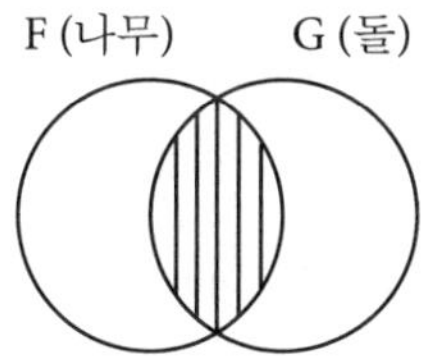
부분	몇몇 개는 테리어이다.	몇몇 자동차는 승용차가 아니다.
	몇몇 F는 G이다.	몇몇 F는 G가 아니다.
	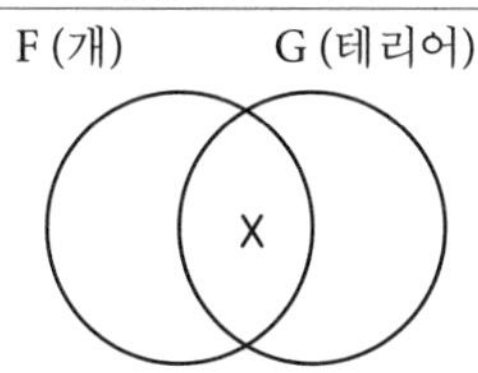	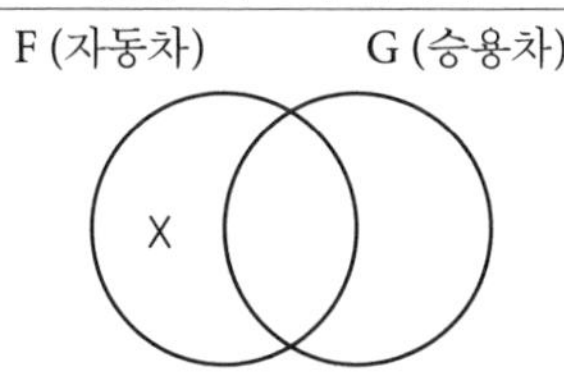

모든 정언 진술은 긍정적이거나 부정적이며, 보편적이거나 부분적이다. 336

- "모든 F는 G이다."라는 유형의 *보편·긍정* 진술은 G가 아닌 F는 없다는 것을 나타낸다. 동물이 아닌 원숭이는 없다. 그러므로 동물 집합과 겹치지 않는 원숭이 집합 부분은 빗금을 쳤다. 이 부분은 비어 있다.
- "어떤 F도 G가 아니다."라는 유형의 *보편·부정 진술*은 G이기도 한 F는 없다는 것을 나타낸다. 이 경우에는 나무 집합과 돌 집합이 겹치는 부분에 빗금을 쳤다. 이 부분은 비어 있다.
- "몇몇 F는 G이다."라는 유형의 *부분·긍정 진술*은 F이면서 G인 객체가 최소한 하나는 있다는 것을 나타낸다. 개 집합이 테리어 집합과 겹치는 부분의 X는 이 집합이 비어 있지 않다는 것을 의미한다.
- "몇몇 F는 G가 아니다."라는 유형의 *부분·부정 진술*은 F이지만 G가 아닌 객체가 최소한 하나는 있다는 것을 나타낸다. 자동차 집합 중 승용차 집합과 겹치지 않는 부분의 X는 이 부분이 비어 있지 않다는 것을 의미한다.

337 다음 논거를 살펴보자.

모든 포유동물은 심장을 가지고 있다.
모든 토끼는 포유동물이다.
↓ 모든 토끼는 심장을 가지고 있다.

이와 같이 정언 진술로 구성된 논거를 **정언 삼단논법**(정언 논법; kategorischer Syllogismus; categorial syllogism)이라고 부른다. 삼단논법에서는 서로 다른 세 집합 F, G, H 사이의 관계가 문제가 된다. 정언 삼단논법은 전제들의 진술을 집합 그림으로 그려보면 그 타당성을 아주 쉽게 살펴볼 수 있다. 우선 첫 번째 전제인 "모든 포유동물은 심장을 가지고 있다."를 그린다. 그곳에 심장을 가지고 있는 동물의 집합과 포유동물의 집합이 겹치지 않는 부분에 세로로 빗금을 친다. 이 부분은 비어 있다.

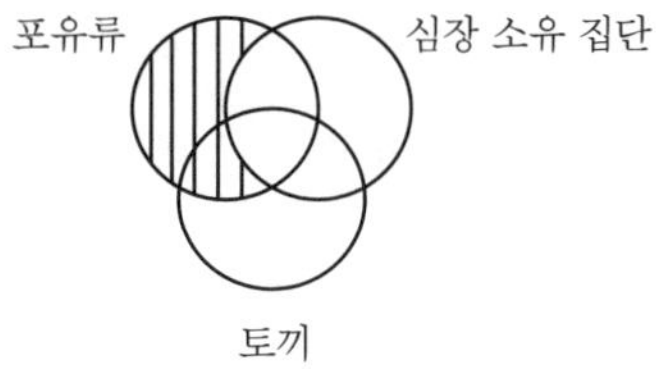

338

이어서 두 번째 전제인 "토끼는 모두 포유동물이다."를 그린다. 포 339
유동물의 집합과 토끼의 집합이 겹치지 않는 부분에 가로로 빗금을 친다. 이 부분도 역시 비어 있다.

340

두 전제의 진술을 그림으로 나타냈으면 그 결과가 "모든 토끼는 심 341
장을 가지고 있다."라는 결론과 일치하는지를 확인할 수 있다. 실제로 토끼 집합 부분 중 심장 소유 집합의 부분이 아니면서 비어 있지 않은 부분 집합은 없다. 이제 잘못된 삼단논법을 가지고 이 방법을 검증해 보자.

모든 여성은 인간이다.

모든 남성은 인간이다.

↓ 모든 여성은 남성이다.

342 우선 첫 번째 전제인 "모든 여성은 인간이다."를 그린다. 그곳에 인간 집합과 겹치지 않는 여성 집합 부분에 세로로 빗금을 친다. 이 영역은 비어 있다.

343 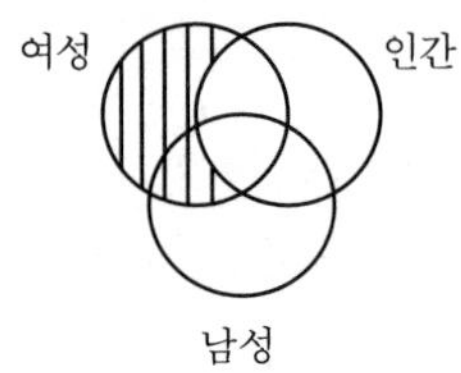

344 이어서 두 번째 전제인 "모든 남성은 인간이다."를 그린다. 그곳에 남성 집합 중 인간 집합과 겹치지 않는 부분에 가로로 빗금을 친다. 이 부분도 비어 있다.

345 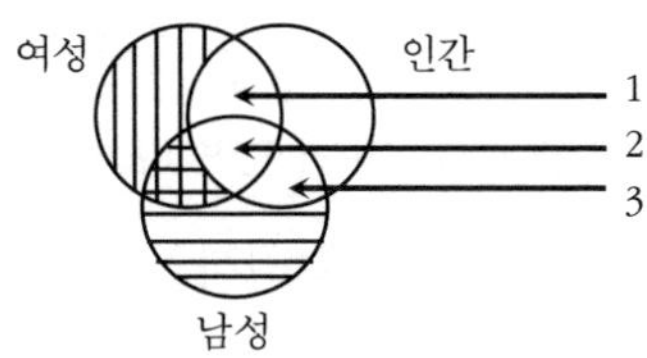

이렇게 해서 생겨난 집합은, 부분영역 1에 남성이 아닌 여성이 있을 수 있으며, 부분영역 3에 여성이 아닌 남성이 있을 수 있다는 것을 보여준다. 또한 부분영역 2에 어떤 요소가 들어있다는 것을 보여주지도 않는다. 따라서 이 정언 삼단논법은 우리의 예상대로 타당하지 않은 것으로 증명된다. 346

다이어그램은 제시된 삼단논법을 검토할 때뿐만 아니라, 주어진 전제에서 어떤 결론이 도출될 수 있을지를 밝히는 데에도 아주 유용하다. 우리에게 우선 다음 두 가지 전제가 주어졌다고 가정해 보자(W. F. Allman 1993: 46f.). 347

어떤 양봉가는 예술가이다.
어떤 화학자도 양봉가가 아니다.

첫 번째 전제인 "어떤 양봉가는 예술가이다."는 아래와 같이 나타낼 수 있다.

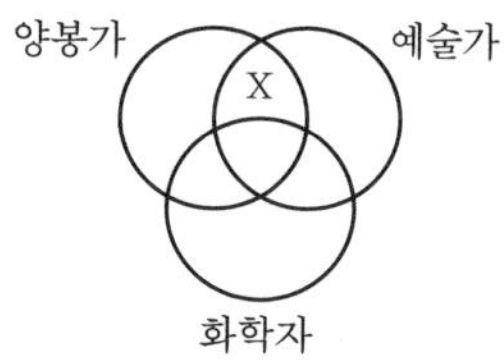

348

양봉가 집합이 예술가 집합과 겹치는 부분이 비어있지 않다. 양봉가이면서 예술가인 대상이 최소한 하나는 있기 때문이다. 두 번째 전제인 "어떤 화학자도 양봉가가 아니다."는 양봉가 집합과 화학자 집합이 겹치는 부분에 빗금을 침으로써 나타낼 수 있다. 349

350 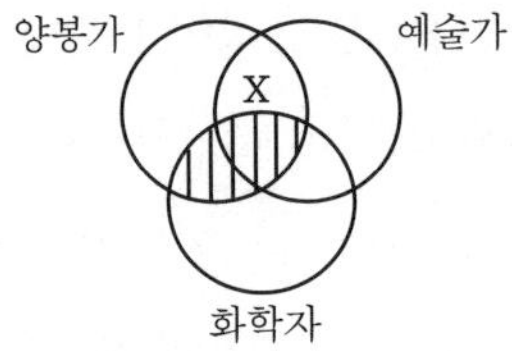

351 이처럼 집합 다이어그램을 통해서 "몇몇 예술가는 화학자가 아니다."라는 결론이 가능한 것으로 나타난다. X표가 보여주는 것처럼 양봉가인 예술가가 존재한다. 그러나 양봉가인 화학자는 없으므로, 존재하는 양봉가 겸 예술가는 화학자가 아니다.

352 이 예는 연역논거의 결과가 결코 항상 진부한 것만은 아니라는 사실을 다시 한번 보여준다. 전제를 엄밀하게 언어로 표현하고 집합 그림으로 그려본 후에야 비로소 연역논거에서 논리적 추론이 가능하다는 것을 인식하는 사람이 많다(W. F. Almann 1993: 47). 그러나 내용이 단순해서 이러한 사실을 인식하지 못하게 하는 논거도 있다. 앞에서 예로 들었던 논거를 다시 한번 살펴보자.

모든 여성은 인간이다.
모든 남성은 인간이다.
↓ 모든 여성은 남성이다.

이 논거가 뭔가 좀 이상하다는 것을 우선 일반상식을 통해서 알 수 있다. 여자가 남자는 아니기 때문이다. 무엇보다도 결론이 우리의 일반상식과 충돌하기 때문에 우리는 결국 논거의 부당성을 느끼게 될 것이다. 반면에, 컴퓨터를 구입하려는데 점원이 "프로세서는 모두 칩입니다. 모든 사이리스터(전류 제어 기능을 가진 반도체 소자)도 칩이에요. 그러므로 프로세서는 사실상 모두 사이리스터죠. 그러니 걱정하실 필요 없습니다."라고 떠벌린다면, 성급한 말에 가려 전제에서 결론으로의 이동이 겉으로만 그럴듯해 보인다는 것을 전혀 눈치 채지 못할 것이다. 우리가 해당 *주제영역*에 대해서 잘 알지 못할수록, 결론의 거짓을 *내용적으로* 판단하지 못할수록, 즉 제시된 논거에 상관없이 올바른 판단을 내릴 수 없을수록, 논거의 타당성은 그만큼 더 *형식적 구조에 의존하여* 판단할 수밖에 없다. 무엇보다 내용을 잘 알지 못하는 영역에서, 특히 누군가 우리를 조종하거나 속이고자 할 때, 논리적 분석은 유용한 힘이 된다. 그러므로 불가피하게 단순한 논거를 예로 드는 기본적인 분석을 그냥 쓸데없는 것으로 치부해서는 안 된다. 기본적인 분석은 물 밖의 수영장 바닥이나 수심이 얕은 수영장에서 하는 수영 동작 연습과 성격이 같다. 그 자체가 목적은 아니지만, 깊고 위험한 물속에서 살아남기 위해서 매우 필요한 연습이다.

삼단논법에 자주 나타나는 몇 가지 *추론 오류*는 정언 진술을 구 353
성하는 부분들의 의미를 잘 따져보고, 필요하면 집합 다이어그램으로 그려보면, 비교적 쉽게 간파할 수 있다. 한 가지 전형적인 추론 오류는 두 개의 보편적 전제에서 하나의 부분적 결론을 추론하는 것이다.

어떤 예의 바른 사람도 거짓말을 하지 않는다.
모든 예의 바른 사람은 돈을 기부한다.
↓ 몇몇 예의 바른 사람은 돈을 기부한다.

354 보편적 정언 진술은 어떤 객체의 존재를 논하지 않는다. 위 전제는 예의 바른 사람이 있다는 주장을 하는 것이 아니다. 그런데 결론에 그런 주장이 들어있다. 그러므로 위 논거는 타당한 연역논거가 아니다.

355 또 다른 전형적인 추론 오류는 결론에서는 서술어가 집합의 모든 요소와 관련을 맺는데, 전제에서는 집합의 일부 요소와만 관련을 맺을 때 나타난다.

모든 경상도 사람은 한국인이다.
어떤 전라도 사람도 경상도 사람이 아니다.
↓ 어떤 전라도 사람도 한국인이 아니다.

356 결론의 서술어("한국인이다.")는 한국인 모두에 대해서 말하고 있다. 즉, 한국인은 아무도 전라도 사람이 아니라는 것이다. 반면에 첫 번째 전제의 서술어("한국인이다.")는 모든 한국인이 아니라 모든 경상도 사람에 대해서만 말하고 있다. 두 번째 전제도 한국인 전체에 대해서 말하고 있지 않기 때문에, 결론의 내용이 전제의 내용을 넘어서게 된다. 그러므로 위 논거는 타당한 연역논거가 아니다.

357 삼단논법의 다음 추론 오류는 이미 앞에서 살펴보았다. 두 개의 전제에 동시에 나타나면서 이들을 연계하는 소위 연계 표현과 관련된 것이다. 이 연계 표현이 관련된 집합의 모든 요소에 대해서 말하는 것이 아닌 경우이다.

모든 여성은 *인간이다.*

모든 남성은 *인간이다.*

↓ 모든 여성은 남성이다.

여성과 남성이 인간이라는 특성을 공통으로 지니는 것은 사실이지만, 여성과 남성은 전혀 다른 인간 집합일 수 있다. 그러므로 전제들이 남성 집합과 여성 집합이 동일하다는 것을 말하는 것은 결코 아니다. 따라서 이 논거는 타당한 연역논거가 아니다. 358

특히 삼단논법이 세 개의 집합이 아니라, 네 개의 집합과 연관될 때에도 추론 오류가 나타난다. 359

모든 충청도 사람은 한국인이다.

모든 서울 사람은 동양인이다.

↓ 모든 서울 사람은 한국인이다.

위 논거는 결론이 명확히 참임에도 불구하고 타당하지 않다는 것이 명확하다. 그런데 네 번째 집합에 다의적인 낱말이 사용되면, 문제가 무엇인지 알지 못하게 될 때가 많다. 낱말 세 개를 사용하여 집합 네 개를 연관시킬 수 있기 때문이다. 독일어의 der Staatsmann은 '정치가'를 의미한다. 그런데 이 낱말의 복수형 die Staatsmänner는 의미가 축소되어 '*남성* 정치가들'만을 의미한다. 여성 정치가가 많은 오늘날에는 여성 정치인을 die Staatsmännin이라고 부르기도 하지만, der Staatsmann도 여전히 정치가를 통칭하는 의미로 사용된다. 이런 관계에서 아래 예문은 3개의 집합이 사용된 것 같으나 의미상으로는 4개의 집합이 사용된 것이다. 360

모든 남성 정치가들(Staatsmänner)은 남성이다.

어떤 여성도 남성이 아니다.

↓ 어떤 여성도 정치가(Staatsmann)가 아니다.

361 첫 번째 전제에서는 "정치가"라는 낱말이 ('남성'이라는 부가어로 인해서) 결론에서보다 더 좁은 의미로 사용되었다. 이 의미 차이가 없다면 아래 다이어그램이 보여주는 것처럼 논거는 타당*할 것이다*.

362

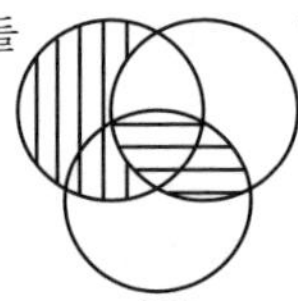

363 그러나 실제로는 *타당하지 않다*. 여기서 문제가 되는 낱말인 "(남성) 정치가"가 두 개의 상이한 의미로 사용되었기 때문이다. 첫 번째 전제(die Staatsmänner)는 *남성* 정치가를 말하고 있는데, 결론은 국가의 모든 정치가(der Staatsmann), 즉 *여성 정치가까지*도 포함하기 때문이다. 그러므로 결론의 내용이 전제의 내용을 뛰어넘고 있다.

더 자세히 알아보기: W. C. Salmon 1983: 97–140; W. v. O. Quine 1969: 98–120

2.3.7 논리적 엄밀성과 일상 언어

364 앞 절에서 분석한 내용을 보면, 논리적 언어 사용과 일상 언어 사

용 사이에 상당한 차이가 있음을 알 수 있다. 일상 언어의 다소 부족한 엄밀성이 모든 면에서 단점이 되는 것은 결코 아니다. 일상언어의 다소 엄밀하지 못한 표현은 바로 그 속에 들어있는 다의성 덕분에 더 다양하게 사용될 수 있다. 이것이 일상 대화에서는 때때로 바람직하고 합당한 여유 공간을 열어준다. 그러나 논거의 올바름을 살펴보려고 한다면, 그 차이를 분명히 인식하는 것이 좋다(W. Stegmüller 1974a).

그전에 물론 논리학에서와 마찬가지로 일상 언어에서도 **모순** 365
(Widerspruch; contradiction)은 반드시 피해야 한다. 그렇지 않으면 한 쌍의 서로 모순되는 전제 p와 ¬p에서 *온갖 자의적인(!)* 결론 q가 도출될 수 있기 때문이다. 예를 들면, 첫 번째 논거에서 우선 전제 p로부터 결론 p∨q가 도출될 수 있다.

p
↓ p∨q

이어서 두 번째 논거에서 첫 번째 논거의 결론인 p∨q와 전제 ¬p에 366
서 마치 마술사의 모자에서 나오는 토끼처럼 결론 q를 도출할 수 있다.

p∨q
¬p
↓ q

367 이 경우 전제가 결론 q에 대해서 아무런 관련 정보를 담고 있지 않다는 데에 유의해야 한다. q가 도출된 것은 오직 전제 p와 ¬p의 모순에 기인한 것이기 때문이다(K. R. Popper 1968: 267–271). 기호화된 논증의 예에서는 드러나는 모순이 일상 논증이나 명료하지 못하게 표현된 학술 이론에서는 눈에 띄지 않을 때가 자주 있다. 앞에서 진리표를 통해서 증명된 '모순의 법칙'(¬(p∧¬p))을 위반하는 사람은 사실상 아무 것이나 다 주장한다는 비난을 감수해야 한다(K. R. Popper: 1968).

368 이미 앞에서 전제와 결론을 나타내는 일상 언어의 다양한 표현을 살펴보았다. 또한 논리적 진술의 연결이 *오로지* 연결된 진술의 *진리치만* 고려하는 반면, 일상 언어표현인 "와/과", "…면, 그러면…(이다)", 그리고 "(오직 그러면) 반드시 …" 같은 일상 언어표현은 보통 연결된 문장 사이에 *내용적 연관 관계가* 있을 때에만 사용한다는 것도 확인하였다. 일상 언어의 "혹은"도 부정확하다. 대부분의 상황에서는 "…거나 …"로 사용되지만, 때로는 "…아니면 …"으로도 사용되기 때문이다. 반면에 논리는 *비배타적 이접*과 *배타적 이접*을 구분한다. 아래 진리표를 살펴보자.

369

		비배타적 이접	**배타적 이접**	**동치**
p	**q**	**p∨q**	**¬(p≡q)**	**p≡q**
W	W	W	F	W
W	F	W	W	F
F	W	W	W	F
F	F	F	F	W

370 비배타적 이접이 논거 분석에 더 중요한 것으로 증명되었기 때문

에, 논리학에서는 비배타적 이접을 위해 하나의 기호("∨")만 사용한다. 배타적 이접은 필요할 때만 표에서처럼 ¬(p≡q)로 표기한다. 그 진리표가 정확히 동치(마지막 칸)의 부정과 일치하기 때문이다.

일상 언어 텍스트에서 보편·긍정적 진술이 상이한 여러 가지 형 371
식으로 나타남으로써 어려움이 생길 때도 가끔씩 있다. "모든 개는 포유동물이다."라는 말 대신에 아래 도식의 해당 상자 속에 있는 문장들을 사용할 수 있다.

372

모든 개가 포유동물이다. 개들은 포유동물이다.	
그 개들은 모두 포유동물이다. 그 모든 개들이 포유동물이다. 각각의 개가 포유동물이다. 그 개들이 포유동물이다.	**특정 개들이 포유동물이다.**
어떤 개가 포유동물이다. 그 개가 포유동물이다. 그 개가 포유동물에 속한다.	**어떤 개 한 마리가 포유동물이다.**

우선 이 문장들은 모두 "모든 개가 포유동물이다."를 해석한 것이 373
다. 그러나 이들 중 몇 개는 다른 해석이 가능하다. 특정 상황에서 "그 개들은 모두 포유동물이다.", "그 모든 개들이 포유동물이다.", "각각의 개가 포유동물이다.", 또는 "그 개들이 포유동물이다."라는 진술로 *특정 개 집합*을 가리킬 수 있고, "어떤 개가 포유동물이다.", "그 개가 포유동물이다.", 또는 "그 개가 포유동물에 속한다."라는 진술로 *어떤 특정한* 한 마리의 개를 가리킬 수 있다.

374 정언 진술에 사용되는 영어의 be 동사나 독일어의 sein 동사도 "이다/있다"로 사용됨으로써, 사실상 다의적이다(W. Stegmüller 1974a: 67–78). "개는 모두 포유동물이다."에서 '이다'는 개 집합이 포유동물의 *부분집합*임을 표현한다. "세계가 있다."에서는 세계의 *존재*를 표현한다. "뮌헨은 바이에른의 주 수도이다."에서는 *정체성*을 말한다. 이 경우에는 상이한 의미를 가진 두 표현이 동일한 객체를 가리킨다. "벨로는 개다."에서는 벨로가 개 집합의 한 *요소*라는 것을 말한다.

375 그런데 영어의 "be"나 독일어의 "sein"이 문법적 기능만 하는 경우도 많다. 이들은 명사와 술어 형용사 사이에서 일종의 문법적 접착제 역할을 하는데, 한국어에는 이런 접착제 역할을 하는 표현이 없다. 그래서 "This blouse is blue."나 "Diese Bluse ist blau."를 "이 블라우스가 파랗다."라고 한다.

더 자세히 알아보기: W. v. O. Quine 1969: 44–49; G. Patzig 1970: 5–38; W. Stegmüller 1974

2.4 귀납논거

2.4.1 귀납논거의 특성

376 앞에서 우리는 귀납논거의 전제가 결코 결론의 참을 보장하지 못하고, 단지 그럴듯하게만 해준다는 것을 확인했다. 또한 귀납논거의 결론은 전제에 포함되지 않은 것을 말해준다는 것도 확인했

다(W. Stegmüller 1975a; W. C. Salmon 1983: 33–40; 163–239). 그렇기 때문에 귀납논거는 한편으로는 분명히 문제의 소지가 있지만, 다른 한편으로는 인식 과정에 어느 정도 중요한 의미를 지니기도 한다. 학자들도 일반인처럼 지식을 넓히는 데 다양한 가설-연역 방식을 사용하지만, 가설을 세우는 데에는 상상력과 직관뿐만 아니라 귀납적 추론과 논거도 분명히 중요한 역할을 한다. 어떤 집합의 모든 구성 요소에 대해서 진술하고자 하지만 그 집합을 구성하는 구성 요소 몇 가지만 고찰할 수밖에 없는 경우가 종종 있다. 이럴 때에는 제한된 **표본**(Stichprobe; sample)에서 구성 요소 **전체**(Gesamtheit)인 F를 추론할 수밖에 없다. 이를테면, 사과 상자의 맨 윗줄에 놓인 사과들의 상태를 보고 그 상자 안에 있는 사과 전체의 상태를 추론하거나, 어떤 집단에 속한 몇몇 사람의 태도에서 전체의 태도를 추론하기도 한다. 또한 몇몇 환자를 대상으로 시험한 약품의 효과를 보고 전체 환자 집단에게 나타날 효과를 추론하거나, 시민 몇 사람의 투표 성향으로부터 시민 전체의 투표 성향을 추론하기도 한다. 이러한 경우에 아래와 같은 **통계논거**(statistisches Argument; statistical syllogism)가 바탕이 된다.

집단 F에서 조사한 구성요소 중 N퍼센트가 특성 G를 가지고 있다.

↓ 집단 F의 N퍼센트가 특성 G를 가지고 있다.

위와 같은 논거의 전제는 결론을 대체적으로만 뒷받침할 뿐이다. 377
그래서 형식이 잘 갖춰진 귀납논거는, 연역논거처럼 타당하다고 하지 않고, 좀 더 조심스러운 표현을 사용하여 **올바르다**(korrekt; correct)고 한다.

378 귀납논거와 연역논거 사이에는 또 다른 차이가 있다. 타당한 연역논거에는 그 타당성을 손상시키지 않고 다른 전제를 얼마든지 추가할 수 있다.

비가 오면 길이 축축하다.
비가 온다.
↓ 길이 축축하다.

위 논거는 타당성을 손상시키지 않으면서 아래와 같이 마음대로 확대할 수 있다.

비가 오면 길이 축축하다.
비가 온다.
자동차 한대가 지나간다.
17시이다.
해가 나면 기온이 상승한다.
파리는 폴란드에 있다.
…
↓ 길이 축축하다.

추가된 전제가 참이든지 거짓이든지, 원래 전제와 결론 사이의 관련성을 전혀 손상시키지 않는다. 그러나 귀납논거의 경우는 상황이 다르다.

상자의 맨 윗줄에 놓인 사과의 100%가 결함이 없다.
↓ 상자 안에 있는 사과의 100%가 결함이 없다.

여기에 새로운 전제가 추가되면, 논거의 올바름은 결정적으로 손상된다.

상자의 위쪽에 놓인 사과의 100%가 결함이 없다.
과일장수가 상자 위쪽에 질 좋은 사과를 놓았다.
↓ 상자 안에 있는 사과의 100%가 결함이 없다.

그러므로 귀납논거를 분석할 때는 전제와 결론 사이의 관계뿐만 379
아니라, 전제의 온전성에 대해서도 알아봐야 한다. 귀납논거는 어차피 다소간의 개연성만으로 결론을 뒷받침할 뿐이다. 또한 추가적인 전제로 결론의 개연성을 높일 수 있는 새로운 경험자료를 지속적으로 찾아야 한다.

2.4.2 통계추론 오류

지금까지 살펴본 통계 귀납법에는 세 가지 유형의 **통계추론 오류** 380
(statistischer Fehlschluss; statistical fallacy)가 나타난다. 첫 번째 유형은 수집된 자료가 일반화하기에 부족한 경우이다.

381

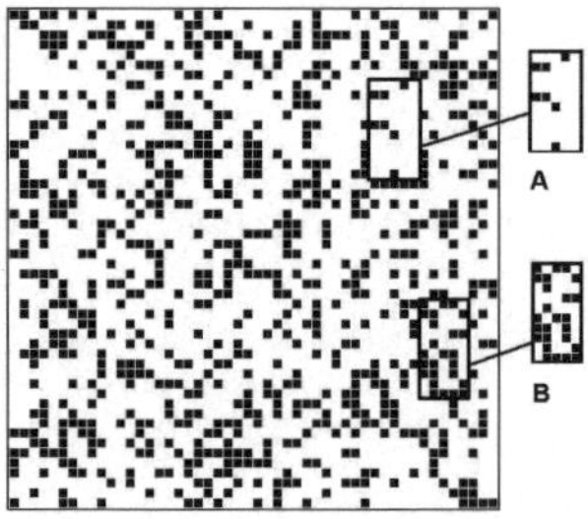

382 위 그림에서 무작위로 흩어져 있는 요소들의 집합과 거기에서 추출한 두 개의 표본 A와 B를 볼 수 있다. 두 표본은 확실히 너무 작다. 그래서 이들은 검은 점과 하얀 점의 분포에 대해서 아주 다른 결론을 내리게 한다. 표본 A에는 검은 점이 7개, 하얀 점이 43개 들어 있는 반면, 같은 크기의 표본 B에는 검은 점과 하얀 점이 각각 25개씩 들어 있다. 표본 B가 표본 A보다 검은 영역과 하얀 영역의 실제 분포에 더 가까운 것처럼 보인다. 그런데 여기서 유념할 것은 표본을 추출할 때 – 위 그림의 경우와는 달리 – 보통 해당 요소 전체를 개관하지 않는다는 것이다. 그래서 표본이 전체와 비슷한지 아닌지를 쉽게 판단할 수 없다. 아래 그림은 통계 집계자가 처한, 마치 어둠 속을 더듬는 것과 같은 상황을 훨씬 더 잘 보여주고 있다.

383

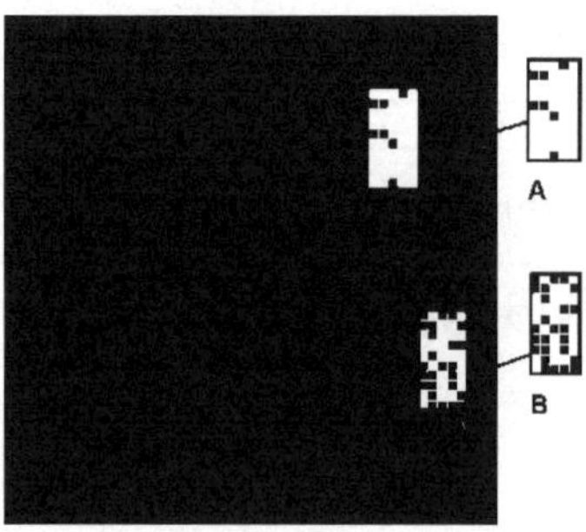

A와 B와 같은 아주 작은 표본에서 전체를 추론하면, **불충분한 통계로 인한 오류**(Fehlschluss der unzureichenden Statistik; fallacy of insufficient statistics)를 범하게 된다. 다음 예에서 이와 같은 오류를 발견할 수 있다. 384

나는 검은 머리의 남자 두 명을 알고 있는데, 그들은 멍청하다.
↓ 검은 머리의 남자는 모두 멍청하다.

20명을 대상으로 한 설문조사에서 19명이 X당에 투표했다.
↓ 선거에서 전체 시민의 95%가 X당에 투표할 것이다.

지난 삼 주간 주말에 비가 내렸다.
↓ 주말에는 항상 날씨가 나쁘다.

위 예들은 소위 상식선에 머무르는 것들이다. 그런데 인간의 상식은, 뒤에서 보게 될 것처럼, 착각에 빠지기 쉽고, 귀납추론의 오류를 범할 가능성이 높다. 통계 산정을 하기 전에 우선 전체의 크기 및 구성과 표본의 크기 및 선별의 관계를 잘 살펴봐야 한다(통계 산정에 대해서는 여기서 다루지 않는다.). 두 번째 추론 오류의 수학적 근거도 마찬가지이다. **편향된 통계추론 오류**(Fehlschluss der voreingenammenen Statistik; fallacy of biased statistics)라고 말할 수 있는 두 번째 오류 유형은 대표성 띠지 못했거나 그렇게 여겨지는 표본을 취하는 경우이다. 385

386

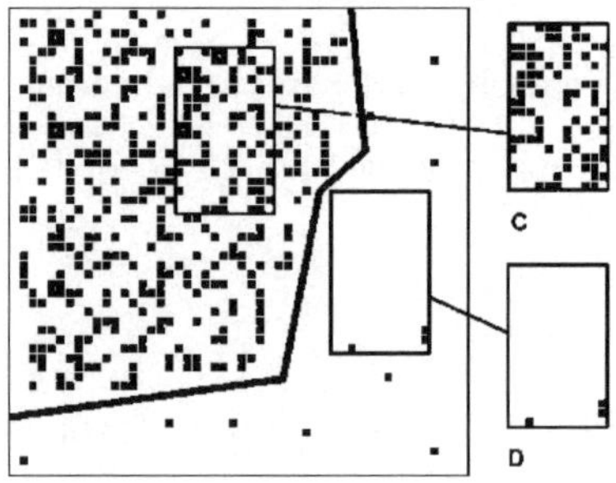

387 위 그림은 요소들이 어떤 기준(굵은 선)에 따라 두 부분영역으로 나눠진 전체를 보여주고 있다. 표본 C와 D는 각각 이 부분영역에서 채택되었다. 표본 C는 검은 점이 많은 위 왼쪽 부분을, 표본 D는 검은 점이 적은 나머지 부분을 반영한다. 이 두 표본 중 어느 것도 결코 전체를 대표하지 못한다. 앞 장에서 예로 들었던 아래 논거를 다시 살펴보자.

상자의 위쪽에 놓인 사과의 100%가 결함이 없다.
과일장수가 상자 위쪽에 질 좋은 사과를 놓았다.
↓ 상자 안에 있는 사과의 100%가 결함이 없다.

이탤릭체로 쓴 두 번째 전제를 통해서 사과가 상자 위쪽 사과와 아래쪽 사과라는 부분집합으로 나뉠 수 있음을 알 수 있다. 그러므로 과일장수가 보여주는 표본은 아마도 대표성이 없을 것이다. 어쩌면 좋아 보이는 위쪽 사과만 보고 우리가 편향된 통계추론 오류를 범하여 손해를 보도록 할 수도 있다. 이와 같은 추론 오류는 선거 결과 예측을 위하여 비록 충분히 큰 표본을 취하지만, 편의상 교회에 다니는 사람만 대상으로 설문을 할 때도 나타난다. 교회에 다니는 사람의 정치적 성향이 국민 전체의 입장과는 현저하게 다를 수도 있기 때문이다.

통계추론 오류의 세 번째 유형은 본질적인 경험을 소홀히 하거나 무시해서 생기는 **부족한 경험자료로 인한 추론 오류(Fehlschluss der unvollständigen Erfahrungsdaten; fallacy of incomplete evidence)**이다. 우선 앞에서 살펴본 조작된 사과상자의 예를 다시 한번 살펴보자. 새로 추가될 수 있는 전제가 결론의 개연성에 상당한 영향을 미칠 수 있으므로, 우리는 귀납의 전제 조건에 대해서 가능한 한 많이 알아야 한다. 즉, 과일 판매의 관행에 대한 지식을 총동원하여 – 최소한 가설이나마 – 이탤릭체로 인쇄된 전제를 논거에 포함시켜야 한다. 또 다른 예를 보자. 388

철수는 지난 두 번의 시험을 아주 좋은 성적으로 합격했다.
↓ 철수는 다음 시험도 아주 좋은 성적으로 합격할 것이다.

이 경우 철수는 '쉽다'고 알려진 과목들에서 지난 두 번의 시험에 좋은 점수로 합격하였지만, 이제는 철수가 지금껏 좋은 성적을 받은 적이 거의 없는, '어렵다'고 알려진 과목의 시험이 남아 있다는 사실을 보충해야 할 수도 있다. 이 경험자료가 없으면 거의 틀림없이 잘못된 결론에 도달하게 될 것이다. 389

그 외에도 과거에 일어난 일들을 보고 미래의 일을 추론할 때에도 추론 오류가 자주 나타난다. 이를테면, 동전 던지기에서 *지금까지* 무엇이 나왔느냐를 보고 *다음 번에* 던지면 무엇이 나올지를 추 390

론하거나, 농구 선수의 *앞서 던진* 골을 보고 *다음 골의* 성공 여부를 추론할 때 추론 오류가 발생할 수 있다. Thomas Gilovich는 "그렇지 않다는 것을 우리는 어떻게 알까(How We Know What Isn't So)"라는 제목의, 매우 읽어볼 만한 가치가 있는 책에서 농구 선수와 관중들이 앞서 던진 공이 성공하면 다음 골도 대개 성공한다고 믿는다는 기막힌 모순에 대해서 이야기하고 있다(T. Gilovich 1991: 11ff.). 골이 몇 차례 성공하면 선수는 긴장이 완화되고, 자신감이 생겨서 계속 골을 성공시킬 가능성이 높아지고, 반대로 골이 실패하면 선수는 위축되고 망설이게 되어 골을 성공시킬 가능성이 줄어든다는 것이다. 즉, 성공이 성공을 낳고, 실패가 실패를 부른다는 것이다.

391 하지만 많은 경기 기록을 면밀히 조사해보았을 때, 이 추론과는 전혀 다른 결과, 즉 농구 선수가 슛을 성공시키느냐 못하느냐는 앞선 골과는 전혀 상관이 없다는 결과가 나타났다. 슛의 성공은 우연적으로 분포되었을 뿐, 그 이상의 어떤 질서도 발견되지 않았다. 슛의 성공에는 분명히 연속성이 있지만, 조사 자료에 나타나지 않은 것은 상대편 수비로 인해 슛 성공률이 낮아지기 때문이라는 반론도 있었다. 그러나 수비의 영향을 받지 않는 자유투 실험을 통해서 이 주장은 반박되었다. 또한, 슛의 성공이 동전 던지기처럼 우연일 수 있지만, 농구 골대에 슛을 던질 때에는 동전을 던질 때와는 다르게 선수가 성공 연속성 현상에 의거하여 결과를 미리 예측할 수 있다는 반론 역시 힘을 얻지 못했다. 자유투 실험에서 선수가 슛의 성공을 매번 정확히 예측할 수 없었기 때문이다. *물론 이 조사 결과가 선수의 경기 성과가 우연 현상이라는 것을 증명하는 것은 결*

코 아니다. 선수의 경기력은 순전히 우연적인 것이 *아니라*, 무엇보다 선수 자신의 기량, 훈련 상태, 동료의 경기력, 상대 선수의 경기력 등에 따라 달라지기 때문이다. *그러나 이 조사결과는 개별 슛의 성공이 앞선 슛들의 성공 여부에 따라 결정되는 것이 아니라는 것을 완벽하게 증명해 주고 있다.*

객관적 사실과 성공 및 실패 연속성에 대한 믿음 사이의 첨예한 392
모순이 어떻게 생겨났을까? 한편으로는 선수와 관객이 경기에서 어떤 질서를 찾고자 하는 욕구를 가지고 있는데, 성공 및 실패 연속성에 대한 믿음이 그러한 질서를 제공한다는 것이다. 이러한 믿음은 비록 슛의 성공이 실제로는 앞선 골들과 무관할지라도, 경기 진행을 어느 정도 꿰뚫어보고 예상할 수 있다는 위안을 부여한다 (T. Gilovich 1991: 10). 틀린 것보다 맞아 떨어진 예측을 더 잘 기억하는 사람에게 이러한 믿음은 말하자면 스스로 확신을 갖게 할 수 있을 것이다.

또한 대부분 사람들은 우연의 결과에 대해 직관적으로 잘못된 393
생각을 하는 경향이 있다. 동전 던지기와 같은 경우에 우연이 비교적 규칙적으로 동전의 양면이 번갈아 나오도록 작용할 것이라고 생각한다. 이상적이라면 아래 그림의 첫째 줄처럼.

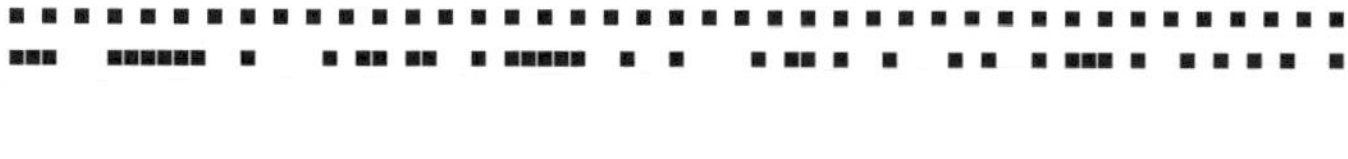

그러나 실제로는 위 그림의 둘째 줄처럼 우연의 결과는 매우 무질 394
서한 것이 보통이다. 동전을 던졌을 때 네 번, 다섯 번, 여섯 번 연달아 숫자 면이 나오면, 우리는 의아해한다. 그렇지만 동전을 20번 던

졌을 때, 네 번 연달아 숫자가 나올 확률은 50%이고, 다섯 번 연달아 숫자가 나올 확률은 25%이고, 여섯 번 연달아 숫자가 나올 확률도 10%나 된다. 훌륭한 농구 선수는 두 번 슛을 하면 평균 한 번은 성공하기 때문에 경기 당 20번만 슛을 한다고 해도 네 번, 다섯 번 혹은 심지어 여섯 번 연속적으로 슛을 성공시킬 수 있는 "성공 연속성"을 보여줄 수 있다(T. Gilovich 1991: 5). 하지만 이처럼 연속적인 슛의 성공이 우연이라면 성공과 실패가 비교적 규칙적으로 교체되어야 한다고 생각하는 우리의 – 잘못된! – 직관과 일치하지 않기 때문에, 우리는 이것을 우연이라고 생각하지 않고, 성공 연속성이라는 신빙성 없는 말로 설명하곤 한다.

395 이것은 귀납법의 특수한 경우이다. 즉, 앞선 일련의 동전 던지기 결과를 표본으로 일어난 일 전체가 아니라, 그 뒤에 올 일을 추론하는 것이다. 도박사와 투기꾼에게, 또 대부분 사람들이 가지고 있는 일상의 미신에서 다소간 큰 역할을 하는 이러한 논거는 일의 발생 순서에 어떤 규칙성이 있을 것이라는 바로 이 신빙성 없는 전제에 바탕을 두고 있는 것이 보통이다.

더 자세히 알아보기: W. C. Salmon 1983: 163–239; T. Gilovich 1993; S. Blackmore 1993

2.4.3 권위에 근거한 논거 – 부정적 권위에 근거한 논거

396 어떤 사람이나 기관이 또는 글에서 주장되었다는 말로 진술 p의 근거를 댈 때가 있다. 이때에는 그 사람이나 기관 또는 글을 권위로 끌어들이는 것이다. 이것을 **권위에 근거한 논거**(Argument aus der

Autorität; argument from the authority)라고 한다. 역으로 부정적 의미에서 권위를 지닌 U가 주장했다는 말로 진술 q를 공격하기도 한다. 이것을 **부정적 권위에 근거한 논거**(Argument gegen den Mann; argument against the person)라고 한다.

397

권위에 근거한 논거	부정적 권위에 근거한 논거
논거 X가 p를 주장한다. ↓ p가 참이다.	**논거** U가 q를 주장한다. ↓ q가 거짓이다.
풀어서 말하기 A1 X는 p에 관한 권위자이다. X가 p를 주장한다. ↓ p는 참이다.	**풀어서 말하기 M1** U가 q에 관하여 부정적 의미의 권위자이다. U가 q를 주장한다. ↓ q는 거짓이다.
풀어서 말하기 A2 p의 주제 영역에 관한 X의 진술은 대부분 참이다. p는 X의 진술이다. ↓ p는 참이다.	**풀어서 말하기 M2** q의 주제 영역에 관한 U의 진술은 대부분 거짓이다. q는 U의 진술이다. ↓ q는 거짓이다.
가능한 추론 오류	**가능한 추론 오류**
오류 1: 권위자 X를 잘못 이해했거나 잘못 인용하였다.	**오류 7:** U는 q의 발상 맥락에 대한 객관적이지 않은 지적으로 모함을 당했을 뿐, 실제로는 부정적 의미의 권위자가 아니다.
오류 2: 권위자 X는 유명하거나 인기가 많지만, 실제로는 실력이 없다.	
오류 3: 권위자 X가 p의 주제 영역에 관해 실력이 없다.	
오류 4: 권위자 X가 경험자료를 가질 수 없는 것에 대해 진술한다.	

특수한 경우: 의견 일치에 근거한 논거	특수한 경우: 의견 일치에 근거한 부정적 논거
오류 5: 권위자 X, Y, Z가 서로 대립된 의견을 가지고 있다. 그러면 X의 진술 p가 꼭 옳은 것만은 아니다.	
논거: 많은 권위자가 p를 참이라고 한다. ↓ p는 참이다.	**논거:** 많은 부정적 의미의 권위자가 q를 참이라고 한다. ↓ q는 거짓이다.
가능한 오류	**가능한 오류**
오류 6: p에 관해서 같은 생각을 가진 사람들이 정말로 실력이 있는 것이 아니다(오류 1부터 4 참고)	**오류 8:** 부정적 의미의 권위자 집단이 q의 발상 맥락에 대한 객관적이지 않은 지적으로 모함을 받았을 뿐, 실제로는 부정적 의미의 권위자가 아니다.(오류 7 참고)

398 풀어서 말하기 A2와 M2는 앞에서 살펴본 통계논거의 특수한 경우이다. 우리는 X와 U가 *지금까지* 한 주장을 표본으로 *새로운* 주장 p와 q의 참 또는 거짓을 추론하는 것이다. 이러한 논거는 물론 결론을 제한적으로만 뒷받침한다. 믿을만한 권위자가 자신의 전문 분야와 관련된 주제에 대해서 한 진술이 개연성은 높지만, 결코 참을 보장하지는 못하기 때문이다. 전문가도 착각할 수 있다.

399 권위에 근거한 논거에서도 추론 오류가 나타날 수 있다. 예를 들면, 전문가의 말을 잘못 이해하거나 잘못 인용하는 일도 종종 있다. 의사가 의학 분야에서 어느 정도 믿을만한 권위자인 것은 사실이나, 올바른 진단이 잘못 전달되어 잘못 처방되는 경우도 있다(추론 오류 1). 유명 배우가 주식 구입이나 무선 전화 가입을 권유하는

광고를 할 때, 이 유명 배우의 인지도 자체는 자본 투자나 전화 요금제에 대한 그의 진술과는 무관하다(추론 오류 2). 노벨 화학상을 수상한 사람은 화학 분야에서는 분명히 권위자일 것이다. 그렇다고 그를 무조건 경제학이나 사회정치적 진술의 근거가 될 수 있는 권위로 내세워서는 안 된다. 이러한 점에서 박사나 교수들이 정치적 성명서에 자신의 이름뿐만 아니라 직위까지 기입하는 것도 문제가 될 수 있다. 일반 대중이 다양한 분야에서 얻은 이들의 능력을 정치적 능력이기도 한 것으로 착각할 수 있는 가능성을 배제하기 어렵기 때문이다(추론 오류 3). 종교 지도자나 신학자가 신의 모습이나 뜻에 대하여 비교적 구체적인 진술을 할 때, 그들의 판단이 어떤 경험적 사실에 근거하는지가 명확하지 않은 것이 보통이다. 이 경우 그 사람들의 권위가 어떻게 입증될 수 있고, 어떤 종류의 진술을 하는지를 신중하게 따져봐야 한다(추론 오류 4). 정치적 논쟁에서 전문가들이 – 이를 테면 새로운 기술이나 건축에 관해서 – 서로 다른, 때로는 상반된 평가를 내리는 일이 적지 않다. 이럴 때 사람들은 전문가들의 권위(어떤?)에 근거하지 않고, 자신의 정치적 입장과 가장 가까운 진술을 선택하는 경우가 자주 있다. 중요한 문제에 대해 전문가의 평가가 서로 엇갈릴 때 우리는 해당 사안을 최대한 직접 잘 이해하려고 노력해야 할 것이다(추론 오류 5).

위에서 언급한 추론 오류만 피할 수 있다면, 권위에 근거한 논거 400
는 분명히 올바르고 유용한 논거가 될 것이다. 반면에 **의견 일치에 근거한 논거**(Argument aus der Übereinstimmung; argument from consensus)에는 문제가 있다. 실제로 어떤 진술에 대해서 다수의 믿을만한 전문가가 의견 일치를 보인다고 하여도, 전문가들의 독자적 판단에 바탕을 두어야지, 그들 사이의 의견 일치에 더 바탕을 두어서는 안 된다. 전문가 집단에서조차 불가피한 합의와 개개인의 지적 노력 부족으로 의견이 일치되는 경우가 있다. 하물며 필수적인 전문 지식이 없는 일반인들 사이에는 더 말할 나위가 없다(추론 오류 6). 예를 들어, 어떤 사회에서 (반 권위적 교육, 권위적 교육, 행위 기준 등과 같은) 특정한 교육 형태에 큰 집단이 의견의 일치를 보인다고 해서 이 교육 형태가 유용한 것으로 입증된 것은 결코 아니다. 그러므로 의견 일치에 근거한 논거를 무조건 믿지 말고, 의견의 일치를 보인다고 하는, *권위에 근거한 논거*를 하나씩 신중히 검토해 보는 것이 좋다.

401 더욱 부실한 것은 **부정적 권위에 근거한 논거**와 **의견 일치에 근거한 부정적 논거**이다. 어떤 사람이나 기관이 어떤 주제 영역과 관련하여 대체적으로 또는 항상 틀리다는 것을 증명하기는 매우 어렵다. 부정적 권위자도 평소와 다를 수 있다. 봉사가 문고리 잡는다는 속담도 있다. 또한, 부정적 권위라고 주장할 때는 항상 어떤 인물이나 기관을 객관적이지 않은 이유로 폄훼하거나, 객관적 능력과는 상관없는 속성을 언급하게 되는 심각한 위험이 도사리고 있다(추론 오류 7과 8). 정치적으로 반대편에 있는 사람의 진술이라고 항상 틀린 것은 결코 아니다. 범죄를 저지른 생물학자라도 자기 전문 분야에서는 당연히 앞으로도 계속 옳은 판단을 내릴 수 있다. 부정적 권위를 가진 사람이, 심지어 부정적 권위를 지닌 사람들의 집단이 이구동성으로 진술 q를 주장한다고 해서 q의 부정이 참일 가능성은 희박하다. 이 경우 좀 더 객관적인 다른 입증 방법을 찾아보는 것이 좋다.

교육제도가 복잡해지고 정보 출처가 다양해진 현대 민주 산업사회에서도 권위와 관련된 추론 오류가 생각보다 훨씬 더 자주 나타난다. 정보 홍수로 인해서 오히려 오만과 염증이 뒤섞이는 위험스러운 일이 적지 않게 나타난다. 학교와 대중 매체가 거의 모든 분야에 걸쳐 매우 전문적이거나 – 더 자주 – 단지 피상적인 지식만 전달함으로써 사람들은 많은 주제에 대해서 대략적인 지식과 정보를 갖게 되지만, 동시에 무엇이 무엇인지 잘 모르겠다는 느낌도 갖게 된다. 그래서 권위에 근거하는 것이 편안한 탈출구가 된다. 학교와 대중 매체를 통해 얻는 많은 정보 더미에서 독자적이고 객관적인 논증 방식을 통해서 결론을 도출하는 것이 아니라, 권위와 의견 일치에 근거하는 경우가 많다. 사람들은 자기가 속한 집단에서 유행하는 행동 양식을 따라간다. 그래서 어떤 정당을 지지하는 것도 그에 대한 합당한 이유가 있다기보다는, 그 정당이 사회적으로 인기가 있고, 그 정당의 지도자가 권위가 있으며, 반대 정당의 정치인들이 부정적 권위로 간주되기 때문인 경우가 많다. 402

2.4.4 유추에 근거한 논거

어떤 종류의 사물이 다른 종류의 사물과 유사할 때가 종종 있다. 두 종류의 사물에 몇 가지 속성이 공통으로 들어있는 경우이다. 하지만 첫 번째 종류의 사물에 들어있는 *어떤 특정 속성*이 두 번째 종류의 사물에도 나타나는지는 확신할 수 없다. **유추추론**(Analogieschluss; analogy)은 두 사물이 이미 밝혀진 공통의 속성뿐만 아니라, 문제가 되고 있는 속성에 있어서도 유사하다는 것을 추론하는 것이다. 유추추론의 형식은 아래와 같다. 403

404 종류 X에 속하는 사물에는 F, G 등의 특성이 있다고 알려졌다.
종류 Y에 속하는 사물에는 F, G 등의 특성이 있다고 알려졌다.
종류 X에 속하는 사물에는 특성 H가 있다고 알려졌다.
↓ 종류 Y에 속하는 사물에는 특성 H가 있다.

405 유추추론은 착각을 불러 일으킬 수도 있다. 다음 논거는 말이 되지 않는다.

경찰차는 녹색이며 움직인다고 알려졌다.
개구리는 녹색이며 움직인다고 알려졌다.
경찰차는 파란색 경보등을 갖추고 있다고 알려졌다.
↓ 개구리는 파란색 경보등을 갖추고 있다.

406 물론 경찰차와 개구리 사이에는 위에서 언급한 유사점이 존재한다. 따라서 해당 전제들은 *유효하다*. 그러나 논거의 결론과는 관련성이 없을 것이다. 무엇보다도 경찰차와 개구리 사이에 *관련성이 있으면서 유사하지 않은 점이 많기* 때문이다. 경찰차는 기계 조립품이며, 개구리는 진화하여 생겨난 생명체이다. 경찰차와 개구리는 출현 맥락에서 아주 다른 기능을 한다. 경찰차는 수송차량이지만, 개구리는 아니다. 이밖에도 많은 차이를 제시할 수 있을 것이다. 그러므로 겉으로 보이는 유사성 몇 가지를 유추추론의 근거로 삼아서는 안 된다.

407 반면에 이러한 불확실성에도 불구하고, 유추추론이 유용하고 필요한 경우도 많다. 예를 들어, 개발중인 비행기의 비행 특성을 알아

보기 위하여 풍력 실험실에서 훨씬 더 작은 모델로 테스트할 때, 엔지니어들은 이 모델과 나중에 제작될 비행기가 크기는 다르지만, 모양과 표면의 속성은 물론 비행 특성까지도 서로 비슷할 것이라고 생각한다.

다른 사람의 감정과 생각을 이해하려고 할 때, 우리는 그들이 표정·제스처·언어 등 눈에 보이는 것뿐만 아니라, 눈에 보이지 않는 심리 작용에서도 우리와 비슷할 것이라는 생각에서 출발해야 한다. 하지만 우리 경험상 이와 같은 유추추론이 잘 안다고 생각했던 친숙한 사람에게서조차 잘못된 결론을 낳는 경우가 종종 있다. 더욱이 동물과 사람의 어떤 유사한 행동양식에 근거하여 성급하게 개가 "웃는다"라든지, 고양이가 "운다"라고 결론을 내릴 때 이러한 추론은 더욱 불확실하고 잘못될 수 있다. 408

개념을 객체에 적용할 때는 사실상 유추추론이 거의 항상 작용한다. 우리는 어떤 구체적인 대상을 관찰할 때 보통 해당 개념을 형성하는 여러 특질 중 일부만 보는 경향이 있다. 문제가 되고 있는 객체와 해당 개념에서 유사하다고 확신하는 다른 객체들이 발견되면, 이 문제의 객체가 관찰되지 않은 특질에서도 이 다른 객체들과 유사할 것이라고 추론한다. 이것이 바로 우리가 보이지 않는 실에 매달려 허둥대는 고무 장난감 거미를 보고 놀라는 이유이다. 거미와 외형적으로 매우 흡사한, 다리가 많고 기어다니는 물체를 보고 순간적이고 직관적인 유추추론으로 이것이 우리가 잘 아는 거미의 다른 특질도 가지고 있다고 생각하는 것이다. 409

유추추론은 *은유*를 통해서 실현되기도 한다. 예를 들어, 문장이 의미를 '실어 나른다'라고 말하는 사람은 문장이 물건을 들어 나르 410

는 사람과 유사한 방법으로 의미를 '전달한다'고 생각하는 것이다. 하지만 물건이 운반되어 전달 장소에 도착하는 것처럼 의미도 그렇게 수신자에게 '도착한다'는 유추추론에는 당연히 문제가 있다. 은유가 필요하고 여러 가지로 유용하다는 데에는 의심의 여지가 없지만, 잘못된 유추추론에 빠지지 않도록 항상 주의해야 한다(G. Lakoff/ M. Johnson 1980; K. Bayer 1996: 128–140).

더 자세히 알아보기: W. C. Salmon 1983: 197–203; G. Lakoff/ M. Johnson 1980

2.4.5 인과논거

411 앞서 우리는 설명하고 예측할 때 최소한 보편적인 원칙 진술 하나와 그 사건의 전제 조건, 즉 부수 조건에 관한 진술 하나에서 연역적으로 어떤 사건을 도출한다는 것을 확인했다. 그런데 지금까지는 부수 조건이 사건의 *원인*이라는 말을 피했다. '원인'과 '인과성' 개념에는 난해한 문제점들이 결부되어 있기 때문이다. 이에 대해서는 여기서 다루지 않는다(W. Stegmüller 1968: 72ff., 335ff.; R. Riedl 1985; B. Kienzle 1997).

412 인간은 유전적으로 원인-결과 도식에 따라 사건의 추이를 해석하는 **인과논거**를 펼치는 성향이 강하다. 집에 혼자 있는데 갑자기 무엇이 부서지는 소리가 들리면 그 소리의 원인을 밝히려고 할 것이다. 어쩌면 낡은 옷장의 나무가 휘면서 부러지는 소리가 났다는 결론에 도달할 수 있다. 역으로 어떤 사건을 아직 밝혀지지 않은 사건의 원인이라고 생각할 수도 있다. 예를 들면, 봄에 갑자기 밤에 서

리가 내린 것을 안 사람은 아마도 이 서리가 과일 나무의 꽃과 정원 식물에게 피해를 입힐 것이라고 생각할 수도 있다.

원인-결과 도식과 관련된 몇 가지 아주 기본적인 추론 오류를 이 413
해하기 위해서 인간의 인과적 사고라는 난해한 문제를 철저히 이해해야 할 필요는 없다. 자주 나타나는 **인과추론 오류**(kausaler Fehlschluss; causal fallcy)는 *시간적으로 연이어 나타나지만, 실제로는 관련이 없는 두 개의 사건을 원인과 결과로 해석하는 것이다.* 전등 스위치를 누른 직후 울린 초인종 소리를 듣고, 이것이 아주 우연한 일이었음에도, 하나가 다른 것의 결과였다고 생각한 경험이 있을 것이다. "몰래 카메라"라는 인기 있는 TV방송 프로그램의 많은 에피소드도 이런 추론 오류에 바탕을 두고 있다. 예를 들면, 아무것도 모르는 자동차 운전자가 자기 차로 돌아와 자동차 문에 열쇠를 꽂을 때마다 카메라 팀이 원격 조종으로 경적이 울리게 하는 상황 같은 것이다. 동물들도 이런 추론 오류를 범한다. 비둘기가 움직일 때 사료 공급기에서 우연히 먹이가 나오면, 비둘기는 자신의 동작과 사료 공급 사이의 우연한 일치를 인과적 관계로 생각한다. 이 동작을 점점 더 자주 반복함으로써 동작과 사료 공급이 더 자주 일치하는 것을 보고 비둘기는 자기 생각이 맞았다고 느끼면서, 결국 쉬지 않고 원을 그리며 돌거나 계속 한쪽 날개를 뻗는 등 완전히 미쳐버리게 된다(R. Riedl 1985: 76f.; K. Bayer 1996: 465ff.). 비슷한 방식으로 여러 가지 형태의 '미신'이라는 것이 생겨났을 것이다.

이와 같은 추론 오류를 어떻게 피할 수 있을까? "몰래 카메라"에 414
속은 운전자와 불쌍한 실험용 비둘기는 추론 오류를 피할 수 없을 것이다. 그렇지만 일상생활에서는 *실험*을 해보면 도움이 된다. 전등 스위치를 계속 눌러보고 그때마다 초인종이 다시 울리는지를 검사해본다. 더 이상 초인종 소리가 나지 않으면, 전등 스위치 조작과 초인종 소리의 일치는 순전히 우연이었을 수 있다. 특정한 약을 복용하여 어떤 질병을 치유했다는 주장도 그 약을 복용한 후 치유된 환자의 수를 그 약을 복용하지 않고 치유된 환자의 수와 잘 비교해 보면 진위를 확인할 수 있다. 어쩌면 그 약을 *복용해서* 치유된 것이 아니라, 복용한 시기 *이후에* 치유된 것이라는, 즉 추측했던 인과 관계가 전혀 존재하지 않는다는 사실이 밝혀질 수도 있다.

415 또 다른 유형의 추론 오류는 *원인과 결과를 혼동*하는 것이다. 두 사건이 실제로 어떤 관계에 놓여있는지 알기 어려운 경우가 많기 때문에, 원인–결과 관계를 밝히려는 과정에서 오류를 범하는 경우가 종종 있다. 아래 예는 W. C. Salmon에서 인용한 것인데, 참으로 엉뚱하지만 시사하는 점이 많다.

416 석사 학위를 준비하는 한 젊은 여성이 성생활에 관한 학술논문에서 지식인은 성관계 중 일반적으로 불을 켜두는 것을 선호하는 반면, 비지식인은 불을 끄는 것을 선호한다는 내용을 읽었다. 그때부터 시험이 임박했던 이 여성은 시험 합격률이 높아질 것이라는 희망에서 성관계 중 불을 켜두게 하였다(W. C. Salmon 1983: 212).

417 원인과 결과 사이의 관계라기보다는 여러 사건이 서로 복잡하게 얽혀 있는 상황을 원인–결과 도식으로 해석할 경우에도 위의 예와 비슷한 추론 오류가 나타난다. 마약 중독을 노숙자 신세의 결과로

만 해석하려는 것은, 역으로 노숙자 신세를 오직 마약 중독의 결과라고 생각하는 것만큼이나 잘못된 것이다. 누군가 호화 자동차를 소유한 것이 부의 원인이라고 주장한다면, 우리는 당장 그가 원인과 결과를 완전히 혼동했다고 지적할 것이다. 그러나 사회의 실상을 좀 더 자세히 분석해보면, 이 주장이 복잡한 상호작용을 너무 단순화시켜 해석한 것에 불과하다는 것을 알 수 있을 것이다.

418 시간적으로 인접한 두 사건 사이에 잘못된 인과 관계를 설정할 수 있는 세 번째 가능성이 있다. 두 사건 A와 B가 세 번째 사건 C의 결과일 때, A가 B의 원인이거나 B가 A의 원인이라고 생각할 때가 있다. 어떤 사람은 자기가 '기침을 하기 *때문에* 열이 있다'고 생각할 수도 있다. 그러나 기침과 열 사이에는 실제로 원인-결과 관계가 없다. 둘은 오히려 공통의 원인, 즉 바이러스 감염의 결과이자 증상인 것이다. 그래서 이와 같은 추론 오류를 *공통 원인의 추론 오류*라고 부른다.

419 많은 대학생의 수학 기간이 길어지는 것은 학생들이 이전보다 훨씬 더 많이 직업 활동을 하기 때문이라는 이야기가 들리곤 한다. 하지만 학생의 직업 활동뿐만 아니라, 수학기간 연장의 더 깊은 공통 원인이 일반적인 사회 변화, 특히 학생들의 변화된 인생관에도 있을 수 있다는 것을 뒷받침해주는 사실이 있다. 서둘러 사회에 진출하여 본격적인 직업생활을 하는 것보다 학업과 다양한 아르바이트를 병행하며 여러 면에서 비교적 자유롭고 걱정 없는 생활을 하는 것이 더 낫다고 생각하는 학생도 많다는 것이다.

더 자세히 알아보기: W. Stegmüller 1969: 72ff., 335ff.; R. Riedl 1985; B. Kienzle 1997

2.5 툴민의 논증 분석 도식

420 영국 철학자 Stephen Toulmin이 개발한 논증 도식이 논증을 분석하는 데 유용한 것으로 검증되었다(S. Toulmin 1958: 특히 94ff.). 이 도식은 지금까지 소개한 연역논거나 귀납논거의 형식과 모순되지 않고 오히려 특별한 논거형식도 포괄할 수 있는 일반적인 틀을 제공한다. Toulmin의 도식(S. Toulmin 1958: 104; 독일어 번역본 D. Wunderlich 1974: 70)은 다음과 같은 형식을 취한다.

421

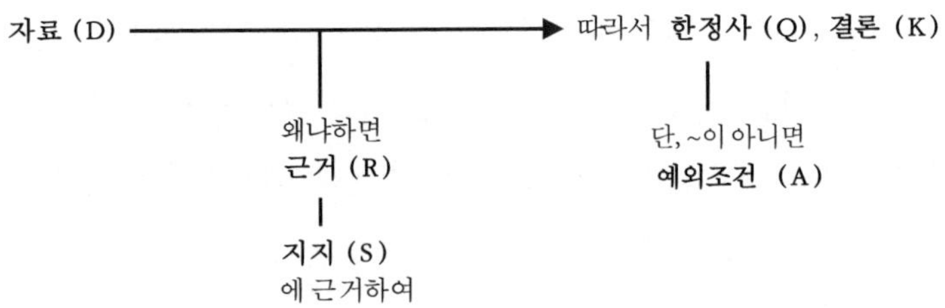

422 이 도식은 모든 논증에서 결론이 특정한 자료와 연관된다는 것을 보여준다. 자료(D)는 조건 형식을 갖추지 않은, 조건논거의 전제일 수 있다.

스팀이 켜 있으면, 난로가 따뜻해진다. (R)

스팀이 켜있다. (D)

↓ 난로가 따뜻해진다. (K)

또 삼단논법의 정언 진술에 포함된 전제가 자료일 수 있다.

닭은 모두 새이다. (D)

새는 모두 알을 낳는다. (D)

↓ 닭은 모두 알을 낳는다. (K)

귀납적 통계논거에서는 표본에 대한 진술이 자료(D)일 수 있다.

표본에 들어있는 사과의 43%가 상했다. (D)

↓ 아마도 (Q) 배달된 모든 사과의 43%가 상했을 것이다. (K)

권위에 근거한 귀납논거에서는 권위 주체의 진술이 자료(D)일 수 있다.

경제학자 X가 경제 문제에 있어서 권위자이다. (R)

경제학자 X가 3%의 경제성장을 예측한다. (D)

단, 세계경제가 안정을 유지할 때만. (A)

↓ 아마도 (Q) 3%의 경제성장이 이뤄질 것이다. (K)

단, 세계경제가 안정을 유지할 때만. (A)

자료(Daten)에서 *결론*(Konklusion)으로 이동할 때에는 매번 특별 423
한 *근거*(Rechtfertigung)가 요구된다. 이 근거는 연역 및 귀납 규칙으로부터 나온다. 또한 이론적인, 대부분 조건 전제나 예를 들면 권위의 신뢰성과 관련된 전제가 자료와 결론을 연관시킬 때도 많다. 근거 또한 *지지*(Stützung)가 필요하다. 자료와 결론의 관계를 이론적으로 추정하는 데 근거가 필요하며, 논리 및 통계 원칙도 도출되

어야 하기 때문이다.

424 많은 논거에는 제한과 예외가 있다. 귀납논거는 우리가 본 바와 같이 항상 일정한 개연성 내에서 결론을 지지한다. 그리고 일반적인 원칙가설에는 때때로 예외가 적용된다. 그래서 Toulmin은 결론에 *예외조건*(Ausnahmebedingungen)과 *한정사*(Qualifikator)를 포함시킨다. 한정사는 결론이 경우에 따라서는 무조건이 아니라, 어느 정도의 개연성 내에서 유효하다는 것을 말해준다. 예를 살펴보자.

425

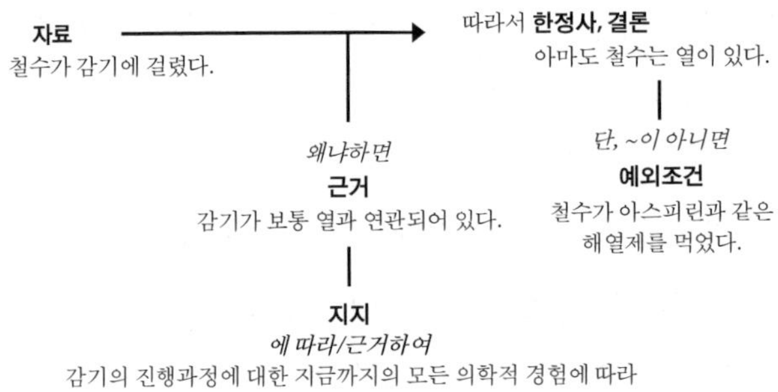

426 Toulmin의 도식은 실제로 우리가 지금까지 살펴본 것을 요약하여 일반화하는 데 적합하다. 도식에 나타난 바와 같이, 논거는 알려진 것, 주어진 것(자료)으로부터 새로운 것(결론)으로 이동하는 것이다. 이 새로운 것은 일정한 개연성(한정사) 내에서, 그리고 경우에 따라서는 일정한 조건 하에서(예외조건) 유효하다. 자료에서 결론으로의 이동이 자의적으로 이뤄져서는 안 된다. 논거 형식을 갖춘 논리적 근거가 필요할 뿐만 아니라, 경우에 따라서는 이론적으로 타당한 내용적 근거도 필요하다. 이러한 근거를 지지하는 것은 복잡

한 과제로, 논증 맥락에 따라서 – 정도는 다르지만 – 논리, 개별 학문 이론, 경험, 개연성 및 집단의 동의 등이 필요하다. 학문에서는 우선 귀납논거나 복잡한 가설-연역 방식을 통해서 연역논거를 위한 조건적 이론 전제가 확보되어야 한다. 일상 상황에서는 – 논리적 관점에서 심심치 않게 문제가 되는 – 자료에서 결론으로의 이동을 지원하기 위하여 모든 사람이 공유하는 견해를 끄집어내거나 (W. Klein 1980) 비교적 올바른 상식에 호소해야 한다.

Toulmin의 도식은 논리학이나 지금까지 우리가 살펴본 것과 잘 427
일치한다고 말할 수 있다. 물론 Toulmin은 특정한 전제가 논거의 형식과 함께 자료에서 결론으로의 이동을 정당하게 한다는 사실을 강조함으로써 더 섬세하게 두 종류의 전제를 구분하고 있다. 대부분 조건 형식의 일반 법칙인 이 '이동(을 정당화하는) 전제'를 특별하게 취급하는 것은 설득력이 있다. 이동 전제는 형식과 기능 면에서 '자료 전제'와 구별될 뿐만 아니라, 우리가 살펴본 것처럼, 일상 언어 논거에서는 흔히 암묵적으로 전제된다. 아마도 화자가 전제되는 법칙성을 대화 참여자가 모두 알고 있고 수용한다고 생각하거나, 의도적으로 그렇게 설정하기 때문일 것이다. 즉, 논리학이 *형식적 관점에서 모든 전제와 결론의 관련성을* 따지는데 반하여, Toulmin은 관점을 달리한다. 그는 *이동 전제와 논거의 논리적 형식(근거, 지지)이 결론(K)에 대한 자료 전제(D)의 관련성을 어떻게 증명하는가*를 살핀다(D. Wunderlich 1974: 69–76).

더 자세히 알아보기: S. Toulmin 1958: bes. 94–145

3. 생활 속의 논증

3.1 일상생활 논증 분석

3.1.1 논거와 논증

제1장과 제2장을 읽으면, 개별 논거의 분석이 현실 생활에서 이루어지는 논증과는 너무나 동떨어져 있다는 인상을 받을 수도 있다. 어떤 일상대화에서도, 국회 논쟁에서도, 수업 시간에도, 심지어 대학 세미나에서도 지금까지 살펴본 것처럼 그렇게 깔끔하게 처리된 논거는 들을 수 없다. 428

차이는 명확하다(W. Klein 1980: 9ff.). 일상생활 논증에는 *보통 여러 사람*이 참여한다. 대부분의 경우 어떤 결론에 대하여 일부는 찬성하고, 일부는 반대한다. 이 *찬반*이 종종 일목요연하지 않고, 심지어 뒤죽박죽인 경우도 있다. 일상생활에서는 *개별 전제*에 이끌려 이를 *상세하게 설명하려고 하거나, 그에 대한 반론을 제기하다 보면*, 이것이 또다시 새로운 전제에 대한 다툼의 실마리가 되면서 원 429

래의 결론이 무엇이었는지 잠깐 또는 완전히 잊어버리게 된다. *보통 전제와 결론이 분명하게 드러나지 않아서* 쉽게 알아보기 어렵다는 것은 이미 앞에서 언급 하였다. 또한 전제에서 결론으로의 이동이 *연역의 유효성*(S. Toulmin 1958: 146ff.)과 *귀납의 올바름*이라는 *척도*에 부합하지 않는 경우가 눈에 자주 띈다. 그렇다면 일상생활의 논리가 혹시 철학자의 논리와는 아주 다른 것이 아닐까?

430 맞는 말이다. 앞에서 추론을 이끄는 무의식적 직관과 의식적이고 합리적인 논증을 구분하였다. 실제로 전통 철학의 관점에서 볼 때 다소 투박한 일상생활의 논리를 설명하기 위한 모델을 개발하려는, 꽤 성과 있는 시도들도 있다(vgl. C. Drösser 1994). 그런 모델들은 예를 들면 $p \vee \neg p$와 같은 항진 명제 진술이 일상생활에는 쉽게 적용되지 않는다는 사실을 고려한다. "p" 자리에 "펭귄은 새이다."를 대입하면 다음과 같은 말이 된다.

펭귄은 새이거나 새가 아니다.

이것은 우리의 일상적 느낌에는 지나치게 명백한 구분을 담고 있는 진술이다. 왜냐하면 일상생활에서는 참새와 같은 *전형적인* 새와, 새와 비슷한 점이 있지만 새라고 하기 어려운 박쥐 사이에 가끔씩 일정한 단계를 두고자 할 수도 있기 때문이다. 이런 관점에서 보면, 펭귄은 새이거나 새가 아니다가 아니라, '상당히 새 같다'거나, '부분적으로 새이다'거나, 또는 '어느 정도 새이다'라고 해야 할 것이다. 닭은 '펭귄보다 더 새'일 것이고, 펭귄은 '박쥐보다 더 새'일 것이다. 다음 진술도 우리의 일상적 느낌에는 좀 어색할 것이다.

사과가 익거나 익지 않았다.

껍질의 50%가 빨간색일 때 사과가 익었다고 말한다면, 49%만 빨간색인 사과는 아직 익지 않은 것일까? 20%까지 빨간색인 경우에는 익지 않았다고 하고, 50% 이상 빨간색일 때는 익었다고 말하며, 그 사이는 정도에 따라서 조금씩 덜 익었다고 하거나 더 익었다고 말하는 것이 더 바람직할 것이다. 이러한 불명확한 진술을 사용하면 논거도 불명확해지는데, "퍼지 논리(Fuzzy Logic)"에서는 이런 불명확한 논거를 다룬다.

잘 익은 사과는 달다.
이 사과는 꽤 잘 익었다.
↓ 따라서 이 사과는 꽤 달다.

위 논거는 연역적으로 결코 유효하지 않다. 다음와 같은 진술로는 431
유효한 연역논거를 구성할 수 없기 때문이다.

그 닭은 어느 정도 새이다.
그 사과는 꽤 익었다.

고전 연역논리에서는 '참'과 '거짓'만을 진리치로 인정한다. '꽤 참'이거나 '약간 참'과 같은 진리치로는 판단이 불가능하다. 그래서 고전적인 이원논리와 더불어 '참'(1)과 '거짓'(0) 사이에' 절반의 참'(½)을 설정하는 삼원논리를 개발하려는 시도가 있었다(H.

Reichenbach 1966: 179f.; K. Berka/ L. Kreiser 1971: 118–144). 이런 삼원논리에서는 기존 결합에 대한 진리치를 아래 표와 같이 정의할 수 있을 것이다. 즉, p와 q의 진리치 1과 0은 이원논리의 진리표와 일치하지만, 나머지 진리치는 당연히 이원논리에서 벗어난다. 1과 ½의 진리치를 갖는 두 문장의 연접은 절반만 참이다(½). 참(1)인 문장과 절반 참(½)인 문장으로 이루어진 조건 진술도 절반만 참이다.

432

		부정	연접	이접	조건	동치
p	**q**	**¬p**	**p∧q**	**p∨q**	**p⊃q**	**p≡q**
1	1	0	1	1	1	1
1	½	0	½	1	½	½
1	0	0	0	1	0	0
½	1	½	½	1	1	½
½	½	½	½	½	1	1
½	0	½	0	½	½	½
0	1	1	0	1	1	0
0	½	1	0	½	1	½
0	0	1	0	0	1	1

433 이러한 사실에 비춰보면, 앞 장의 내용을 비현실적이고 활용하기 어려운 것으로 치부해도 되지 않을까? 연역의 유효성과 귀납의 올바름이 일상생활에서 부차적인 역할만 하고, 전제로부터 결론으로의 이동이 아주 다른 규칙에 따를 때가 많다면, 고전 논리학의 엄격한 규칙 따위는 버리고 대신에 일상 논리만 연구해야 하는 것은 아닐까? 일상 언어표현을 엄밀화하고 직관에 따른 일상생활 추론을 비판적으로 검토하는 것이 '괜한 헛수고'는 아닐까? 게다가 일상생활에서는 참이나 거짓을 따지기보다 갈등을 해결하고 인간관

계를 관리하는 것이 중요할 때가 훨씬 더 많지 않은가?

이 마지막 질문이 결정적이다. 일상생활에서의 논증이 인간관계 434
를 형성하고 유지하는 데, 또는 갈등을 유발하거나 해소하는 데 자주 사용된다는 것에 대해서는 논란의 여지가 없다. 또한 사회 집단마다 전제에서 결론으로의 이동 기준이 다르다는 데에도 논란의 여지가 없다. 그러나 *논증하는 사람* 스스로가 결론의 참에 대한 주장을 포기하고 불명확한 추측이나 현실적 목적을 추구하는 데에 만족할지, 또 언제 그렇게 할지는 결코 알 수 없다. 여기에 의구심이 생긴다. "나의 진술이 참인지는 상관없다. 지금 분위기가 좋거나, 아니면 내 진술이 상대방을 화나게 할 수 있으면 그뿐이다."라고 말할 사람은 많지 않을 것이다. 실제로 그렇게 생각하는 사람이 있다고 할지라도 함부로 말하는 거짓말쟁이로 알려져 결국에는 아무도 신뢰하지 않는 사람이 되지 않도록 조심해야 할 것이다.

일상생활의 논증과 결합된, 추가적인 모든 사회적 기능에도 불구 435
하고 진술의 참을 고집하는 한, 더욱이 자신과 타인의 행위 지침을 위한 결론을 도출하려고 하는 한, 우리는 부득이 논리 규칙을 수용할 수밖에 없다.

모든 낙하산 강하는 위험하다.
산행은 낙하산 강하가 아니다.
↓ 따라서 산행은 위험하지 않다.

위 논거는 행위 기준으로 삼기에 적합하지 않다. 이러한 논거를 제시하면서 피해를 입힌 사람은 "괜찮았지, 그렇지?"라는 정도의 말로 책임을 면할 수는 없을 것이다.

436 물론 정도의 차이가 있다. 위의 산행 논거가 아주 잘못된 반면, 다음과 같이 명확하지 않은 논거는 비록 연역의 유효성을 갖췄다고 주장할 수는 없을지라도 귀납의 올바름은 어느 정도 주장할 수 있다.

이탈리아 사람은 대부분 머리카락이 검다.
머리가 검은 사람은 대부분 눈이 갈색이다.
↓ 따라서 이탈리아 사람은 대부분 눈이 갈색이다.

위와 같은 논증은 많은 상황에서 유용할 수도 있다. 물론 아래 예에서 보는 것처럼 잘못된 결론을 도출할 수도 있다(C. Drösser 1994: 53, 73f.).

베를린 사람은 대부분 독일인이다.
독일인은 대부분 엘베강 서쪽에 거주한다.
↓ 따라서 베를린 사람은 대부분 엘베강 서쪽에 거주한다.

437 자유로운 놀이나 상상, 감정 등과 관련해서는 논리를 따지지 않아도 괜찮을 때가 있다. 추측하고 가늠하는 것으로 만족하고, 있을 수 있는 오류의 위험성을 충분히 감안한 경우에는 직관적 추론과 "퍼지 논리" 방식의 불명확한 논거에 의존해도 좋다. 그러나 우리의 물리적·사회적 환경 모델에 중요한 측면을 추가하거나 중요한 행위를 계획할 때는, 전통 논리학에서 벗어날 수 없다. 교량 건축기사

나 의사, 전기기술자 같은 사람이 작업할 때 논리의 진리치와 기준을 무시한다면 머지않아 법에 저촉될 것이다. 반면에 늦은 밤 지인들과의 모임에서 정치적 주제에 관해서 발언하거나, 축구 경기를 보면서 논란이 된 골의 이전 상황에 대해서 말하는 사람은 대화 상대방이 자신의 논거를 논리적으로 엄격히 따지지는 않을 것이라고 생각해도 된다. 하지만 이런 경우에도 명백한 추론 오류는 가끔씩 반박에 부딪힌다. 돌팔이 의사나 종교 지도자의 정령, 천사, 기의 흐름, 혼령 등에 대한 이야기도 결국은 전제의 유효성이나 관련성보다는 논거가 주는 감성적 효과에 따라 평가된다. 의사, 정치가, 교사, 기술자, 예술가부터 온갖 예언자에 이르기까지 그들의 발언을 얼마나 엄격히 따져봐야 하는지는 쉽게 결정할 수 없다. 그러나 어쨌든 올바르지 못한 논거로 인해 고통과 불행이 따르지 않을지 살펴보는 것이 좋다.

일상생활의 많은 상황에서도 논거를 펼치는 사람과 논거를 받는 438
사람이 결론의 참 여부에 대하여 큰 관심을 가지기 때문에, 일상생활의 논증을 검증할 때도 논리적 관점을 포기해서는 안 된다. 이러한 검증을 하는 데 앞 장들에서 살펴본 개별 논거에 대한 면밀한 분석이 중요한 전제가 된다. 그러므로 이제 일상생활에 사용되는 논증의 실제 구조를 기술하고, 논리의 기준으로 따져봐야 할 것이다. 그렇게 하지 않으면 펼쳐진 도면의 미적 품질만 보고 건축 공학적 측면을 살펴보지 않는 건축가와 다를 바가 없다.

더 자세히 알아보기: S. Toulmin 1958: 146ff.; W. Klein 1980; C. Drösser 1994

3.1.2 선형적 텍스트와 계층적 논증 구조

439 휴가를 바닷가에서 보내야 할지를 묻는 질문에 관한 가상의 일상대화를 살펴보자.

X: 휴가는 바닷가에서 보내야 해. 바닷바람이 휴식에 특히 좋거든. (1)

Y: 그렇지만 바닷가에서는 익사 사고가 잘 나잖아. (2)

X: 쓸데없는 소리! 사방에 구조대원이 있어. 아냐, 바다가 최고야. 바다 기후는 호흡기에 좋아. (3)

Y: 산 공기가 훨씬 더 잘 맞는 사람도 있어. 게다가 해변은 모든 게 너무 비싸. 북해의 섬에 있는 가게들만 해도 얼마나 바가지가 심한데! (4)

X: 그럼 여행 가방에 먹을 걸 챙겨 가면 되지. (5)

Y: 3주치 음식을 다 싸갈 수는 없잖아! (6)

X: 안 될 게 뭐야! 그리고 운동거리도 많아. 수영하고, 물장난치고. 밀려오는 파도에 서핑도 하고, … (7)

Y: 독일에서? 서핑하려면 적어도 하와이 정도는 가야지! 그런데 매번 비행기 타기는 싫어. (8)

X: 무슨 소리야. 동해에서도 충분히 서핑할 수 있어! 바닷가가 특히 좋은 건, 애들도 아주 신나게 놀 수 있다는 거야. (9)

Y: 그러다 보면 모래랑 조개껍질을 한 바가지씩 집안으로 들여오고, 피부는 맨날 햇볕에 새빨갛게 타고. 게다가 요즘 바다는 오염이 얼마나 심한데. 방사능 오염까지 되었어. 사방에 타르 덩어리가 널려 있고! (10)

X: 그러면 깨끗한 곳을 찾으면 되지. (11)

Y: 아무도 나를 바닷가로 못 데려가. 상어나 해파리 같이 위험한 동물만 생각하면! (12)

우선 용어상의 문제가 나타난다. 첫 눈에 논거들이 완전한 형식을 440
취하지 않고 있다는 것을 알 수 있다. (1)에서 화자 X가 다음과 같이 복잡한 형식으로 논거를 제시하고 있지 않다.

어느 곳의 공기가 휴식에 특히 좋다면, 그곳에서 휴가를 보내야 한다.

바닷바람은 휴식에 특히 좋다.

↓ *따라서 휴가는 바닷가에서 보내야 한다.*

그 대신 "바닷바람이 휴식에 특히 좋거든."이라고만 말하면서 완전한 형식의 논거에 담긴 내용을 *의미한다*. 일상 논거에서는 "어느 곳의 공기가 휴식에 특히 좋다면, 그곳에서 휴가를 보내야 한다."와 같은 일반적 전제가 명시적으로 표명되지 않을 때가 많다는 사실은 이미 앞에서 확인하였다. 결론을 언급하지 않는 것은 아마도 대화 초반에 이미 논증 대상으로 논란이 되고 있는 명제인 "휴가는 바닷가에서 보내야 해."가 언급되었기 때문일 것이다. 따라서 이하 논증 분석에서도 A. Naess(1975)처럼 논거의 *전제* 한, 두 개만 언급되었어도 편의상 *논거*라고 부를 것이다.

441 어떤 관점이 표명되는가? 개별 논거들이 서로 어떤 관계를 맺고 있는가? 이와 같은 질문에 정확히 답을 하려면 논증 구조를 기술하는 방법이 필요하다. 대화에서는 대화 참여자들이 자신의 논거를 이를테면 아래 도식의 (A1), (A3), …, (A5)와 같이 *일직선으로* 배열한다. 하지만 개별 논거 사이의 관계는 일직선으로 되어 있지 않다. 앞의 대화의 "그렇지만 바닷가에서는 익사 사고가 잘 나잖아."만 봐도, 바로 앞의 진술 "바닷바람이 휴식에 특히 좋거든."과는 관련이 없고, "휴가는 바닷가에서 보내야 해."라는 중심 테제와 연관되어 있다. 그러므로 우리는 논거가 때때로 매우 무질서하게 이어지는 논증 텍스트의 선형적 구조(R. Rath 1979, H. Henne/ H. Rehbock 1982) 속에서 **계층적 논증 구조**(hierarchische Argumentationsstruktur)를 찾아내야 한다.

442

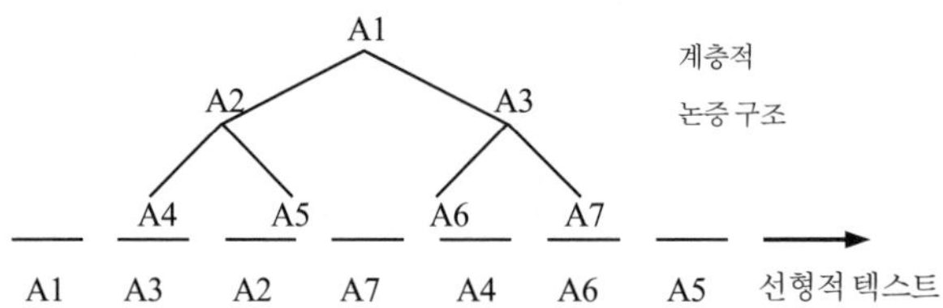

443 논증 구조를 나타내는 한 가지 좋은 방법은 논거를 계층 모양의 *수형도*로 재현하는 것이다. 다음 두 수형도가 각각 "휴가는 바닷가에서 보내야 해."라는 명제의 찬성 논거와 반대 논거를 보여주고 있다.

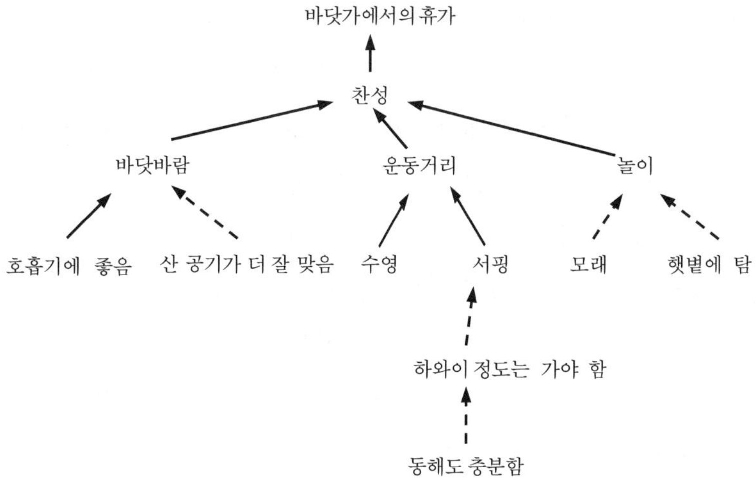
 444

실선은 찬성하는 논거에서, 점선은 반대하는 논거에서 각각 지지하거나 반박하는 진술을 나타낸다. 이 수형도에서는 어떤 논거가 어떤 화자의 것인지는 알 수 없으나, 제시된 논거 사이의 관계는 일목요연하게 파악할 수 있다. 445

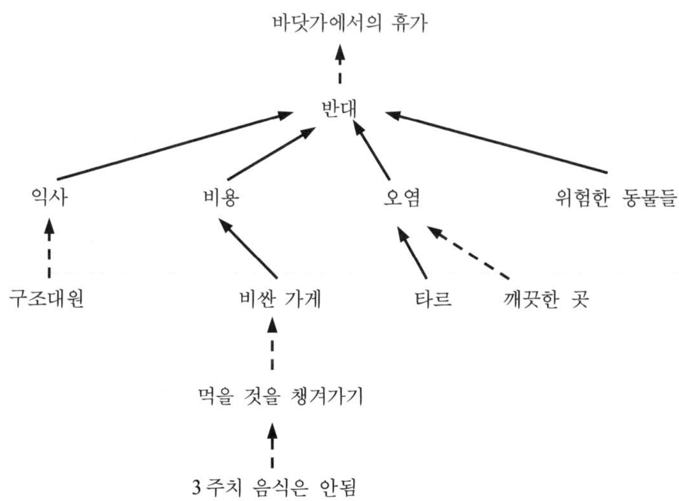
 446

447 짧고 간단한 논증이나 다소 긴 논증이라도 아주 중요한 논거만 기술할 때 이런 수형도가 유용하다. 그러나 복잡한 논증을 세부적으로 재현할 때는 금방 한계에 부딪힌다. 모든 논거가 한두 개의 간결한 키워드로 요약될 수 있는 것도 아니며, 수형도가 너무 커지면 그리기도 힘들고 개관하기도 어려워지기 때문이다.

448 다음에 소개할 *표*가 대안이 될 수 있다. 이 표에서는 화살표가 아니라 특별한 명칭(A. Naess 1975: 142ff.)으로 계층 구조를 표현한다. 논증과 연관된 중심 테제를 앞으로는 **선두 언어표현**(Spitzenformulierung)(A. Naess 1975: 138f)이라고 부르기로 한다. "선두 언어표현"이라는 용어는 논증의 중심 결론이 개별 논거보다 먼저 제시된다는 사실을 반영한 것이다. 이 결론이 *논리적 관점에서는* 논거를 통해서 비로소 도출되지만, 대화에서는 *시간적으로* 대개 선두에 위치한다. 선두 언어표현에 대한 직접적인 찬성 논거는 P1, P2,…로, 직접적인 반대 논거는 C1, C2,…로 표시한다. 그 아래 단계에서 P1에 대한 찬성 논거는 P1P1, P2P1,…로, P1에 대한 반대 논거는 C1P1, C2P1,…로 표시한다. 이 표시가 수형도만큼 눈에 잘 들어오지는 않지만, 수형도로 나타내기 어려운 복잡한 논증의 계층구조까지도 잘 나타낼 수 있다. 또한 수형도보다 더 자세하게 텍스트를 적어 넣을 수 있다. 끝으로 아래 표에서는 첫 번째 단계의 찬성 논거와 반대 논거(P1, P2, … 그리고 C1, C2 …)는 굵은 글씨체로, Y의 논거는 이탤릭체로 구분함으로써 논거의 발화자도 표시하였다.

449

선두 언어표현: 휴가는 바닷가에서 보내야 한다.			
찬성 논거		반대 논거	
P1	**바닷바람이 휴식에 특히 좋다.**	C1	***바닷가에서는 익사 사고가 잘 난다.***
C1P1	*산 공기가 훨씬 더 잘 맞는 사람도 있다.*	C1C1	구조대원이 있다.
P1P1	바다 기후가 호흡기에 좋다.	C2	***해변은 모든 게 너무 비싸다.***
P2	**바닷가에는 운동거리가 많다.**	P1C2	*북해의 섬에 있는 가게들은 바가지가 심하다.*
P1P2	바닷가에서는 수영도 하고 물장난도 칠 수 있다.	C1P1C2	여행 가방에 먹을 걸 챙겨갈 수 있다.
P2P2	밀려오는 파도에 서핑을 할 수 있다.	C1C1P1C2	*3주치 음식을 다 싸갈 수는 없다.*
C1P2P2	*하와이에서만 가능하다. 매번 비행기를 타기는 싫다.*	C3	***바다는 오 염이 심하다– 방사능 오 염까지 되어있다.***
C1C1P2P2	동해에서도 충분히 서핑할 수 있디.	P1C3	*사방에 타르 덩어리가 널려 있다.*
P3	**바닷가에서는 애들도 아주 신나게 놀 수 있다.**	C1P1C3	깨끗한 곳을 찾으면 된다.
C1P3	*그러다 보면 모래랑 조개껍질을 한 바가지씩 집안으로 들여오고, 피부는 햇볕에 탄다.*	C4	***상어나 해파리같이 위험한 동물들이 있다.***

450 논증 구조를 그려내기가 어려운 것은 논증이 다양한 차원에서 이루어지며, 특히 복잡한 논증의 경우에는 그 차원 전체를 동시에 재현하기가 어렵기 때문이다. 논증을 전체적으로 재현하려면 다음과 같은 사항이 포함되어야 한다.

- 논거의 대략적인 언어표현
- 대화 참여자 별 논거 분류
- 선두 언어표현에 대한 대화 참여자들의 견해
- 논거가 제시되는 순서
- (사회자에 의해서 정리되건 정리되지 않고 뒤얽힌 발언이건) 대화 참여자들의 발언이 비교적 잘 조율된 방식
- 논증의 계층 구조
- 선두 언어표현의 주 논거와 보조 논거의 구분
- 찬성 논거와 반대 논거의 구분

451 사실상 일부 논거는 복합적인 기능을 한다. 대화에 나오는 논거의 순서를 고려하지 않으면, 앞에서 예로 든 대화에서 C1은 선두 언어표현에 대한 첫 단계의 반대 논거일 뿐만 아니라, P1P2에 대한 반대 논거로도 파악할 수 있다. 그러나 모든 목적을 동시에 다 잘 충족시키는 기술 방식은 없다. *그때그때의 분석 과제*에 어떤 방식이 가장 적합한지는 개별적으로 결정해야 한다.

452 여기에서 드러나는 논증 분석의 어려움이 특별히 논증에 관심을 갖고 연구하는 사람에게만 중요한 것이 아니다. 가족 간의 갈등, 국회 논쟁의 TV생중계, 일요일 저녁의 토크쇼, 교실 토론, 일간지 사설 등을 이해하고자 하는 사람이라면 선두 언어표현, 발언자의 관점, 논거의 순서, 찬성과 반대 논거의 계층 구조, 논증의 주 무대와 부 무대 등을 대체로 잘 개관할 수 있어야 한다. 그런데 발언의 시간적 순서나 텍스트에 나타난 문장의 공간적 순서만 보고서는 쉽게 개관할 수 없다. 논증 분석을 위해서는 거의 항상 집중력과 기억

력, 그리고 상당한 사고력이 필요하다.

이것이 옆에서 보는 사람뿐만 아니라, 특히 토론에 참여하는 사 453
람에게도 얼마나 어려운 일인지는 논증적 대화에 실패하고 서로 의미 없이 겉도는 이야기만 나누게 되는 경우가 자주 발생하는 것을 보면 알 수 있다. 또한 사설이나 학술 논문 같은 논증 텍스트가 이해되지 못하거나 읽히지 않고 옆으로 치워지는 일이 얼마나 흔한가만 봐도 알 수 있다. 논증을 이해하거나 이에 건설적으로 참여하고자 하는 사람은 항상 자신이 논증이라는 복잡한 나무의 어느 가지에 있는지를 알아야 한다. 대화 규칙, 업무 질서, 노련한 토론 사회자, 논문이나 책의 잘 정리된 목차와 구성이 큰 도움이 될 수는 있으나, 선형적 텍스트로부터 논증의 계층 구조를 밝혀내는 일은 아무도 대신해줄 수 없다.

더 자세히 알아보기: A. Naess 1975: 128–159

3.1.3 규범적 결론이 포함된 논거

앞에서 살펴본 주제인 '바닷가에서의 휴가'에 대한 논증은 또 다 454
른 관점에서도 흥미롭다. 이 논증의 선두 언어표현이자 결론인 "휴가는 바닷가에서 보내야 한다."는 사실관계와 관련된 것이 아니다. "시드니는 호주에 있다."나 "명훈이는 열이 있다."와는 다르게 이 경우에는 실제 사실에서 그 진술이 참인지, 즉 사실을 반영하는지를 검증할 수 없다. 다음 문장들은 *규범적 진술*이다.

휴가는 바닷가에서 보내야 한다.

이는 규칙적으로 닦아야 한다.

공부를 열심히 해야 한다.

크리스티네가 물고기에게 먹이를 줘야 한다.

규범 진술은 어떤 것이 사실이라는 것이 아니라, 바람직하다거나 수행되어야 한다는 것을 말한다. **규범적 결론이 포함된 논거**(Argumente mit normativer Konklusion)도 물론 지금까지 주로 살펴본 기술적 진술 못지않게 일상생활에서 자주 나타난다. 그런데 규범적 결론이 참이거나 거짓일 수 없다면, 도대체 무엇에 대해서 논증한단 말인가? 휴가를 바닷가로 가느냐 산으로 가느냐, 이를 닦느냐, 공부를 열심히 하느냐, 잔디를 깎느냐 하는 것들은 취향이나 관심사, 혹은 인간 사이의 권력 관계와 관련된 문제가 아닐까? 이런 규범적 논거의 기능은 무엇일까?

455 기술적 결론이 들어있는 논거의 구조는 앞에서 이미 잘 살펴보았다. 그런데, 기술적 논거 중에는 *전제* 속에 이미 규범 진술이 들어있고 결론도 규범적인 경우도 있다.

자동차 운전자는 모두 도로교통 규정 1항에 따라 주의해야 한다.

라이너는 자동차 운전자이다.

↓ 따라서 라이너는 주의해야 한다.

이 논거에서는 규범이 이미 첫 번째 전제에 도입되었으며, 이 규범은 두 번째 전제에서 언급된 경우에만 적용된다. 전제가 참이면, 결론도 참이어야 한다. 따라서 여기서는 규범을 증명하려는 것이 아니라, 한 보편적 규범에서 특별한 경우의 규범을 연역적으로 도출하고 있을 뿐이다.

그런데 규범적 결론이 포함된 논거에는 몇 가지 특별한 점이 있 456
다. 규범의 당위성을 초자연적 계시나 권위적 지시로부터 도출하지 않고 증명하고자 할 때, 대개 특별한 방법을 취한다. 즉, *규범을 사용하면 어떤 법칙 관계에 따라서 특정한 결과가 나타난다고 주장*하는 것이다.

> 규칙적으로 이를 닦는 사람에게는 *충치가 생길 가능성이 적다.*

이때 단순히 해당 법칙만 언급할 뿐 아니라, 구체적인 예나 통계 자 457
료 등을 통해서 비교적 설득력 있는 근거를 제시할 때가 많다.

> 규칙적으로 이를 닦는 사람에게는 충치가 생길 가능성이 적다. *이것은 임상실험에서 밝혀진 것이다.* 또는 *우리 할아버지는 이를 규칙적으로 닦으신다. 연세가 드셨지만 충치가 없다.* 또는 *내 여동생은 이를 전혀 닦지 않았다. 나이가 채 마흔이 안 되었는데 벌써 틀니를 하고 있다.*

이어서 규범사용의 법칙에 따른 결과가 긍정 또는 부정적으로 평 458
가된다. 규칙사용의 결과에 대한 주장과 평가, 그리고 "긍정적/부정적 결과를 초래하는 규범은 지켜야 한다/지켜서는 안 된다."는 일반 원칙이 논거의 전제에 포함된다.

이를 닦으면 충치가 생기지 않는다.

충치가 생기지 않는 것이 좋다.

긍정적/부정적 결과를 초래하는 규범은 지켜야 한다/지켜서는 안 된다.

↓ 따라서 이를 규칙적으로 닦아야 한다.

아래 표에서 기술적 결론이 포함된 논거와 규범적 결론이 포함된 논거를 비교할 수 있다.

459

기술적 결론이 포함된 논거	규범적 결론이 포함된 논거
구조	
한 개 이상의 전제 $P_1, \cdots, P_n$으로부터 기술적 결론 K가 도출된다.	규범 N을 사용하면 어떤 결과가 나타난다고 주장한다(B). 이 결과를 평가한다(W). 주장 B, 평가 W, 그리고 일반 원칙 Q가 논거의 전제가 되고, 규범 N은 그 결론이다.
P_1: 비가 온다. P_2: 비가 오면 길이 축축하다. K: ↓ 길이 축축하다.	B: 이를 닦으면 충치가 생기지 않는다. W: 충치가 생기지 않는 것이 좋다. Q: 긍정적(부정적) 결과를 초래하는 규범은 지켜야 한다(지켜서는 안 된다). ↓ N: 규칙적으로 이를 닦아야 한다.
유효성	
전제 $P_1, \cdots, P_n$의 참(사실) 여부에 달려있다.	주장 B의 참(사실) 여부에 달려있다.
정말 비가 오는가? (P_1) 비가 내리면 길이 항상 축축한가? (P_2)	이를 닦으면 충치가 생길 확률이 정말로 줄어드는가? (B)

기술적 결론이 포함된 논거	규범적 결론이 포함된 논거
관련성	
전제 $P_1, \cdots, P_n$가 참일 때 결론도 참일 가능성, 즉 연역논거의 유효성이나 귀납논거의 올바름에 관련이 있다.	N 사용의 결과에 대한 (어느 정도까지는 주관적이고 이해관계에 따를 수밖에 없는) 평가(W)와 관련이 있다.
비가 오고 비에 길이 축축해지면, 길이 틀림없이 축축한가? (선행 조건부가 긍정되면, 논거는 타당하다.)	충치를 피하는 것이 얼마나 긍정적으로 평가될 수 있는가? (W)

위에 나타난 바와 같이, 규범적 결론이 포함된 논거는 구조가 조금 더 복잡하다. 일상 언어에서는 이 경우에도 *규범사용의 결과를 지적하는 것만을* 논거라고 한다. 그래서 "이를 닦는 것이 충치를 예방한다."를 규칙적으로 이를 닦아야 한다는 규범에 대한 논증이라고 생각한다. 460

461 정리를 해보면, 우선 규범적 결론이 포함된 논거에는 유효성과 관련성의 특별한 조건이 적용된다. 규범을 지키면 특별한 결과를 얻게 된다는 주장이 맞으면 유효하고, 이 결과가 의미가 있다고 생각되면 관련성이 있다. 결과가 바람직하면 규범적 결론은 지지를 받고, 결과가 나쁘면 규범적 결론은 의문시된다.

462 둘째, 규범에 대한 증명은 확실하지 않고 일반적으로 유효하지 않거나, 심지어 최종적인 판단을 내릴 수도 없다. 우선 규범 준수의 결과에 대한 주장은 귀납적인, 따라서 법칙 관계에 대해 불확실할 수밖에 없는 진술에 귀착된다. 이 주장이 전혀 의심할 바 없는 것이라고 할지라도, 이 규범 준수가 주장된 긍정적인 결과 이외에도 미

처 고려하지 못한 부정적인 결과를 유발할 수 있다는 것을 배제할 수 없을 것이다. 이 경우 힘든 과정을 통해서 긍정적 결과를 부정적 결과와 견줘보아야 한다.

463 여기에서 규범적 논거의 세 번째 심각한 약점이 드러난다. 규범 준수의 결과에 대한 주장은 규범 준수와 결과 사이의 사실관계와 연관되어 있어서 어느 정도 객관적으로 논의할 수 있으나, 결과에 대한 평가는 어쩔 수 없이 주관적이고 이해관계에 따른다. 바닷가에서 휴가를 보내는 즐거움과 그에 따르는 위험, 그 비용과 건강상의 유익함 중 어느 것이 우리에게 더 중요한지, 아침마다 이를 닦는 것과 몇 분 더 자는 것 중 어느 것을 더 원하는지는 *검증 또는 입증*할 수 있는 사안이 아니라, 단지 *결정*해야 할 사안일 뿐이다.

464 이와 같은 불확실성에도 불구하고 규범적 선두 언어표현에 대한 논거가 결코 무의미하거나 불필요한 것은 아니다. 이런 논거가 사람이나 집단 사이의 상반되는 평가와 관심의 차이를 해소할 수는 없을지라도, 있을 수 있는 결과를 논증 방식으로 펼쳐보면 어떤 규범이 공통의 이해에 부합하거나 저촉되는지를 깨닫게 될 때가 종종 있다. 또는 합의를 도출하지는 못할지라도, 상호이해를 높이는 데에 도움이 될 수도 있다.

더 자세히 알아보기: A. Naess 1975: 128–159

3.1.4 화제 전환, 기분, 관계: 대학생 토론

465 비교적 긴 다음 글은 한 여학생(A)과 남학생(B)이 결혼이라는 주제로 나눈 대화를 글로 옮긴 것이다(H. Steger et al. 1971: 221ff.에서

발췌한 글을 줄이고 고쳤음). 이 글은 특히 명석하거나 모범이 될 만한 측면이 있는 논증이라기보다는 매우 실제적인 예가 될 만하여 살펴보고자 한다.

A: 결혼은 기독교의 제도야. (1) 466

B: 결혼은 사회 제도지, 기독교의 제도가 아냐. (2)

A: 결혼은 기독교에 깊은 뿌리를 두고 있어. (3)

B: 기독교에 결혼관이 있는 것뿐이지. 결혼은 모든 사회의 가장 자연스럽고 본래적인 것이야. (4)

A: 아니, 일부다처제가 있다는 것은 결혼이 가장 본래적이라는 것을 부정하는 거야. (5)

B: 아니지. 일부다처제 사회에서도 총애 받는 아내는 항상 있었어. (6)

A: 아니, 결혼은 사랑일 뿐 아니라, 배우자로서 많은 의무를 가지는 제도이기도 해. 서양의 결혼 개념은 기독교를 통해서 형성되었어. 오늘날 기독교의 믿음을 의문시하는 세속화 경향에 따라서 결혼도 변하고 있지. 그렇지 않으면 중국인들이 어떻게 결혼 제도를 없앨 수 있을까? 아냐, 내가 지금 스스로 모순에 빠졌어. 중국인들은 기독교인이 아니었지만, 결혼제도와 가부장 제도를 가지고 있었네. (7)

B: 내 말이 맞았군. 결혼은 생명과 민족의 배아세포야. (8)

A: 그럼 네게 결혼이란 뭐야? 내게 결혼은 새로운 생명을 낳는 것에 불과한 것이 아냐. 그걸 위해서라면 꼭 결혼할 필요는 없을 거야. (9)

B: 나는 낳은 자식을 가르치고 기를 의무도 결혼에 포함된다고 생

각해. 그러나 그렇다고 해서 결혼 제도가 기독교에서 시작되었다고는 결코 말할 수 없지. (10)

A: 그 말은 맞아. 하지만 기독교가 결혼 제도에 절대적인 영향을 미친 것은 사실이야. 결혼 성사 의식을 도입했잖아. 결혼은 파기할 수 없다는 기독교적 사고가 오늘날에도 독일 사회의 많은 사람에게 영향을 미치고 있어. 그래서 서로 맞지 않지만 헤어지지 못하는 사람이 많아. (11)

B: 너는 문제의 본질을 개별 사례로 옮겨놓고 있어. 기독교가 남편이 부정을 저지르면 안 된다는 것과 같은 결혼 규범을 만들었지. 그러나 이런 규범도 부분적으로는 성경과 무관하게 존재했던 것이야. (12)

A: 그렇군. 게르만족과 로마인, 그리스인을 생각해보면 그렇네. 내 주장을 철회할게. 그렇지만 기독교의 개념들이 우리의 결혼 제도를 형성한 것은 맞아. 오늘날 흔한 경솔한 이혼은 아이들에겐 끔찍한 거야. (13)

B: 맞아. 하지만 결혼에 대한 많은 규범은 기독교가 세운 것이 아니라, 받아들인 것일 뿐이야. (14)

A: 여기에 차이가 있구나. 나는 결혼이 기독교로부터 큰 영향을 받았다고 했고, 너는 기독교가 그 전에 있던 규범들을 받아들인 것일 뿐이라고 말하고 있어. 그러나 결혼을 파기할 수 없다는 것은 예나 지금이나 매우 중요해. 러시아처럼 교회식 결혼식을 없애는 것은 끔찍한 것 같아. 내게는 관청에서의 결혼식만으로는 충분하지 않아. (15)

B: 나는 관청에서의 결혼식만으로도 상대 여자가 내게 속한다는

것을 충분히 알 수 있다고 생각해. (16)

A: 상대 여자가 네게 속하는가 하는 것이 바로 네 정의에 따르면 문제가 되는 거야. (17)

B: 관청식 결혼식은 우리가 함께 속한다는 것을 확인해줘. 단지 형식일 뿐이지만. (18)

A: 좋아. 인정해. 그러나 인간에게는 그것 말고도 위기 상황에 도움이 될만한 반지 같은 상징물이 필요한 건 아닐까? (19)

위 발췌문은 많이 줄이고 다듬은 것이어서 원래 형태보다는 훨씬 더 일목요연하다. 그럼에도 논증의 실마리를 찾아가기가 쉽지는 않다. 우선 대화의 첫 단계에 나오는 주요 논거를 수형도로 그려보면, 일차적인 도움을 얻을 수 있다. 467

468

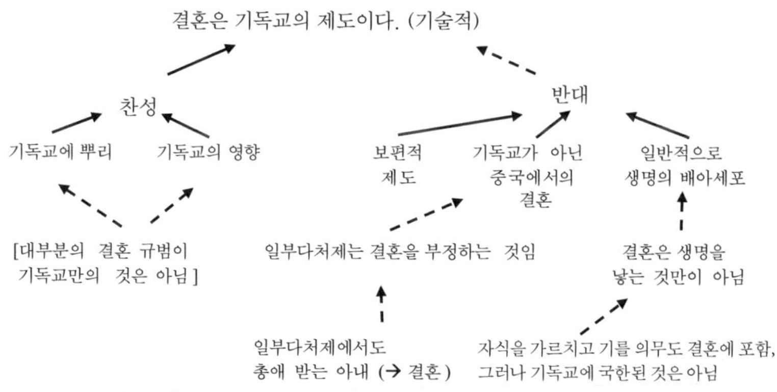

여학생(A)은 우선 결혼이 기독교의 제도(1)라고 주장하지만, 이어서 교환되는 논거(2–14)에서 이 말을 증명하지 못한다. 스스로 (왜 그랬는지 알 수 없지만) 중국인의 결혼을 지적하면서 자신의 주장 469

을 반박하는 말을 했음을 알게 되고(7), 결국 자신이 착각했음(13)을 인정한다. 수형도를 보면 남학생(B)이 '결혼과 관련된 대부분의 행위규범이 특별히 기독교적인 것만은 아니다'라는 지적으로 A의 찬성 논거를 약화시키고 있음을 알 수 있다. 또한, 자신의 반대 논거에 대항하여 제시하는 A의 논거들도 무력화시키고 있다. 요약하면, 찬성 논거와 반대 논거에 대한 반대 논거가 모두 반박되고 있다.

470 A는 '결혼은 기독교적 제도이다'라는 문화사적 주장인 *기술적* 선두 언어표현을 관철하지 못한 후 화제를 전환한다. 이번에는 '결혼의 기독교적 형식이 유지되어야 한다'(15)라는 *규범적* 선두 언어표현을 새롭게 제시한다.

471

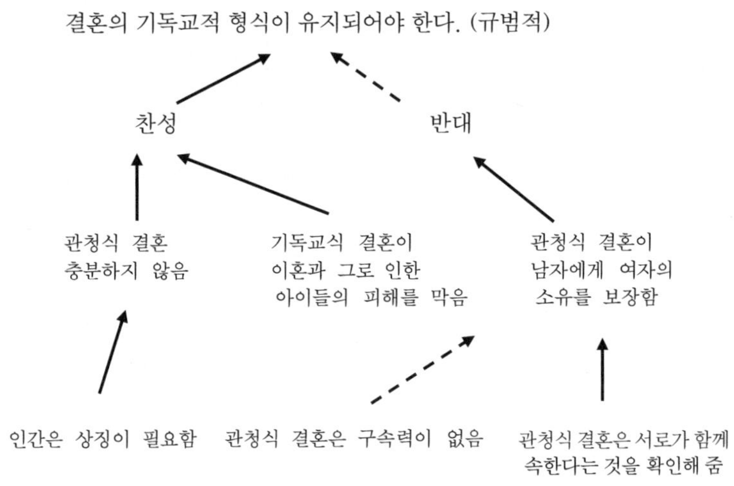

472 이후 논증에서도 팽팽한 대립이 이어진다. A는 인간에게 상징이 필요하다(19)는 사실과 아이들을 위해서 기독교적 결혼 파기 불가성

이 필요하다(13)는 점을 들어서 기독교식 결혼이 필요함을 증명한다. B는 상대 여성이 자신에게 "속한다"는 것에 대한 확인으로, 그리고 결혼한 사람들이 하나가 된다는 것을 확인(18)하는 것으로 관청식 결혼식이 충분하다고 주장한다. A는 다시 관청식 결혼은 구속력이 약해서 남자와 여자가 하나가 되는 것을 보장해주지 못한다(17)는 반론을 제기한다. A와 B는 여기서 상이한 우선순위를 갖고 있다. 그래서 기독교식 결혼식을 유지해야 한다는 주장에 대해서 의견 일치를 보지 못한다. A와 B의 차이는 – 위에는 제시하지 않았지만 – 이어지는 대화에서도 극복되지 못한다.

분명한 것은 여학생(A)이 대화의 첫 부분(1–12)에서 잘 정리되지 473
않은 주장을 펼치고 있다는 것이다. 왜 그럴까? 이후 대화(H. Steger et al. 1971: 232ff.)를 보면 여학생은 처음부터 결혼 제도의 역사적 *유래*(1)를 말하려고 했던 것이 아니라, 기독교식 결혼식과 상징들을 *유지*해야 한다는(15) 것을 말하려고 했던 것을 알 수 있다. 여기에서 많은 논증에 나타나는 문제가 드러난다. 즉, 화자가 먼저 자신의 관점에 대해서 명확히 생각하지 않는 경우가 많다는 것이다. 이럴 때 사람들은 명확히 표명된 어떤 진술을 증명하려는 것이 아니라, 교육, 경험, 관심, 감정 및 기분에 따라 형성된 자신의 *관점*을 표현하거나 변호하려고 한다. 이렇게 볼 때, 논증은 잘 구분된, 사려 깊은 견해를 설명하려는 것이라기보다는 모호하고 표현하기 어려울 수밖에 없는 규범에 대한 생각이나 감정을 말하게 된다. 실제 표명된 진술은 일차적으로 기본 관점을 대신하는 상징인 것이다. 이런 상황에서는 오해와 무의미한 논쟁이 발생하는 경우가 적지 않다. B처럼 대화 상대방이 – 이렇게 하는 것이 결코 잘못된 것이 아니므로 – 표명된 *진술*에만 반응하면, 자기 *관점*을 설명하고 싶은 사람은 제대로 이해 받지 못했다고 느끼게 된다. 이런 경우에 인간관계 차원의 해소하기 힘든 갈등이 추가적으로 생기는 때가 많다. 위 예에서는 A가 먼저 잘 생각하지 않고 둘러댄 기술적 선두 언어표현(1)을 철회하고, 자기 의도에 더 부합하는 규범적 선두 언어표현(15)으로 주제를 옮겼다. A와 B가 논증의 흐름을 잘 파악하고 점차 자신의 의도를 명확하게 의식하게 된다는 것을, 옆에서 듣고 있던 C가 대화 끝부분에 참여하여 말한 것을 보면 알 수 있다(H. Steger et al. 1971: 242f.의 글을 발췌하여 줄이고 *대폭* 수정한 것임).

474 A: 우리의 의견이 판이하게 갈라지는 지점에 도달한 것 같아. 우리가 논점의 흐름을 좀 놓쳤어. (…) 무엇보다도 내가 지금 꼭 내 생각을 말하고 있다기보다 교육이 내게 주입한 것을 그저 본능적으로 말하고 있는 것 같아.

C: 일반적인 생각이 그렇다는 것이지, 그렇지?

B: 그렇다면 이 일반적인 생각이 내게는 별로 영향을 미치지 못했어.

C: 그래도 너는 아주 착한 남편이 될 거야.

A: 그러겠지, 그럴 거야. 10년 뒤에 다시 보자.

위 대화를 두 개의 표로 정리해 보자.

475

기술적 선두 언어표현: 결혼은 기독교의 제도이다. (A, 1)			
찬성 논거		**반대 논거**	
P1	**결혼은 기독교에 깊은 뿌리를 두고 있다.** (A, 3)	C1	***결혼은 보편적인 사회 제도이지 기독교의 제도가 아니다. (B, 2)***
C1P1	*기독교의 결혼관이 있지만, 결혼은 보편적인 것이다. (B, 4)*	C1C1	일부다처제의 존재가 결혼의 보편성을 반박한다. (A, 5)
P1P1	오늘날의 세속화가 결혼제도를 변화시킨다. 이것을 보면 결혼제도가 기독교의 영향을 얼마나 많이 받았는지를 알 수 있다. (A, 7)	C1C1C1	*일부다처제에서도 총애 받는 아내가 있었다. (→ 결혼). (B, 6)*
P2	**기독교가 결혼에 큰 영향을 미쳤다 (결혼 세례, 파기불가성).** (A, 11)	C1C1C1C1	결혼은 감정의 관계일 뿐만 아니라, 권리와 의무가 담긴 복잡한 제도이다. *(A, 7)*
C1P2	*대부분의 결혼 규범이 꼭 기독교에서 나온 것은 아니다. (B, 12)*	C2	**중국인들이 기독교 신자가 아니었지만 결혼제도와 가부장제도를 가지고 있었다.** (A, 7)
P1C1P2	그렇다, 예로서 게르만족, 로마인, 그리스인이 있다. (A, 13)	C3	*결혼은 아주 일반적으로 새로운 생명을 낳는 배아세포이지, 꼭 기독교적인 것은 아니다. (B, 8)*
P1P2	하지만 기독교가 결혼제도를 형성하였다. (기독교 교리에 어긋나는) 경솔한 이혼은 아이들에게 상처를 준다 (A, 13)	C1C3	결혼이 종족번식의 기능만 하는 것은 아니다. (A, 9)
C2P2	*기독교는 대부분의 결혼 규범(의 당위성)의 근거를 제시하지 않고, 수용하기만 하였다. (B, 14)*	P1C1C3	*그렇지, 결혼은 자식교육도 담당한다. (B, 10)*
		P1C3	*그러나 자식교육의 의무가 꼭 기독교에서만 말하는 것은 아니다. (B, 10)*

476

새로운 규범적 선두 언어표현 기독교식 결혼 (파기불가성, 세례 등)이 유지되어야 한다. (A, 15)			
P1	**관청에서의 결혼만으로는 충분하지 않다.** (A, 15)	C1	***관청에서의 결혼은 여자가 남자에 속한다는 것을 보장해주기에 충분하다.*** *(B, 16)*
P1P1	인간은 위기 상황에서 도움을 얻기 위해 상징물이 필요하다. (A, 19)	C1C1	단순히 종족번식과 교육공동체인 결혼에서 여성은 남성에게 속하지 않는다. (A, 17)
		P1C1	*관청식 결혼식은 부부가 하나임을 확인시켜준다. (B, 18)*

477 여학생(A)이 발견하고 깨달은 문제가 또 하나 눈에 띈다. 두 개의 선두 언어표현에 나오는 "결혼"이라는 말의 의미가 명확하지 않고, 여러 가지 해석이 가능하다.

- 남녀가 한 명 이상의 자녀를 낳는 것 (4, 8, 9)
- 남녀 사이의 특별한 애정관계, 일부다처제 사회에서도 총애하는 여성과의 애정관계 (6)
- 상대방에 대한 권리와 의무, 특히 자녀교육의 의무가 담긴 복잡한 사회 제도 (7, 10)
- 여성은 남성의 '소유물' (16, 17)
- 상징물로 돈독해진 장기간의 남녀 결합 (19)
- 기독교의 결혼 (1, 3, 7, 11, 13, 15)

478 선두 언어표현의 다의성은 흔히 논증 흐름을 방해하는 원인이 된다. 이 원인은 언어표현을 엄밀하게 함으로써 해소될 수 있다. 대화 초반, 아니면 A가 "그럼 네게 결혼이란 뭐야?"(9)라고 물었을 때라

도 A와 B가 "결혼"이라는 말의 정의에 대해 의견 일치를 보았더라면, 두 사람의 논증은 훨씬 더 쉽게 풀렸을 것이다. 그렇게 했으면, "결혼"이라는 말을 계속 사용해도 동일한 의미로 사용했을 것이기 때문이다.

지금까지의 고찰을 정리하면, 논증 분석의 다양한 측면과 어려 479
움에 다음과 같은 점을 추가할 수 있다.

- 선두 언어표현은 논증 과정에서 엄밀해지거나, 다른 선두 언어표현으로 대체될 수 있다.
- 때때로 기술적 선두 언어표현이 복잡한 규범적 관점을 대신하는 상징이 될 수 있다.
- 논증하는 사람이 논증하는 동안 원래 주장에 대한 반대 논거를 제시할 수도 있는데, 이것은 알지 못했던 모순이나 변화된 생각에서 오는 것일 수 있다.
- 선두 언어표현이 엄밀하지 않으면 논증이 매우 어려워질 수 있다.

3.1.5 선두 언어표현들이 연계되어 있는 암시적 논증: 사설

다음 신문 사설(Frankfurter Allgemeine Zeitung, 5. 6. 1998: 1) 텍스 480
트에서 지금까지 살펴본 논증 구조를 찾아내기란 우선 쉽지 않다.

> 인간의 성공할 권리
>
> 믿기 어렵다. 슈뢰더(Schröder) 사민당(SPD) 총리 후보가 교육정책에서까지 '노력 좀 해라'라는 목소리를 높이고 있다. 그는 "교육정책의 떠받들기 노선은 종식되어야 하고 종식될 것이다."라고

예고하고 있다. 슈뢰더는 다른 곳도 아니고 함부르크에서 떠받들기 교육을 없애겠다고 말했다. 그런데 함부르크는 학생 떠받들기 교육을 가장 많이 하고 있다는 평을 듣고 있다. 슈뢰더 총리 후보가 하필이면 사민당 선거 행사장에서 학업성과에 대한 의지를 더 높일 것이라고 천명하였다. 그런데 바로 사민당 교육정치가들이 성과 중심 학교가 사회의 냉정함을 키운다고 비난해 왔다. 그래서 이 말을 들은 적지 않은 사람에게 잘못된 영화를 보고 있다는 생각까지 갖게 하였다.

"교육 정책의 새로운 시대"라는 약속으로 슈뢰더 총리 후보는 교육을 "메가 테마"로 만들자는 연방 대통령의 권유를 받아들이고 있다. 이것은 모든 정당의 공약이다. 그러나 이제 도대체 또 누구를 믿어야 한단 말인가? 교육정책의 전면적 개혁을 촉구한 베를린 연설에서 '감싸주기 교육 거부'와 '분리형 학교제도 지지'라는 두 가지 표현을 사용한 헤어초크(Herzog) 대통령에 대해서 엇갈린 반응이 있다는 사실을 선거에 뛰어든 슈뢰더 후보가 모를 리 없을 것이다. 미하엘 루츠(Michael Rutz)가 펴낸 "교육정책의 새 출발. 로만 헤어초크의 연설과 25개의 답변"이라는 책에서 "애쓰지 않으면 교육은 이뤄지지 않는다. 학교에서 성적평가를 없애면 떠받드는 공간을 마련하는 것이지, 2000년대를 준비하는 교육제도를 마련하는 것은 아니다."라고 한 헤어초크 대통령의 말을 읽어볼 필요가 있다.

연방 대통령은 '감싸주는 공간'이라는 자극적인 낱말을 의도적으로 사용하였다. 그러자 '떠받들기' 교육을 옹호하는 사람들이 갑자기 모자 잃은 마술사가 되어버렸다. 슈뢰더가 지지를 호소하는 사람들이 지난 30년간 공개적으로 인정하기를 두려워했던 진실을 당연한 것으로 받아들일 수밖에 없게 되었다. 학교는 배우는 곳이다. 배움은 연습하고 노력하지 않으면 이뤄질 수 없다. 마르클(Markl) 막스-플랑크협회 회장도 "GEW 의장이 그에 대해서 뭐라고 딴소리를 하든"이라며 거들었다. GEW는 슈뢰더를 지지하는 교육학술노조이다. 보편적 풍요 속에 사는 사람만 낙오자도 성공할 수 있고 미래가 있다고 생각한다. 성과를 폄하하는 것은 복지를 방임하는 것이다. 감싸주는 공간이 문제가 아니라, 떠받들기만 하는 학교가 문제인 것이다. 떠받들기 노선이라는 슈뢰더의 표현이 더 잘 들어맞는다.

그럼에도 불구하고 슈뢰더는 헤어초크 대통령처럼 용기 있게 '떠받드는 교육자들'의 환상을 깨지는 않고 있다. 대통령은 개인의 소질, 학업성적 구분 그리고 성공 사이의 연관성을 밝히는 데 주저하지 않는다. 그래서 대통령은 분리형 학교제도를 주장해왔다. (분리형 학교인) 김나지움과 레알슐레와 더불어 하우프트슐레도 대놓고 칭송한다. 사민당, 녹색당 그리고 노조에서 대통령을 반대하는 사람들이 그를 극렬히 비난하는 것은 그가 성과를 촉구하기 때문이 아니고, 성과와 연관하여 게잠트슐레(비분리형 종합학교)를 간접적으로 거부하고 있기 때문이다. 슈탕에(Stange) GEW 의장은 대통령이 "솎아내기와 배제"를 추구하는 학교를 지지한다고 개탄하고 있다. "솎아내기"를 비난하면서 이를 아우슈비츠와 비교하는 것도 서슴지 않는 GEW 구성원도 있다.

그 뒤에는 게잠트슐레(종합학교)만 통합, 기회균등, 공정성을 일궈낼 수 있다는 확신이 숨어있다. 이것은 지식 습득과 경쟁 및 성과

보다 "사회 학습"에 더 큰 비중을 두었을 때 하는 말이다. 통합된 게잠트슐레(종합학교)를 옹호하는 사람은 개인의 평온과 사회참여가 심지어 성과추구와 모순이 된다고까지 생각하는 듯한 인상을 너무도 자주 불러일으켰다. 그러나 흥미 중심 학교가 노력 중심 학교에 반하는 것이라는 생각은 잘못된 것이다. 학교에서나 직장에서나 공부나 일 대신 즐거움만 추구하는 것이 아니라, 공부나 일을 하면서 즐거움을 추구하는 것이다. 성과는 즐거움을 가져다 준다.

그러므로 올바른 교육자에게는 지원과 요구가 서로 대립하는 개념이 아니다. 젊은이에게 노력할 것을 요구해야만 삶을 더 잘 영유할 수 있게 하는 것이다. 성과를 내는 사람만 성공하고, 성공하는 사람만 자의식을 발전시킨다. 그래서 성과는 인권이다. 중요한 것은 모든 학생에게 성공을 체험하게 하는 것이다. 성취도가 가장 낮은 학생과 가장 높은 학생을 함께 묶으면 그렇게 하기가 더 어렵다. 게잠트슐레(종합학교)가 모든 학생을 제대로 대하려면, 분리형 학교보다 교사가 더 많이 필요하다. 그런데 사민당이 집권한 주들이 교사를 가장 적게 채용하고 있다. 게잠트슐레(종합학교) 교사는 중간 수준을 목표로 삼을 수밖에 없기에, 성취도가 낮은 학생을 힘들어 하고, 성취도가 높은 학생은 지루해 한다. 양쪽 다 학습 의욕을 잃게 된다.

게잠트슐레(종합학교) 학생들이 지식 면에서 다른 학교 학생을 따라가지 못한다고 해도 이것이 가장 심각한 문제는 아닐 것이다. 게잠트슐레(종합학교)가 스스로 표방하는 덕성까지도 제대로 잘 교육하지 못할 수 있다는 것이 우리를 절망하게 하는 것이다. 최근 비교연구들이 이런 참담한 현상을 암시하고 있다. 성과 의욕이

꺾이는 곳에서 결속과 배려가 약해진다는 사실에 누가 놀랄 것인가? 반대로 분리형 체제의 성과 중심 학교가 사회적 덕성도 촉진한다는 정황이 많지 않은가? 성과는 의무를 부여한다. 이 법칙에 따라 민주주의와 시장경제가 등장했다. 아무도 성과를 내지 않으면, 아무도 베풀 수 없다.

상식이고, 사실이다. 대부분의 유권자는 이제 이 상식적인 말을 다시 듣고 싶어 한다. 하지만 슈뢰더가 함께 정치하고자 하는 사람들도 이 말을 들으려고 한다는 희망은 아직 별로 없다. 슈뢰더는 자신이 주지사로 있는 니더작센주의 수도 하노버에 있는 교육부를 한번 둘러보기 바란다. 그곳에 주무 장관이 있지만 실세는 GEW이다.

다음 쪽에 제시한 그림은 위 사설을 해석할 수 있는 여러 가지 가 481
능성 중 하나를 대략적으로 개관한 것이다. 이 그림에서 사설 작성자는 우선적으로 슈뢰더 총리 후보자의 교육정책 공약에 대한 신뢰성을 문제 삼고 있다. 이 해석이 결코 유일하게 가능한 해석이 아니라는 것은 이미 "인간의 성공할 권리"라는 제목에서도 나타난다. 성공 또는 – 사설에서 말하고 있듯이 – 성과에 대한 인간의 권리를 요구하는 것을 선두 언어표현으로 파악할 수도 있지만, 유일한 대안은 아니다. 이 사설은 여러 가지 다양한 주장을 펼치고 있다.

슈뢰더의 성과에 대한 지지 선언은 믿을 수 없다. 482

슈뢰더의 성과에 대한 지지 선언은 헤어초크의 지지 선언보다 신뢰하기가 더 어렵고 비현실적이다.

분리된 학교제도가 반드시 필요하다.

성공 또는 성과에 대한 인간의 권리가 있다. 등등

483

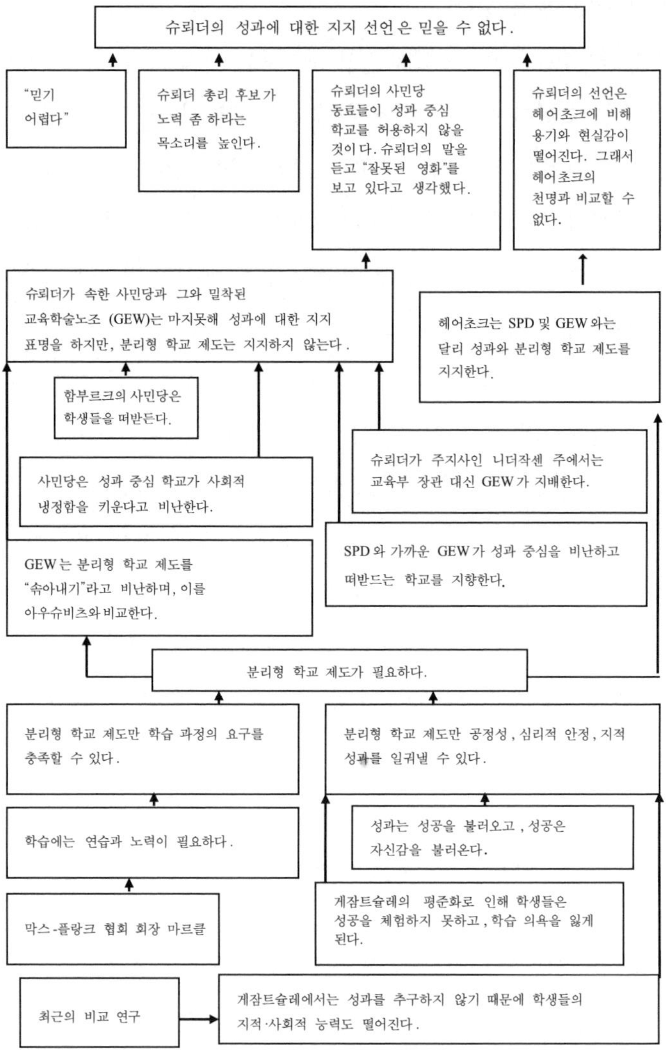

여기서 복합적인 논증이 여러 가지 기능을 동시에 수행할 때가 많 484
다는 것을 알 수 있다. 여러 개의 선두 언어표현이 동시에 서로 매우 밀접하게 연결되어 증명된다. 이런 경우에는 지금까지 사용한, 논거의 계층을 명확히 보여주는 수형도(A)보다 망모델(B)이 더 적합하다.

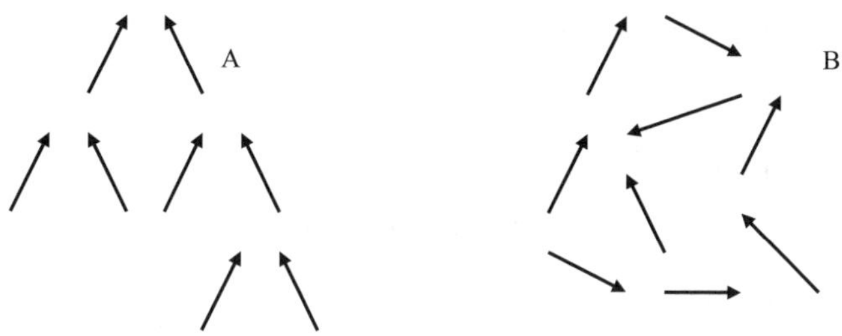 485

복합 논증의 대략적 구조를 적절하게 재현하기가 항상 쉽지는 않 486
다. 개별 논거를 재구성하는 것도 때로는 어렵다. 특히 논거가 관련된 암시적 지식을 많이 전제할 때 더욱 그렇다. 위 사설에서는 무엇보다도 다음과 같은 논거들이 발견된다.

[연역·조건논거, 선행 조건부 긍정]

총리 후보가 정치적 의도 P에 대해서 당내 지지를 받지 못하 487
면, 그 공약 P는 신뢰할 수 없다.

슈뢰더는 성과 중심 교육정책에 대해서 당내 지지를 받지 못한다.

↓ 슈뢰더의 성과 중심 교육정책 공약은 신뢰할 수 없다.

[권위에 근거한 귀납논거]

488 막스-플랑크협회 회장은 학습에 관한 권위자이다.
막스-플랑크협회 회장이 학습에는 연습과 노력이 필요하다고 주장한다.
↓ 학습에는 연습과 노력이 필요하다.

[규범적 선두 언어표현이 들어있는 논거]

489 분리형 학교제도가 있으면 공정성, 심리적 안정, 지적 성과 등이 뒤따른다.
공정성, 심리적 안정, 지적 성과 등이 분리형 학교제도가 주는 바람직한 결과이다.
긍정적 결과를 보여주는 규범을 따라야 한다.
↓ 분리형 학교제도가 반드시 필요하다.

[연역논거, 삼단논법]

490 성과, 성공, 자의식 등은 인간의 기본 욕구이다.
인간의 모든 기본 욕구는 인간의 권리이다.
↓ 성과, 성공, 자의식 등은 인간의 권리이다.

[연역·조건논거, 후행 결과부 부정]

491 성과, 성공, 자의식 등에 대한 인간의 권리는 분리형 학교제도에서만 실현될 수 있다.
사민당은 분리형 학교제도에 반대한다.
↓ 따라서 사민당은 학생들에게 성과, 성공, 자의식 등에 대한

인간의 권리를 부여하는 것을 거부한다.

[단순화된 형식]

성과 등에 대한 인간의 권리가 실현된 경우에는, 분리형 학교제도가 있다.

사민당의 의지에 따르면 분리형 학교제도는 없다.

↓ 따라서 성과 등에 대한 인간의 권리는 실현되지 않는다.

[귀납(통계) 논거]

비교 연구에서 조사된 게잠트슐레(종합학교) 학생의 N%가 492
다른 학교 학생보다 사회적 덕성을 덜 갖추었다.

↓ 따라서 모든 게잠트슐레(종합학교) 학생의 N%가 다른 학교 학생들보다 사회적 덕성을 덜 갖추었다.

[연역·조건논거, 선행 조건부 긍정]

정부 수반이 중요한 정치적 상황을 알아보기 위해서 우선 자기 493
정부를 "둘러 보아야" 한다면, 그는 의무를 이행하지 못하여 정보를 제대로 갖추지 못하고 있다.

슈뢰더는 교육부의 상황에 대한 정보를 얻기 위해서 우선 하노버를 "둘러 보아야"한다.

↓ 슈뢰더는 의무를 이행하지 못하여 정보를 제대로 갖추지 못하고 있다.

[귀납논거, 유추추론]

494 하노버 주 정부는 알려진 바와 같이 슈뢰더가 이끌고 있다.
미래 연방정부는 알려진 바와 같이 어쩌면 슈뢰더가 이끌 것이다.
하노버의 주 정부는 교육정책에 대한 영향력을 GEW에 내주었다.
↓ 미래 연방정부는 교육정책에 대한 영향력을 GEW에 내줄 것이다.

495 위에 선별적으로 제시한 논거만 보아도 이 사설의 매우 좁은 지면에 기술적 선두 언어표현이 포함된 다양한 논거와 규범적 선두 언어표현을 담고 있는 – 최소한 하나의 – 논거가 들어있다는 것을 알 수 있다. 그런데 이 논거들은 모두 완벽한 언어로 표현되지 않고 암시적이거나 인용된 것들이다. 바로 이런 이유 때문에 이 사설은 독자에게 상당한 지식과 기억력, 그리고 논리력을 요구한다. 무엇보다도 글을 읽으면서 항상 여러 개의 가능한 선두 언어표현과 많은 보조 논거를 동시에 연계해야 하기 때문이다.

496 나아가 독자의 언어능력도 요구된다. 몇몇 논거가 어휘 선택과 문체를 통해서만 암시되고 있기 때문이다. 사민당의 교육정책과 게잠트슐레(종합학교)에 대해서는 다음과 같은 표현을 사용하고 있다.

> 감싸주기 교육정책 노선, 교육적 과잉보호, 학생을 떠받들다, 떠받드는 교육, 감싸주는 공간, 모자 잃은 마술사와 같은 떠받들기 교육의 옹호자, 부진아, 복지 방임, 감싸주는 학교, 떠받들기 노선, 떠받드는 교육자, 흥미 중심 학교, 참담한 현상, 성과가 꺾이다, 아무도 성과를 내지 않는다

슈뢰더의 선언과 그의 당 사이의 대립은 특히 다음과 같은 표현으로 강조된다. 497

> 다른 곳도 아니고 함부르크에서, 하필 사민당 선거장에서, 잘못된 영화, 엇갈린 반응, 슈뢰더가 지지를 호소하는 바로 그 사람들

또한 슈뢰더에게 자신이 이끄는 하노버 정부를 둘러보라고 비꼬는 지적에서도 그와 당 사이의 대립이 나타난다. 이곳에서는 교육학술노조(GEW)가 주무 장관 및 주지사의 의견과 대립되는 정책을 펼치고 있다고 지적하고 있다.

이 사설은 독자에게 알려진 또는 부분적으로 알려진 사실에서 498
연계된 선두 언어표현으로 이동하도록 아주 능숙하게 유도하고 있다. 가치 평가를 담고 있는 표현들도 선두 언어표현을 지지하는 추가적인 추론으로 유도한다. 또한, 앞 장에서 설명한 논증 형식과 논증 구조가 잘 담겨 있는데, 심층 분석은 물론, 즉흥적인 이해도 어려울 정도로 매우 압축되어 연계되고 있으며, 암시적으로 표현되어 있다. 위에 제시한 개관과 개별 논거의 재구성은 세부적으로 따져보면 다른 방식으로도 *해석*이 가능하다. 독자에게는 넓은 해석의 폭이 주어진다. 독자는 매번 논거를 재구성하고 보충해야 하며, 추론하고 내용 관계를 연결해야 한다. 이런 텍스트는 필자와 전제를 공유할 수 있는 노련한 독자에게는 흥미로운 도전이 될 것이다. 그러나 그다지 주의 깊지 못한 독자는 자립적인 사고를 하지 못하고 오히려 텍스트에 조종 당할 위험이 있다. 예를 하나 더 들어보자 (Frankfurter Allgemeine Zeitung, 7. 7. 1998: 1).

499 연대성 대 보조성

사회주의 국가가 생겨나기 전에는 궁핍한 사회적 약자에게 "너 스스로를 도와라, 그러면 하늘이 너를 도울 것이다."라고 외쳤다. 계몽 시대에는 이 말에서 개발지원정책의 기조로 '스스로 도울 수 있게 하는 도움'이라는 말을 도출하였다. 토니 블레어(Tony Blair)가 이끄는 신노동당(New Labor)은 혜택 받는 사람이 자신의 처지에서 벗어나기 위해 스스로 움직이고 노력할 때만 국가 차원에서 지원한다는 동일한 원칙을 견지하고 있다. 독일에서는 큰 단위보다 작은 단위가 먼저 해야 한다는 이 같은 우선순위 원칙에 보조성이라는 거추장스러운 개념을 도입하였다.

유감스럽게도 개념만 만들었을 뿐이다. 보조성이 구체적으로 무엇인지는 아무도 알지 못한다. 일반 원칙은 일상에서 아무 것도 강제하지 않기 때문이다. 바로 이 때문에 보조성이 복지국가 독일이 두 번째로 내세우는 모토인 연대성과 아주 잘 맞아 떨어졌다. 기독교-사회주의 복지정치가들이 결정권을 쥐고 있는 곳에서는 두 원칙이 절대로 상충되지 않는 듯이 나란히 전개되고 있다.

그러나 사정은 다르다. 역사적인 이유에서부터 그럴 수 없다. 연대성 구호는 노동자 운동의 모티브이다. 이 구호는 편입과 소속의 대가로 집단의 도움을 약속한다. "전체는 개인을 위해서, 개인은 전체를 위해서!"가 동등한 상호주의를 확보하기 위해 계급투쟁을 유도하는 노조의 구호이다. 반면에 보조성 원칙은 기독교 사회론에서 유래한다. 이 원칙은 개인이 혼자서는 더 이상 앞으로 나갈 수 없을 때만 국가의 권력이 관여하는 것을 허용한다 이 경우 – 오로지 이 경우에만 – 빅 브라더가 도움을 줘야 한다는 것이다.

즉, 책임을 중앙에 떠넘기게 하는 대신에 스스로 자구책을 찾도록 도와주는 것이다.

이로써 보조성 원칙은 모든 정치가, 특히 복지 정치가에게 어려운 일을 요구한다. 즉, 자제할 것을 요구한다. 모든 것을 떠맡으려고 하고 항상 어디서든지 "요구 받는다"는 생각을 버리라고 한다. 연대성을 촉구하는 움직임으로부터 정치가들은 국민 전체를 아우르는 거대한 보장 사회를 약자 층이 숨쉴 수 없을 정도로 강화하는 권한을 스스로에게 부여한다. 보조적 가족 정책의 예에서 작은 단위가 얼마나 빨리 큰 단위에 잠식되는가를 볼 수 있다. 겉으로만 서로 어울리는 것처럼 보이는 이 두 기본 원칙을 아무 생각 없이 결합함으로써 가정은 부모와 자식 간의 의무 이외에, 자녀가 없는 나머지 국민까지도 돌봐야 하는 부담을 지게 되었다.

이런 이중 부담에 가정은 허리가 휘었다. 관청의 통계가 나올 때마다 가계 형편이 또다시 열악해진 것으로 나타난다. 양쪽에서 압박 받는 이런 삶의 형식은 더 이상 시대에 맞지 않는 것 같다. 물론 원인이야 많다. 몰수식 조세정책이 그 중 – 물론 가장 경미한 것이 아닌 – 하나이다. 이 정책은 사회를 위한 것이라고는 하지만, 사실은 사회를 위한 것이 아니다. 부담을 임의로 분배하기 때문이다. 어떤 이유에서든지 국민 부양법을 유지하려면 집단적인 보장 의무를 모든 개인에게 부과해서는 안 된다. 그런데 바로 이런 일이 발생하였다. 문제는 그 다음이다.

이 자연스럽지 못한 결합은 장기적으로 두 이상적 가치를 모두 파괴한다. 연대성이라는 수사가 약자층을 약탈함으로써 스스로 그 기반을 파헤치게 된다. 합법적 또는 반합법적인 방법으로 짓누르는 의무에서 벗어나려고 하는 것은 비단 개인뿐만이 아니다. 연대적 태도를 약속한 큰 단체도 마찬가지로 보장에 맞지 않는다고 판단된 모든 부담금에서 벗어나려고 한다. 연대감은 인간이 태생적으로 갖추고 있는 것이 아니다. 일깨워주고, 촉진하고 형성해야 하는 것으로, 이런 일이 이루어진다면, 그것은 작은 집단 내에서이다. 작은 집단이 사라지면 큰 집단도 사라진다.

사회복지 기금과 사회복지 기관들이 줄곧 호소하는 공감과 책임감은 장기적으로 이들이 이것을 돌보려는 자세를 갖췄을 때만 기대할 수 있다. 그런데 사회복지 국가는 아직 그럴 준비가 안 되어 있는것 같다. 그러니 사회복지 국가가 이 문제에서 저 문제로 빠져들며 계속해서 새로운 기금의 출처를 찾아내야 하는 것은 놀라운 일이 아니다. 세금이 부족하면 기부금을, 기부금이 부족하면 자체 조달을, 자체조달이 부족하면 개인 부담을 도입할 수밖에 없다. 쏟아 붓고 나눠준 것이 모두 국민에게서 나온 것은 아닌 것처럼, 그래서 이제 마치 개인 부담을 하도록 촉구해야 하는 것처럼!

대부분의 국민은 자신을 스스로 돌보고, 국가가 묻지도 않고 빼앗아간 책임을 개인적으로 떠맡을 준비가 잘 되어 있을 것이다. 국가는 그들을 그냥 내버려 두기만 하면 된다. 연방 보건부 장관이 더 많은 자율성과 더 많은 강요를 조화시킬 수 있다고 믿는 한, 그가 동시에 모든 것을, 더 많은 부과금과 더 많은 납부금을 원하는 한, 아무런 생각 없이 의무 의료보험에서 나오는 수십억 유로의 잉여금을 반기면서 국민들에게 소위 부득이한 희생을 감수하도록 하는 한, 그리고 이런 상황이 변하지 않는 한, 그는 국민의 거부감에 의아해할 필요가 없다.

첫 번째 어려움은 이 기사가 비록 논거를 포함하고 있긴 하지만, 넓은 지면에 걸쳐 우선적으로 복지정책의 원칙과 사실관계에 대한 상세한 정보를 주고 있다는 데 있다. 500

보조성	연대성
• 자구 노력에 대한 도움 • 큰 단위보다 작은 단위에 우선순위를 둠 • 더 작은 단위의 마땅한 노력이 있고 난 후에 더 큰 단위의 도움이 있음 • 가족과 친족 내의 부양 체계 • 기독교 사회론에서 유래 • "너 스스로를 도와라, 그러면 하늘이 너를 도울 것이다."라는 기독교 원리에서 유래 • 현재 토니 블레어가 이끄는 영국의 신노동당에 의해 실현되는	• 책임을 중앙에 떠넘기기 • 작은 단위를 편입하고 소속시키면 더 큰 단위(집단)의 도움으로 보상된다. • 계급투쟁은 상호성에 대한 보장 • 노동자 운동에서 유래 • "개인은 모두를 위해서, 모두는 개인을 위해서"라는 연대 구호

여기서도 우선 개별 내용을 잠정적으로 배열하는 것이 도움이 된다. 위 표에 개조식으로 제시한 보조성과 연대성 원칙의 비교가 – 기사의 앞부분 여러 단락에 걸쳐 – 많은 공간을 차지한다. 필자는 또한 독일연방공화국의 복지정책 현실에 관한 명제를 제시한다. 501

- 보조성 원칙은 독일연방공화국에서 실현되지 않았다. 502
- 보조성 원칙은 독일연방공화국에서 단지 일반적이며 구속력 없는 원칙일 뿐이다.
- 보조성 원칙은 독일연방공화국에서 연대성 원칙과 결합되고 혼합된다.

- 두 원칙의 혼합은 더 작은 단위에 부담을 준다. 이들이 보조성의 틀 속에서 부양 의무와 보조 의무를 지고, 연대성의 틀 속에서 추가적으로 일반 의무보험을 부담해야 하기 때문이다(예: 가정과 보건체계).
- 그렇기 때문에 비교적 더 작은 단위들이 짓누르는 의무로부터 점점 더 탈피한다.
- 연대성 원칙이 책임감을 약화시키고, 연대성이 일단 학습되어야 하는 장이 되어야 할 작은 단위 내의 결속을 파괴한다.

503 이 첫 번째 개관만 보아도 이 텍스트가 부분적으로 매우 복합적인 여러 개의 논거를 포함하고 있다는 것을 알 수 있다. 특히 보조성 원칙을 지지하는 논거와 연대성 원칙에 반대하는 논거, 그리고 두 원칙의 혼합에 반대하는 논거가 있다.

504 보조성 원칙은 "너 스스로를 도와라, 그러면 하늘이 너를 도울 것이다."라는 검증된 기독교 원리를 복지국가에서 발전시킨 것이다.

↓ 보조성 원칙은 실현되어야 한다.

505 보조성 원칙은 토니 블레어가 이끄는 영국의 신노동당이 성공적으로 적용하고 있다.

↓ 보조성 원칙은 실현되어야 한다.

506 보조성 원칙을 실현하는 것은 항상 제한적 범위 내에서만 가

능한 연대성 원칙을 위해 반드시 필요한 전제이다. 연대성과 책임은 자립적이고 책임감 있는 더 작은 단위 내에서 일단 학습되어야 한다.

↓ 보조성 원칙은 실현되어야 한다.

연대성 원칙은 책임감을 약화한다. 507

↓ 연대성 원칙이 실현되어서는 안 된다.

연대성 원칙은 그것이 우선 학습되어야 할 더 작은 단위 내의 결속을 파괴한다. 508

↓ 연대성 원칙이 실현되어서는 안 된다.

연대성과 보조성의 혼합은 더 작은 단위에 부담이 된다. 이들이 보조성의 틀 속에서 부양 의무와 보조 의무를 지고, 연대성의 틀 속에서 추가적으로 일반 의무보험을 부담해야 하기 때문이다 (예: 가족과 보건체계). 509

↓ 보조성 원칙과 연대성 원칙이 결합되어서는 안 된다.

여기에 간략하게 다시 정리한 이 논거들에 대해서 이미 앞에서 설명한 규범 관련 논증을 쉽게 적용할 수 있다. 첫 번째 논거만 약간 다르다. 여기서는 보조성 원칙 사용의 결과를 명확하게 거론하지 않고, 전승된 기독교 원리라는 점만 지적하고 있다. 필자는 아마도 *검증된* 원리라는 것을 암시하고자 했을 것이다. 검증된 원리란 이미 과거에 바람직한 결과를 보여준 원칙이다. 나머지 논거는 모 510

두 규범이 가지는 바람직한 또는 유해한 결과를 언급하고 있다. 즉, 1990년대 말 영국에서 보조성 원리가 거둔 성과, 연대성을 유발하는 보조성 원리의 기능, 집단 연대로 인한 개인의 책임감 약화, 연대성으로 인한 비교적 더 작은 집단의 결속 파괴, 보조성 원칙과 연대성 원칙의 혼합으로 인해 더 작은 단위가 지게되는 과도한 부담 등등이 그것이다.

511 여기서도 텍스트의 일반적인 내용에 대한 사전 분석이 논증 분석에 얼마나 중요한가가 다시 한번 드러난다. 논거를 재구성하고 조사하고 또는 비판하기 전에 우선 핵심 개념들을 이해하고, 주요 명제를 찾아서 순서대로 배열해야 한다. 분석의 이 두 단계는 – 앞에서 말한 것처럼 – 독자의 *해석*에 따른다. 그래서 분석 결과는 상세할 수도 있고 그렇지 못할 수도 있으며, 세부적으로 서로 다르게 나타날 수도 있다. 그렇다고 분석 결과가 *결코 자의적인 것은 아니다*. 위 예에서 필자가 두 가지 복지정책 원칙의 혼합을 비판하고자 했는지, 아니면 그보다는 연대성 원칙을 비판하고자 했는지에 대해서는 논란이 있을 수 있다. 기독교 전통을 논거로 내세우고자 한 것인지도 불확실할 수 있다. 그러나 기본적으로는 원칙 사이의 대립, 보조성 원칙의 증명, 그리고 연대성 원칙과 두 원칙의 혼합에 대해 비판하고자 했다는 것을 합리적인 분석이라면 간과하지 않을 것이다.

512 이어서 개별 전제, 특히 원칙들과 이들을 혼합한 결과에 대한 주장의 유효성에 대해서 비판적으로 따져볼 수 있을 것이다. 또한, 관련성 문제도 언급해야 한다. 이를 테면, 보조성 원칙이 자기 책임과 자기 구제의 의무를 부과함으로써 개인과 작은 사회 단위를 여러모로 힘들게 하는 것은 아닌지를 물어볼 수 있다. 이러한 보조적

사회복지 체제의 가혹한 점들을 연대적 사회복지 체제의 부정적인 결과와 비교하여 어떻게 평가할 수 있을까?

3.1.6 사회적 맥락에서의 논증: 설명과 세계상

1983년 9월 아직 냉전이 한창일 때 소련의 전투기가 사할린섬 상 513
공에서 대한항공 보잉 747 여객기를 격추시켰다. 269명이 목숨을 앗아간 이 항공기 격추 사건이 지금은 잇단 비극적 오해에서 발생했다는 것이 밝혀졌다. 여객기 기장이 컴퓨터 오류로 항로를 크게 벗어나 소련 상공으로 들어갔는데, 소련 영공수비대가 이 여객기를 바로 직전에 소련 영공으로 접근했던 미국 첩보 비행기라고 착각했다. 처음에는 단지 전투기와 지상 기지 사이의 교신만 듣고 어렵사리 추정하여 재구성할 수 밖에 없었던 이 여객기 격추 사건은 워싱턴의 정치 군사 책임자들을 크게 동요시켰다. 처음 몇 시간 동안은 사할린 상공에서 무슨 일이 발생했는지가 명확하지 않았다. 그러자 비둘기파와 매파 사이에 격추 사건의 원인을 놓고 격렬한 토론이 벌어졌다. 냉철한 군사전문가들과 당시 추진되었던 미·소간 긴장 완화 정책을 지지하는 사람들은 이 격추 사건이 곧바로 오해로 인해서 발생했다는 것을 알았다. 반면에 강경노선을 추구하는 사람들은 이를 소련의 테러 행위라고 주장했다(C. Rademacher 1998).

1989년 미국에서 한 편의 영화가 제작되었는데("Coded Hostile", 514
한국어: '돌아오지 않은 KAL 007기'), 이 영화에서는 북태평양 상공에서 벌어진 이 사건 자체보다 주로 워싱턴의 정치인들과 군인들이 사건을 재구성하고 평가하는 내용을 다루고 있다. KAL 007기의

격추와 이어지는 워싱턴에서의 논쟁이 결코 일상적 사건은 아니지만, 매우 짤막하게 줄여서 소개하는 이 영화 속의 다음 대화는 일상생활의 설명과 평가 과정을 함축적으로 잘 보여주고 있다.

515 영화 속 대화를 요약 발췌한 첫 번째 대사는 일본에 주둔하고 있던 미국 공군기지의 병사 F의 발언이다. 우선 그가 처한 상황은 인간의 뇌가 인식할 때마다 처하게 되는 상황과 비슷하다. 즉, 다양한 개별 정보를 모아서 어떤 유형의 객체나 사건으로 이해해야 한다.

516 **일본 공군 기지의 병사 F**

F: 소련군이 영공을 침범한 물체를 발견했다. 캄차카 상공에서. 그것이 뭔지 모르고 있다. 우리도 모른다. 그들이 적의 물체라고 판단한다. 전투기 4대를 올려 보냈다.

F: (잠시 후 영공을 침범한 비행기를 격추함과 동시에 한국 여객기가 사라졌다는 보도가 흘러나오자) 그들이 그런 짓을 하지는 않을 거야. 아무리 소련 놈들이라고 해도.

517 이 병사는 같은 시간 같은 장소에서 벌어진 믿기 어려운 일들이 서로 밀접한 연관이 있을 가능성이 높다는, 지극히 타당한 일반 가설에서 출발한다. 그리고 이러한 가설 하에서 주어진 개별 정보(영공을 침범한 미확인 물체를 소련이 적으로 간주함, 전투기가 출동함, 비행기가 격추됨, 한국의 점보 비행기가 사라짐)가 소련 공군이 민간 항공기를 격추했다는 결론을 낳게 한다는 것을 깨닫는다. 그러나 이 결론을 내리기를 주저한다. 결론의 신빙성을 따지기 때문이다. 그가 일단은 그런 격추 사건이 일어난 것으로 생각하지 않는다. 이 점에

서도 그의 의식적인 행동은 일상의 인지 상황에서 일어나는 뇌의 자동화된 반응에 부합한다. 즉, 우리가 무엇인가 매우 의심스러운 것을 보면, '우리 눈을 믿을 수 없고' 본 것을 이해할 수 없으므로 자기도 모르게 이를 다시 한번 더 쳐다보게 된다.

미국 국무부의 관료들도 비슷하게 논증한다. 여기서도 개별 정보 518
를 바탕으로 즉시 연관된 사건들을 구성한다. 그러나 구성 결과를 즉시 받아들이지는 않는다. 그 여객기가 결코 소련 상공에 있지 않았다는 주장이 설득력이 없는 것으로 밝혀지지만, 그곳에서 격추 사건이 있었다는 사실 자체는 믿을 수 없는 것처럼 보인다. 사고였을 것이라거나 소련이 미국의 저명 인사를 살해하려고 했다는 추측은 일단 수용되지 않는다.

국무부 관료 A, B, C 519

B: 새로운 소식 있어?

A: 국가안전부가 그사이에 일본에 있는 요원들로부터 경보연락을 받긴 했는데. 사할린 섬 위에서 이상한 일이 있었대. 소련 격추기가 출격했는데, 그러고 나서 비행기 격추 사건에 대한 보도가 있었어. 그리고 한국 747기가 사라졌어.

B: 서로 무슨 연관이 있는 거야?

A: 아니, 현재까지는 CIA와 국방부도 아무런 단서를 못갖고 있어.

C: 비행기는 뉴욕에서 서울로 직항 중이었어.

B: 그 섬이 어디 있는데? 어디 지도 있나?

C: 건너편 사무실에.

B: 어떻게 생각해?

A: 믿을 수가 없네. 믿고 싶지도 않고. 결과가 너무 끔찍할 것 같아.

C: 그러니까 그 비행기가 뉴욕에서 앵커리지로 날아가서 급유를 받았지. 그리고 여기 이것이 서울로 가는 정상 항로일 거야.

B: 소련 영공에서 멀리 떨어져 있잖아. 왜 격추시켜야 한단 말이야?

C: 아냐, 아냐, 격추 장소는 소련 영공 깊은 곳이야, 여기 사할린 상공.

B: 말도 안돼.

A: 정보부는 연관이 있다고 보고 있어.

B: 그럼 뭐야, 그 놈들이 그 비행기를 의도적으로 격추시켰다는 거야?

A: 정보부가 소련이 격추시켰다는 말은 하지 않고 있어. 격추시켰을 수도 있다고만 했지.

C: 빌어먹을.

B: 이 비행기가 소련 상공에서 무엇을 한 거야?

C: 그건 내가 알 바 아니지. 붉은 광장 상공이었다고 해도, 민간인을 태운 비행기를 격추시키진 않아.

B: 우린 상황을 몰라. 사고였을 수도 있어.

C: 정말 그렇게 생각해? 말도 안 돼.

B: 우선 모스크바에 있는 우리 요원들에게 물어봐. 뭘 좀 아는지.

A: (수화기를 내려 놓으며) 오, 맙소사!

B: 뭐야?

A: 비행기에 미국인이 66명 타고 있었대.

C: 이럴 수가.

B: 아이고.

A: …협회 회장 …

B: 그 사람도 타고 있었어?

A: 그래.

C: 큰일 났구먼.

A: 이제 몇몇 미친 놈들은 소련 놈들이 그를 노렸다고 생각하겠네.

고위 관료들의 다음 대화는 아직 해명되지 않은 이 사건과는 직접 520
관련이 없고, 정치적인 맥락과 관련된 것이다.

국무부 관료 B와 C

C: 안전하게 착륙했다고 생각해?

B: 모르겠어. 증거 될 만한 게 없어.

C: 자넨 너무 태평한 것 같아. 사망자가 300명에 달할 수도 있었는데.

B: 그래? 우리가 왜 저 건물에 있다고 생각해? 어디서 사건이 터질 때마다, 당장 뛰쳐나가야 해?

C: "당장 뛰쳐나가야 한다."고 말하지 않았어.

B: 내 임무는 위기관리지, 떠벌리는 것이 아냐. 내일 아침까지 그 놈들이 비행기를 격추시켰다는 것이 밝혀지면, 모두 보복해야 한다고 난리일 것 아냐.

C: 그래, 내가 가장 크게 외칠 거야.

B: 여기 어떤 위험이 도사리고 있는지 잊지 마.

C: 그래, 지난번 너희들이 유럽에 크루즈 미사일을 배치할 때처럼.

B: 그래.

C: 대가가 무엇이든 상관없어.

B: 대가는 내가 정하지 않았어. 이제는 어쩌면 유럽 평화주의자 중 몇 사람은 자신들이 어떤 놈들을 상대하고 있는지 깨닫게 될 거야.

C: 아, 알겠어. 자네 말은 우리가 소련에 비장의 카드를 꺼내야 한다는 거군.

B: 그래, 바로 그거야. 잘 들어. 소련은 항상 강자의 위치에서만 협상해 왔어. 수년간의 우리 노력이 수포가 되었을 거야. 이제 이 사건에 매파가 나서게 하면, 곧 3차 세계대전이 발발할 거고.

C: 미사일은 대부분 작동도 않을걸.

B: 그래서? 평화 시에는 그럴 필요 없잖아. 그리고 슐츠 국무장관은 모든 가능한 협상공간을 활용해야 해. 그들이 정말로 비행기를 격추하였다면, 이제 그들 차례야. 300명을 죽이고도 대가를 치르지 않을 수는 없어. 알았어?

전령: 일본에서 막 보고가 들어왔습니다. 그 비행기는 사할린에 안전하게 있지 않습니다. 그래서 그쪽에서는 그 비행기가 확실히 소련의 목표였다고 봅니다.

C: 빌어먹을 놈들. 개새끼들이야. 슐츠 국무장관에서 즉시 알려!

B: 경고하는데, 나한테 뭘 하라고 하지 마! 내가 알아서 해, 알겠어?

521 B와 C는 민간 항공기가 격추된 것으로 추정되는 사건을 서로 다른 관점에서 보고 있다. B는 신중한 위기관리를 모색하고 있다. 그는 비행기 격추를 곧 있을 군축협상에서 미국이 사용할 수 있는 비장

의 카드이며, 유럽 평화주의자들과의 논쟁에서 논거로 사용할 수 있다고 본다. 반면에 C는 격앙되어 있다. 그는 강력한 대응에 찬성하는 것으로 보인다. 이 항공기 사건을 기술하고 설명하는 논증에서 이런 정치적, 즉 규범적 판단이 얼마나 중요한지가 다음에 나타난다.

공군 수사대 군인 H와 J 522

J: 2시간 후면 대장이 현황 보고를 들으러 올 거야. 항상 그랬듯이 최상의 분석을 원하겠지.

H: 지도를 봐. 여기가 한국 항공기의 지정 항로야. 기장이 반드시 이 항로를 따라갔어야 했어. 러시아 해안에서 멀리 떨어져서 말이야. 이 항로에 머물렀어야 했는데, 여기서 그 비행기가 러시아 레이더망을 건드린 거야.

J: 그래도 그것이 민간 항공기를 격추할 이유는 안 되잖아.

H: 여객기인지 전혀 몰랐을 수도 있어. 여기 좀 봐!

J: 뭔데?

H: 여기 이 노선으로 또 다른 비행기가 날아갔어. 코브라 볼 정찰기(Cobra Ball, 보잉 RC 135S기)야.

J: 코브라 볼. 우리가 첩보 비행기를 그곳에 보냈었다는 거야?

H: 그래, 그러나 격추 시점에는 이미 사라졌지.

J: 잠깐, 무슨 말을 하려는 거야?

H: 내가 태평양에 있는 우리 요원들과 통화했어. 그들이 러시아 미사일을 촬영하기 위해서 우연히 같은 시간에 같은 지역으로 코브라 한 대를 보냈다는 거야. 하지만 미사일이 발사되지 않

았대. 뭔가 작동이 안 되었겠지. 그래서 다시 돌아온 거야. 그래서 대충 여기쯤에서 소련의 레이더 영역을 다시 빠져나왔지.

J: 그래, 그들의 레이더망에서 사라졌군. 잊혔겠지. 그리고는 무슨 일이?

H: 흠, 잠시 후 그것이 그들 레이더망에 다시 나타난 거야, 대충 여기에. 두툼한 하얀 점으로, 보잉 707과 똑같이, 첩보 전자장비를 지붕 아래까지 가득 싣고, 그들의 뒤뜰로 직접 향하는 항로에.

J: 방금 귀항했다고 했잖아.

H: 그랬지! 그러나 소련 놈들은 그걸 몰라. 이제 레이더망에 보이는 것은 한국 비행기인데, 그 놈들은 코브라 볼이 다시 왔다고 생각한 거지, 미국 첩보 비행기가 자기네 군항 바로 위로.

J: 그런데 한국 비행기는 도대체 왜 그곳에, 그들 영역에 있었는지 모르겠네. 함부로 러시아 상공을 날다니, 미쳤군!

H: 어쩌면 그걸 전혀 모르고, 뭔가 잘못 했겠지.

J: 그래, 그랬다고 해, 그런데 러시아 조종사는 자기가 어디다 발사하는지 봤을 거 아냐. 첩보기는 707이고, 한국 비행기는 747인데. 쉽게 혼동할 수 없는 거 아냐.

H: 어쩌면 그 비행기를 전혀 보지 않았을 수도 있어.

J: 아이고, 말도 안 되는 소리 그만해. 우리에게도 책임이 있다는 거네.

H: 그 미친 새끼들이 격추한 거지, 우리가 아냐. 나는 그저 엄청난 착각이었을 수 있다고만 말했어. 소련놈들은 아마도 자기 영역에 들어온 첩보 비행기라고 생각했겠지.

J: 그런 말도 안 되는 생각을 믿을 사람은 여기 아무도 없어.

H: 내 임무는 보고된 내용을 분석하는 거야. 누가 무슨 말을 들으려고 하는지는 내가 알 바 아니야. 난 내 생각을 말할 뿐이야.

J: 좋아, 그렇지만 747과 707을 혼동할 수는 없어. 747은 위쪽에 아주 크게 돌출되어 올라온 부분이 있잖아.

H: 자네에게 누구를 좀 소개해 줄게. 이 사람에게 설명 좀 해주세요.

P: 제가 보잉 707기에 급유를 했습니다.

J: 코브라 볼에요?

P: 네, 코브라 볼에요.

H: 밤에는 상황이 어떤지 좀 설명해주세요.

P: 네, 그러니까 밤에는 작업이 아주 힘들어요.

J: 왜요?

P: 야간작업은 어쩐지 내키지 않아요. 방향 감각이 전혀 없어요. 거리를 제대로 측정하기가 어려워요. 밖에 무슨 일이 있는지 거의 알 수 없어요. 에, 최근엔 하마터면 일본항공 747기에 올라탈 뻔했죠, 여객기에 말이에요! 주유관까지 집어넣으려고 했었죠. 일본 조종사가 분명히 기겁했을 거예요.

J: 음, 음, 이제 747과 707도 구분 못 하는 조종사가 있구먼.

P: 잠깐만요, 밤에는 불을 끕니다. 기내 승객들은 잠을 자려고 창문 덮개를 내리죠. 어둠 속에서는 뭐가 뭔지 알 수가 없어요. 그리고 적 비행기에 다가갈 때는 뒤쪽 아래에서 올라갑니다. 그러니 747 위쪽 돌출부는 전혀 볼 수가 없어요. 그래서 747인지를 알 수가 없습니다.

523 공군 군인들은 – 나중에 밝혀지는 것처럼 – 항공사고에 대해서 대체적으로 매우 신속하고 올바르게 원인을 규명하고 있다. 한국 조종사가 착각하여 잘못된 항로로 접어들었고, 소련 측이 이 민항기를 조금 전 같은 영역에서 작전을 수행하던 미국 첩보 비행기와 혼동하였다. 이렇게 혼동했다는 것이 처음에는 신빙성이 없었으나, 조종사의 진술로 충분히 설득력을 얻게 되었다. 항공기 사고 수사대의 가설에 따르면, 소련군 조종사가 민간 항공기를 첩보 비행기로 혼동하여 발포한 것이다. 그런데 "우리에게도 책임이 있다는 거네."나 "그런 말도 안 되는 생각을 믿을 사람은 여기 아무도 없어."라고 하는 J의 발언 속에는 이 가설이 널리 퍼져있는 견해에 부합하기 어렵다는 뜻이 담겨있다.

524 공군 장교가 소관 대장에게 보고할 때, 사고 설명에 중요한 세부사항이 추가된다. 비행기 격추가 계획적인 전쟁 행위였다면, 소련 군대 전체에 경보가 울렸을 것이고, 전함이 출항했을 것이다. 그런데 그렇지 않았기 때문에 T대장은 계획된 전쟁 아니며, 소련 측도 보복공격이 있을 것이라고 생각하지 않는 것 같다는 결론을 내린다.

525 **T대장과 공군 수사대 관료들**

T: 여러분, 내가 8시 30분에 공군 사령관들에게 우리 보고서를 제출할 것이고, 이들이 최고위원회에 보고할 것이오. 나는 언제나 최상의 보고를 하고자 합니다. CIA나 NSA가 아니라, 우리가 해야 해요. 알겠나? 어디 볼까요?

J: 여러분, 대장님. 심각한 사고가 일어났습니다. 아시아 상공에서 소련 전투기가 항공기를 격추하였습니다.

T: 그리고 또 무슨 일이 있었나?

J: 네?

T: 소련 측에 경계태세가 있었나? 군대의 이동이나 항공 순찰 강화 같은 일이 있었냐고?

X: 없었습니다, 대장님.

T: 배들은 아직 항구에 있고?

X: 네, 대장님.

T: 결론이 뭐요?

X: 그들은 보복 공격이 있을 거라고는 생각하지 않는다는 것입니다. 대장님.

T: 예리한 추론에 경의를 표하네, 대위. 그러나 다른 게 또 있어. 그들이 한 일이 매우 성급하게 이뤄졌다는 거야. 일회적 행위란 거지. 여러분, 여기서 우리는 전쟁은 없을 거라는 결론을 내릴 수 있습니다.

T대장은 자신의 설명적 분석에 대해서 상관인 E의 지지를 받는다. 526
그러나 여기서도 처음에는 도출된 설명과 지배적인 정치적 견해 사이에 충돌이 느껴진다.

T대장과 그의 상관 E 사이의 대화

E: 최고위원회 위원들은 대장의 보고에 상당히 충격을 받았습니다. 다른 계획을 가지고 있었죠. 그런 걸 기대하지 않았어요. 대장은 이 해석에 대해서 절대적으로 확신하고 있나요?

T: 현재까지의 정황으로는 그렇습니다.

E: 그렇다면 소련 측이 그저 실수한 거군요?

T: 그렇습니다.

E: 실수치곤 너무 크군.

T: 그들 레이더의 문제입니다. 모니터에 코브라 볼이 들어왔는데, 뭔가 잘못 해석했다가, 그걸 깨달았을 때는 코브라 볼이 이미 사라지고 난 뒤였습니다.

E: 그들이 그것이 뭔지도 알지 못했다는 거요?

T: 아마 그랬을 겁니다.

E: 이것이 사고였다고 하는데, 이 말의 파장을 알고 있죠?

T: 알고 있습니다.

E: 한국 조종사가 뭔가 엉뚱한 의도를 가졌었다고는 생각하지 않나요?

T: 공군 수사대는 그럴 가능성을 배제합니다.

E: 네, 좋은 분석이오. 아주 좋아요. 다른 사람은 아무도 그렇게 해석하지 않았을 거요. 이걸 밀고 나갑시다. 위에까지.

527 하지만 국무부 관료들은 그 사고에 대해 아주 다른 방향의 설명을 택한다. 그들은 다음 세 가지 전제에서 출발한다.

소련 측은 한국 비행기로부터 도발을 당하지 않았다.

소련 측은 그 비행기가 민항기라는 것을 알았다.

소련 측은 그 비행기를 격추하였다.

528 위 전제로부터 그들은 소련 측이 의도적으로 비행기를 격추했다는

결론을 내린다.

국무부 관료 A, B, C

B: 그들에게 뭐라고 하지?

A: 첫째, 도발이 아니었다. 둘째, 그들이 비행기의 정체를 알았었다. 그리고 셋째, 비행기를 격추하였다.

B: 출처는?

A: CIA는 그들이 그 비행기가 여객기라는 것을 알았었다고 거의 확신하고 있어.

C: 달리 말하면, 고의적인 격추였다는 것이지.

B: 증거는?

A: 일본에서 도착한 녹음자료가 아직 모두 번역되지는 않았어. 그러나 러시아 조종사가 비행기와 내비게이션 불빛을 보고 나서 미사일을 발사했다고 볼 수 있어.

C: 경고가 있었다는 기록은 없군.

B: 발사 명령이 지상에서 왔나?

A: 보통 그렇지.

B: 추론할 수 있는 것은?

A: CIA의 모든 정보가 확인 후 발사했음을 입증하고 있어.

B: 좋아, 그러면 국무장관에게 보고할게. TV방송과도 얘기했나?

C: 그래, 슐츠 국무장관이 10시에 회견을 하는 것으로 합의했어.

B: 오케이, 여러분, 이제 상황은 심각해졌어요.

다른 관료들, 특히 국가안전부 소련 담당 부장도 비슷한 방식으로 529

생각한다. 이미 앞에서 살펴본 대화에서와 마찬가지로 여기서도 부족한 경험자료에서 오는 추론 오류를 발견할 수 있다. 항공사고를 착각으로 볼 건지, 아니면 소련의 고의로 볼 건지라는 두 가지 상반되는 설명은 귀납적 유추추론에서 나온 것이다. 각각의 경우에 소련의 행동을 자기가 취할 수 있는 행동에 유추하여 이해하려고 하고 있다. 수사대의 발언에 대한 올바른 논증은 대략 다음과 같다.

530 [권위에 근거한 귀납논거]

질문에 답한 조종사는 야간 비행의 시야 상태에 관해서 믿을 만한 권위자이다.

질문에 답한 조종사는 미국 첩보기 유형의 비행기와 한국 민간 항공기 유형의 비행기가 야간에 서로 혼동될 정도로 유사하다고 말한다.

↓ 야간에는 그 첩보 비행기와 그 민간 항공기가 서로 혼동될 정도로 유사했다.

531 [복잡한 심리적 유추추론]

야간에는 미국 첩보기와 한국 민간 항공기가 서로 매우 유사해서 누구라도 혼동할 수 있었을 것이다.

그 첩보기의 항로와 그 민간 항공기의 항로가 누구라도 이 두 비행기가 같은 비행기라고 여길 만큼 동일하게 놓여있었다.

↓ 그 첩보기와 그 민간 항공기가 예를 들면 미국 레이더 감시자와 조종사에 의해서도 쉽게 혼동되었을 것이다.

↓ 이를 바탕으로 유추해볼 때, 그 첩보기와 민간 항공기는 아마

도 소련 레이더 감시자와 조종사가 혼동할 정도로 유사해서 격추가 착각에서 일어난 것이다.

반면에 국가안전부 소련 문제 담당부장인 L과 국무부 관료들이 내린 추론 오류에서는 첩보 비행기와 시야 상태를 고려하지 않았다. 이를 분석하면 대략 다음과 같다. 532

[복잡한 심리적 유추추론]

한국 민간 항공기는 레이더 감시자와 조종사에 의해서 야간에도 민간 항공기로 명확히 확인될 수 있었다.

민간 항공기는 소련에게 도발하지 않았다.

만약 미국 조종사가 민간 항공기임을 명확히 알 수 있고 도발도 하지 않은 비행기를 격추하였다면, 이것은 착각이 아니라 고의로 행한, 비난받아 마땅한 행동이다.

↓ 이를 바탕으로 유추해볼 때, 소련이 민간 항공기임을 명확히 확인할 수 있는, 도발하지 않은 한국 민간 항공기를 격추한 것은 착각이 아니라, 고의로 행한, 비난받아 마땅한 행동이다.

심리적 유추 설명을 제대로 하기 위해서는 행위자의 상황에 대해서 알 수 있는 정보를 모두 반영해야 한다. 그런데 국무부나 국가위원회에서는 그렇게 하지 않고 있다. "CIA는 거의 확신하고 있다.", "일본에서 도착한 기록이 아직 모두 번역되지는 않았다. 그러나 우리는 …에서 출발할 수 있다." 등과 같은 A의 발언에서 정보가 불완전하다는 것을 알 수 있다. L은 야간 상공의 상황을 사실상 제대 533

로 알지 못하는 전문가의 말에 의지하고 있다. 그는 또한 사고나 착각의 가능성을 고려하기를 거부한다.

534 **국가안전위원회 L과 다른 사람들**

L: [사진을 높이 쳐들고] 이게 그 두 비행기입니다. 묻겠습니다. 이들을 정말 서로 혼동할 수 있습니까? 우리 전문가들은 아니라고 합니다. 소련 측은 자기들이 하는 일이 무엇인지를 정확히 알고 있었습니다, 여러분. 설령 그들이 몰랐다고 해도, 죄를 지은 것입니다. 무슨 짓을 저지르는지를 알았어야 합니다.

R: 그럼에도 불구하고 사고였을 가능성을 염두에 두어야 합니다.

X: 저도 그렇게 생각합니다.

V: 무엇을 하겠다는 겁니까? 모스크바에 핵폭탄을 투하하려고요?

L: 아니오. 한번만이라도 적합한 대답을 듣고 싶습니다.

U: 살인은 우리나라에서 여전히 처벌됩니다.

535 결국, 고의적인 격추라는 잘못된 설명이 관철된다. 공군 수사대 T 대장과 그의 상관인 E 사이의 다음 대화에서 수사대의 올바른 설명이 소련에 대한 적절치 못한 "감싸기"이며 "보호"라고 해석되는 것을 보면 정치적인 이유로 억눌리고 있음을 알 수 있다. 적절한 설명이 될 수 있는, 미국 첩보 비행기의 비행이라는 결정적인 사실에 대해서는 "아무도 알고자 하지 않는다." 부족한 경험자료와 잘못됐지만, 정치적으로 유리한 설명이 의도적으로 채택된다.

T대장과 그의 상관 E 사이의 대화 536

E: 유감이오.

T: 네?

E: 분석 말이오. T대장이 왜 갑자기 이놈들을 감싸려고 하는지 위에서 알고 싶어 해요.

T: 저는 아무도 감싸지 않았습니다.

E: 글쎄, 백악관에서는 그렇게 생각해요. 나는 대장의 보고를 전적으로 지원했어요. 그런데 지금은 그게 쓰레기통에 있어요. 빌어먹을, 269명이나 목숨을 잃었는데.

T: 그 점에 대해서는 저도 장군님과 마찬가지로 황당합니다. 하지만 모든 사고를 공개적 대립으로 처리할 수는 없습니다.

E: 대장은 그들을 보호하고 있군요.

T: 모든 사실에 대한 분석이 사고였음을 말해주고 있습니다.

E: 계속 그 주장을 하는 거요?

T: 분석이 *증명하고* 있습니다.

E: 큰 실수를 하고 있어요. 내가 회의에 참석했었어요. 모두 이 사건에 대해서 같은 생각이었어요. 정말이에요. 국무부, CIA, 내각과 부시(George Bush) 대통령도. 그런데 무슨 소리요, 하느님하고 통화라도 했단 말이오?

T: 음, 그 두 비행기의 항로를 보신다면 …

E: 그 두 비행기?

T: 747기와 코브라 볼요.

E: 그렇지, 그걸 말한다는 걸 잊었네. 코브라 볼은 아무 관련이 없어요. 아무도 그것에 관해서 알고자 하지 않아요. 러시아가 비

무장 민간 항공기를 격추한 거요. 이건 살인이에요. 어쨌든 우리 문화권에서는. 우리가 그랬다면 러시아는 이걸 달리 표현했을 거라고 생각해요?

T: 아, 네. 저는 음 … 백악관에서 그렇게 본다면. 그게 그분들 생각이라면, 음 … 저는 … 그분들이 가지고 있는 정보를 다 가지고 있지만, 방해가 되지는 않도록 하겠습니다.

E: 어쩔 수 없지. 위에서 그렇게 생각해요. 이번에는 소련을 가만두지 않으려고 해요. 그만둬요! 쓸데없어요. 이제 도대체 어떻게 이렇게 되었는지라도 알고 싶겠지만, 부질없는 생각이오!

537 비슷한 일이 다른 논증에서도 많이 일어난다. 예를 들면 소위 "이단 종파"를 둘러싼 논쟁이 그렇다. 이단 종교 반대자들은 종종 그런 집단에 속하는 사람들이 개인적으로 또는 집단으로 자살을 하는 것을 지적함으로써 종교적 소수 집단의 위험성에 대한 근거를 제시한다. 독일연방공화국 8천만 명의 국민에게 매년 약 13만 건의 자살 사건이 발생하므로, 약 80만 명의 소수 종교 집단 추종자에게 매년 130건이 훨씬 넘는 자살 사건이 일어났을 때에야 비로소 이단 종교와 자살 사이의 상관관계를 추정할 수 있다고 냉철하게 말하는 사람은, 위험하다는 '이단 종파'를 문제 삼지 않거나, 옹호하는 사람으로 폄훼당하기 쉽다. 교회 대표자와 정치가의 관련 출판물, 특히 여론에 영향력을 행사하는 대담 프로에서는 대부분 통계상 정확한 논증이 아니라, 널리 퍼진 선입견을 확인하고 '이단 종교'에 대한 투쟁의 무기로 사용될 수 있는, 비극적인 개별 사건에 바탕을 둔, 불충분한 통계가 더 쉽게 먹혀 든다(H. Seiwert 1998: 23).

이와 같이 설명을 하거나 논증을 할 때 객관적이고 논리적인 사실관계뿐만 아니라, 논증하는 사람의 목적과 의도, 그리고 사회적 맥락이 결정적인 역할을 하는 경우가 있다. 국무부와 국가안전위원회의 관료들이 특정 사실과 그에 바탕을 둔 가능한 설명을 *정치적인 이유에서* 고려하지 *않으려고 하는* 것처럼, 일상에서도 *싫어하는* 사람의 튀는 행동에 대한 지극히 옳은 설명을 거부할 때가 종종 있다. 이와 마찬가지로 어떤 결정에 대한 합리적인 반론을 오직 다른 결정을 *하려고 하기 때문에* 무시하기도 하고, 학문에서 *기존의 당연하게 여겨지는* 널리 퍼진 이론을 의문시한다는 이유만으로 새로운 설명 노력을 인정하려 하지 않는 경우도 있다(T. Kuhn 1973; D. Føllesdal et al. 1988: 79–82). 논거 형식의 올바름은 올바른 논증의 필수 전제 조건임에는 틀림없지만, 결코 충분조건은 아니다. 일상에서 논증은 항상 전제가 유효하고 완전한 만큼만 좋을 수 있다. 설명은 설명할 사건의 주변 조건이 적절하게 기술되고, 바탕이 되는 법칙 가설이 신뢰할 수 있을 때만 쓸모가 있다. 참된 결론이란 결국 그것을 받아들일 자세가 되어 있을 때만 행위로 이어진다. 538

비슷한 맥락에서 Christian Morgenstern의 시 "불가능한 사실(Die unmögliche Tatsache)"(C. Morgenstern 1940: 165f.)에 나오는 팔름슈트룀 효과(Palmström-Effekt)라는 현상이 자주 나타난다. 시의 주인공인 팔름슈트룀이 차에 치인다. 마지막 두 소절은 다음과 같다. 539

> 젖은 천에 감싸여 540
> 그는 법률서를 살펴보고

금방 알게 된다.
차가 그곳으로 가면 안 되었다는 것을.
그리고 결론을 내리길
경험한 것이 꿈이었을 뿐이라고.
그가 이렇게 예리하게 추론하는 것은
그러서는 *안 되는* 일이 *있을 수*는 없기에.

541 팔름슈트룀은 자기가 차에 치였다는 것을 추론할 수밖에 없는 사실들을 무시하고 있다. 그 대신 꿈이었으며, 사고 장소에 차량이 허용되지 않기 때문에 자신이 차에 치였을 수 없다고 추론한다. 팔름슈트룀의 사고 과정에서 올바른 논거도 고정관념 때문에 이미 전제에서 왜곡되거나 결론에서 수용되지 않는 경우가 종종 있다는 것을 알 수 있다.

542 이런 측면에서 팔름슈트룀의 '칼처럼 예리한' 추론, 어떤 이단 종파를 비판하는 사람의 문제 있는 논거, 한국-소련 항공사고에 대한 미국 관료와 정치가들의 반응 등은 인간의 세계상이 일반적으로 어떻게 작용하는지를 잘 보여주는 예이다(W. v. O. Quine 1969). 앞에서 우리가 인지하는 대상조차도 우리에게 객관적으로 주어지는 것이 아니라, 다양한 자극을 통해서 비로소 *구성된다*는 것을 확인했다. 이때 우리는 진화를 통해서 형성된 우리 뇌의 구성 방식과 언어로부터 영향을 받는다. 그런데 언어의 일차적 기능은 결코 개인의 경험을 표현하는 것이 아니다. 언어는 오히려 우리와 우리 의사소통 파트너에게 모두가 동일한, 적어도 유사한 방식으로 접할 수 있고, 개인의 다양한 감각적 경험에 대한 공통된 명칭이 될 수 있는

방식으로 구성하게 한다(W. v. O. Quine 1969: 18). 개인의 감각적 경험을 사회적으로 정의된 객체로 통일시키는 것이 언어의 본질적인 사회적 기능이다. 이런 관점에서 볼 때, "나무"라는 낱말은 규범적 조건 진술과 같은 기능을 하게 된다.

> '줄기', '뿌리', '가지', '나뭇잎', '꽃봉우리', '열매' 등등과 같은 특질이 계절에 따라 특정한 조합으로 나타나면, 그 대상을 나무라고 불러라.

개별 특질을 기술하기 위한 낱말들을 사용하는 것도 비슷한 규칙 543
을 따른다.

> '초록색이나 빨간색', '넓적하고 둥그런 형태' 등등의 특질이 계절에 따라 특정한 조합으로 나타나면, 그 대상을 나뭇잎이라고 불러라. 등등

따라서 우리 세계상에 나타나는 객체와 현상조차 보통 많은 추론 544
을 통해서만, 즉 우회적으로만 경험과 결합되어 있다. 개별 세계상을 서로 연결된 개념과 진술로 구성된 큰 아치형 구조물이라고 형상화하여 생각해 볼 수 있다. 이 거대한 아치형 구조물의 아래 가장자리를 – 비교적 가늘고 약한 – 경험 이라는 기둥이 받치고 있다. 그러나 이 구조물이 끊임없이 안정성의 위협을 받는 것은 이 약한 경험의 토대보다는 언어 때문이다. 언어는 – 우리가 형상화한 상상 속에서 – 묶여있는 큰 풍선처럼 많은 개별 세계상의 아치형 구조물

들 위에서 이들을 하나로 묶어 서로 연결하고 균형을 잡아주기 위해서 떠 있다. 언어의 이런 결정적인 기능에 비춰볼 때, 종교, 정치 운동, 이념 등이 항상 그 추종자들의 언어에 영향을 미치고자 하는 것은 놀라운 일이 아니다. 언어를 지배하는 사람은 언어 사용자가 자기 세계상을 구성하고 안정화하며, 경험을 종합하고, 현상을 설명하며 예측하는 방식을 결정짓는다.

545 경험이나 경험에 대한 이야기가 예측과 일치하지 않고 잘 설명되지 않으면, 세계상의 힘이 보이게 된다. 이런 위험스럽고 혼란스러운 상황에서는 세계상이 변경되어야 한다. 그러나 "해가 비친다.", "나는 지금 체크무늬의 셔츠를 입고 있다." 또는 "대한항공의 공신력 있는 보도에 따르면 KAL 007기가 서울에 예정대로 도착하지 않았다." 등과 같이 쉽게 경험으로 확인할 수 있는 진술은, 그러잖아도 궁핍하고 취약한 자기 세계상의 경험적 토대를 완전히 파괴하려 하지 않는다면, 쉽게 포기할 수 없을 것이라는 것은 자명하다.

546 우리가 세계상 아치형 구조물의 아래쪽 끝에 있는 쉽게 경험할 수 있는 진술을 포기하지 않으려고 한다면, 어떤 문장들이 변화의 대상인가? 아치형 구조물의 위쪽 부분에 있는 핵심 진술들도 특별한 보호가 필요하다. 가장 높은 곳에 있는 믿음의 문장들과 인식과 도덕의 최종 원리들(아치형 구조물이 색칠되고 장식되는 신의 모습과 계율 등)도 당연히 쉽게 포기하지 않을 것이다. 그래서 자기 세계상을 새로운 조건에 적응시키려는 사람은 "부정할 수 없는" 경험뿐만 아니라 "뒤집을 수 없는" 원칙도 최대한 고려해야 한다(K. Bayer 2004: 12–20, 50–53).

547 물론 이것이 항상 잘 이뤄지는 것은 아니다. 팔름슈트룀은 법칙

이란 유효하고 예외 없이 지켜진다고 믿기로 결정한다. 그래서 자신이 부상을 당해 침대에 누워있다는 사실을 부정하고, 자기 사고가 틀림없이 꿈이었다고 결론을 내린다. 미국 정부 관료들은 "코브라 볼은 아무 관련이 없어. 아무도 그것에 대해서 알고자 하지 않다."라고 말하면서 항공 사고를 설명하는 데 미국의 첩보 비행을 관련시키지 않기로 결정한다. 이단 종파에 반대하는 사람은 이단 종파와 자살 사이에 큰 관련이 있다고 믿기 위해서 잘못된 통계를 내놓는다. 교사가 학생이 던지는 불편한 질문을 무의식 중에 전혀 듣지 못한 척하는 일도 적지 않다.

또 다른 극단적인 경우는 일반 도그마와 원리로부터 벗어나는 548
것이다. 즉, 정당이나 종교 탈퇴, 개종, 극심한 생각의 변화 등도 발생한다. 그러나 이런 일은 물론 드문 편이다. 종교 소속, 정당 소속, 특정 도덕 체계나 학문 방법의 표방, 기본 관점 등은 한 개인의 정체성과 사회적 위상에 매우 중요한 의미를 가지고 있기 때문에 오직 매우 힘들게, '철저한 개종'의 형태로만, 그리고 대부분 동시에 사회 환경을 바꾸면서만 포기할 수 있다. 논리 법칙에서 벗어나는 것도 – 문화적 차이가 있겠지만 – 비슷하게 문제가 될 수 있다. 어쨌든 서구 산업사회에서는 다음과 같은 진술이 기껏해야 일부 좁은 하위문화 환경에서나 수용될 수 있을 뿐, 그 밖의 다른 환경에서는 위험한 비합리성 또는 심리적 질병 현상으로 평가될 것이다.

> 좋아, 사실 내 진술은 맞지 않아. 그렇지만 상관없어.
> 내 근거가 설득력이 없을 수 있어. 그러나 내게는 설득력이 있어.
> 등등

549 사람들은 보통 자기 세계상의 밖으로 잘 드러나지 않는 영역에서는 불가피한 변경을 허용한다. 그러나 – 아치형 구조물의 위쪽에 있는 신에 대한 모습이나 계율과 같은 – 일반원칙은 그때그때의 외부 자극을 안정적으로 처리하기 위해 반드시 필요한 아치형 구조물의 경험 기둥과 마찬가지로 함부로 건드리지 않는다. 그 대신, 보조 가정과 검증할 수 없는 주장을 끌어들여 모순을 해명하려고 한다. 예를 들면, 뛰어나다는 지식과 낙방 사이의 모순은 시험 당일 갑자기 머리가 마비되었다는 것으로, 훌륭하다는 정치적 제도와 끔찍한 결과 사이의 모순은 정적의 방해로, 체계가 잘 갖춰진 세계와 도처에 발견되는 고통 사이의 모순은 악마와 악령들 때문이라며 스스로를 안심시킨다.

더 자세히 알아보기: W. v. O. Quine 1969: 17–24; T. Kuhn 1973; D. Føllesdal et al. 1988: 79–82; K. Bayer 2004

3.2 논증 분석을 위한 기본 질문

550 이제 내용과 방법에 관한 몇 가지 기본 질문을 정리해 보고자 한다. 이 질문이 논증 분석을 시작하는 데 물론 많은 도움을 줄 것이다. 그러나 모든 질문을 완벽하게 그리고 동일한 순서로 다룰 수는 없다. 분석을 어떻게 시작할 것인가는 그때마다의 *목적*에 달려있다. 그러므로 우선 분석의 목적이 무엇인지를 분명히 해야 한다. *어떤 명제에 대한 찬반 논거를 개관만 하고자 하는 것인지?* 스스로

이 명제와 관련한 인식과 판단의 도움을 얻기 위하여 논증을 통찰해보고자 하는 것인지? 논증을 상세히 비판하고자 하는 것인지? 추정되는 추론 오류나 비객관성을 밝혀내고자 하는 것인지? 아니면 암시적인, 어쩌면 의도적으로 표명하지 않은 논증의 전제를 드러나게 하고자 하는 것인지? 논증에서 관련된 사람들의 세계상과 이해관계를 추론하고자 하는 것인지? 문화 또는 집단 특유의 논증 모델을 발견하려고 하는 것인지? 객관적이지 못해서이거나 표면상의 의견 불일치로 인해서 생긴 논란을 잠재울 수 있는 전제 조건을 만들고자 하는 것인지? 논증의 언어 표현방식을 연구하고자 하는 것인지? 텍스트 구성과 대화 구성이 우선 관심사인지? 아니면 앞으로 있을 논증에 참여하기 위하여 준비를 하려는 것인지? 등등. 그러나 여기서는 이러한 목적과 관련된 분석을 다루고자 하는 것이 아니라, 텍스트를 바탕으로 개별 질문들을 정리한 후, 이에 대해서 설명하려는 것이다. 예시 텍스트는 이미 앞에서 살펴본 사설 "인간의 성공할 권리"에 대한 독자 편지(Frankfurter Allgemeine Zeitung, 20. 6. 1998: 8)이다.

함부르크 취약지구에서 혹사당하고 있는 어린이들 551

사설 "인간의 성공할 권리"(6월 5일자 F.A.Z.)에 대하여.

사민당 교육정책에 대한 쿠르트 로이만(Kurt Reumann)의 비판적 발언은 나와 나의 많은 동료(우리는 함부르크 취약지구의 각종 초·중등학교에서 수십 년 동안 학생을 가르치고 있다)의 마음을 후련하게 해주었다. 이에 덧붙여 학교업무에 부담을 주며 분리형 학교 체제에서조차 "인간의 성공할 권리"를 보장하지 못하는 또 다른 개혁 내지는 초·중등학교법에 명시된 규정에 대해서 말하고자 한다. 함부르크의 교육정책 책임자들은 기회균등과 기회 공정성을 이룩하기 위하여 모든 학교에 전면적으로 개혁을 도입하였다고 자화자찬하지만, 이 원칙은 여러모로 정반대의 결과를 초래하였다. 수십 년 전부터 학부모의 권한이 확대되어 왔는데, 이는 분명히 학부모와 학생이 현명하게 행동할 것이라는 생각에서였다. 하지만 취약지구뿐만 아니라 그 밖의 다른 지역에서도 자녀 지도가 거의 이뤄지지 못하는 가정이 점점 늘고 있다. 물론 모든 학부모에게는 자녀의 진학에 대해서 독자적으로 결정할 권한이 있다. 부모는 자녀가 6살이 되면 취학시킬 수 있다. 아이가 학교에 다닐 만큼 성숙하지 않았어도. 어떤 아이든 4학년을 마치면 김나지움에 진학할 수 있다. 필요한 전제 조건을 갖추지 않았어도. 학부모가 원하면 자녀의 유급을 막을 수도 있고, 학습 부진아를 촉진학교에 보내는 것도 막을 수 있다. 그 결과로 취약지구에는 능력에 부치는 많은 학생이 진급을 하는데, 여기서 바람직하지 않은 사회적 행동, 무절제, 공격성, (학업)거부, 무단결석, 심한 경우에는 범죄로의 유입 등 온갖 사회 심리적인 문제가 발생한다. 수업 활동이 방해되어 학업 성취도가 높은 아이들이 피해를 보게 된다. 정치권에서 의도한 이질적 학급에서는 보통 교사 한 사람이 – 취약지구 학교에서도 – 학생을 30명까지 혼자서 가르치고 있어서 학업 성취도가 낮을 수밖에 없다. 또한, 예를 들면 6학년을 마치고 레알슐레로 진학하거나 7단계의 김나지움으로 진학하는 데에 교육청이 너무 낮은 기준을 정하여서 학교 졸업장이 별로 가치가 없는 경우가 허다하다. 당연히 경제계와 대학으로부터 졸업생의 수준이 여러모로 너무 낮다는 불평이 들린다. 함부르크에는 초·중등학생 이외에도 대학에서 공부하기에 충분히 교육받지 못한 대학생들까지도 찾는 상업적인 과외 그룹과 사교육 기관이 성행하고 있는데, 이것에 대해서 정치권의 책임자들도 의아해하지 않는 분위기이다. 합리적인 기본조건, 적절한 진급 및 평가 규정, 그리고 학교 유형 별 교육과정을 다시 마련한다면, 비용은 많이 드나 아직까지 대부분 기대한 성과를 내지 못한, 지금도 함부르크에 성행하고 있는 – 예를 들면, 온갖 상담활동을 위한 값비싼 교사 추가교육이나 일에 지치고 좌절한 교사들의 "업무 만족도"를 높이기 위해 국비가 투입되는 다양한 강좌에서 심리기법을 습득하게 하는 것과 같은 – 조치들은 아마도 불필요할 것이다. 참여의식이 강한 많은 교사가 위와 같은 상황에서도 훌륭한 성과를 내고 있지만, 불만의 목소리는 더욱 커지고 있다. 잘못된 학교 정책에 대한 좌절과 분노가 증가하고 있다. 교육개혁가들이 수십 년 전에 교육제도의 처참함을 지적하면서 교육의 비상상황을 선언하였는데, 이제는 그들의 정책 결과를 비판하고 조속한 사고의 전환을 요구하는 것이 너무나도 합당한 일이 되었다.

3.2.1 논증 자체가 이뤄지고 있는가?

논증 분석은 분석할 텍스트나 단락에서 실제로 논증이 이뤄지 552
고 있을 때에야 비로소 의미가 있다. 물론 시, 경험담, 보고문 또는 보도문 등에서도 원칙적으로 논증이 이뤄지지 않는다고 단정할 수는 없다. 그러나 이런 종류의 텍스트는 결론의 근거를 제시하는 것을 우선 목표로 삼는 것이 아니라, 다른 다양한 목적을 지니는 것이 보통이다. 앞에서 살펴본 바와 같이, 어떤 텍스트가 이해 과정에서 독자에게 어떤 추론을 요구한다고 해서 반드시 논증 텍스트는 아니다. 그러나 학술 논문, 사설, 독자 편지, 토론 및 논쟁 기고문 또는 법률 논고와 같은 글에서는 대부분 논증이 전면에 나타날 것이다. 핵심은 이런 글에는 진술이 결론을 수용하게 하는 이유로 제시된다는 것이다.

553 위의 예가 명백히 그런 경우이다. 글을 기고한 독자는 사설에 동의하고 있다. 사설의 명제를 확장하고, 자신의 주장에 대한 근거를 제시하고 있다. 이 독자 편지 투고자는 다음과 같이 적고 있다.

> 이에 덧붙여 학교업무에 부담을 주며 분리형 학교 체제에서조차 "인간의 성공할 권리"를 보장하지 못하는 또 다른 개혁 내지는 초·중등학교법에 명시된 규정에 대해서 말하고자 한다.

사설에서는 특히 "인간의 성공할 권리"가 학교 개혁가들의 생각과는 반대로 오로지 분리형 학교 체제에서만 보장된다고 주장하였다. 독자편지에서는 '다양한 개혁조치로 인해서 모든 학교업무가 가중되었고, *이러한 이유에서* "인간의 성공할 권리"가 분리형 학교체제에서도 보장되지 못한다'면서 이 명제를 더욱 첨예화하고 있다.

3.2.2 중심 선두 언어표현은 무엇인가? 혹시 여러 개가 있는가?

554 상세한 분석에 들어가기 전에 한 걸음 뒤로 물러서서 화자 또는 필자가 무엇을 말하려고 하는가를 물어봐야 한다. 어떤 주요 진술에 대한 근거를 제시하려고 하는가? 중심 선두 언어표현을 찾았다

면, 텍스트의 개별 논거와 하위 논거들은 대부분 더 쉽게 발견되고 평가된다. 선두 언어표현은 자석과 같아서 그 힘이 미치는 영역에 다른 표현들이 쇠 톱밥처럼 개관할 수 있는 모형으로 배열된다. 선두 언어표현이 여러 개 있을 때는 보통 서로 연관을 맺는다. 위의 독자편지도 마찬가지로 다음 테제에 집중하고 있다.

개혁으로 학교업무가 가중되었다.
교육정책은 새로 정립되어야 한다.
개혁가들은 교육정책 책임자로서 능력이 없다.

3.2.3 선두 언어표현의 내용이 기술적인가 아니면 규범적인가?

기술적 선두 언어표현에 사용된 논거와 규범적 선두 언어표현에 555
사용된 논거는 서로 다르게 구성되고 평가되므로, 우선 포착된 선두 언어표현이 기술적인지 아니면 규범적인지를 밝혀야 한다. 위의 독자편지에는 기술적 선두 언어표현과 규범적 선두 언어표현이 포함되어 있다. 독자편지 투고자는 우선 학교의 상황이 사설에 설명된 "인간의 성공할 권리"라는 권한 규범에 부합하지 않는다고 *기술하고* 있다. 더 나아가서 교육정책의 새로운 정립을 *요구하면서*, 지금까지의 개혁정책이 초래한 부정적인 결과를 명확히 지적함으로써 근거를 제시하고 있다.

이러한 점에서 독자편지에 나타난 논증은 규범 관련 논증의 함 556
축적인 예라고 평가할 수 있다. 위에 제시한 선두 언어표현 중에서 핵심은 바로 다음 요구이다.

교육정책은 새롭게 정립되어야 한다.

이 규범적 선두 언어표현에 대한 근거는 앞에서 자세히 설명한 바와 같이, 현 교육정책의 결과를 기술하는 주장을 통해서 제시된다. 현 교육정책은 결과적으로 학교업무에 여러 가지 부담을 주고 있다. 독자편지 투고자는 이 결과를 성공에 대한 인간의 권리라는 규범에 견주면서 다음과 같이 부정적으로 평가한다.

현 교육정책의 결과는 인간의 성공할 권리에 부합하지 않는다.

더 높은 규범을 기준으로 할 때 부정적인 결과를 낳는 규범은 포기되어야 하므로, 다음과 같은 규범적인 결론이 나타난다.

교육정책은 새롭게 정립되어야 한다.

557 선두 언어표현이 기술적 성격을 띠고 있는지 혹은 규범적 성격을 띠고 있는지에 따라서 중심 테제들이 적절하게 배열된다. 함부르크 학교들에 대한 기술적 테제들이 물론 어느 정도 독자성을 띠기도 하지만, 동시에 독자편지 투고자의 교육정책에 대한 규범적 결론에 대한 중요한 보조 기능의 역할도 한다.

3.2.4 선두 언어표현과 논증이 특정한 세계상을 나타내는가?

558 논증과 세계상 사이의 관계에 대한 물음은 유용한 만큼이나 문제가 되기도 한다. 이 물음이 얼마나 유용한지는 다양한 분석의 예

에서 이미 드러났다. 즉, 암시적 전제는 논증하는 사람이 가지고 있을 것으로 추측되는 세계상을 살펴봐야 비로소 이해될 때가 많다. 그러므로 논증을 해석할 때는 반드시 관련 사항에 대한 논증 참여자의 관점이 무엇인지를 생각해 봐야 한다

또한, 근거 맥락과 발상 맥락을 무리하게 혼합하는 위험에 빠질 559
수도 있다. 어떤 논거를 동의하지 않거나 위험하다고까지 여기는 세계상과 연결하면, 분석할 때 선입견에 사로잡힐 수 있다. 독자편지 투고자는 분명히 사회민주당(SPD)과 교육학술노조(GEW)가 표방하고 관철시킨 교육정책에 반대하는 사람이다. 그는 독일 교육제도의 (일부) 상황에 대한 독일 연방 대통령의 비판에 동의하며 새로운 방향 설정을 희망하고 있다. 반면에 독자편지의 견해를 거부하는 사람의 분석 관점도 원칙적으로는 독자편지 투고자의 논증 관점처럼 한쪽으로 치우칠 가능성이 있다. 그러한 관점의 왜곡에서 벗어날 수 있는 절대적 척도가 될 수 있는 만병통치약은 없다. 여기서는 – 가능한 정도로만 객관성을 모색하면서 – 상이한 판단을 허심탄회하게 비판하면서 서로 수정해주는 수밖에 없다. 어쨌든 논증이 마음에 들지 않는다고 즉시 그저 무의식적 동기와 이해관계, 또는 정당이나 종교 때문이라고 속단해서는 안 된다. 개별 논거를 주의 깊게 고찰하지 않으면 – 논증 참여자건 관찰자건 – 스스로 중요한 인식의 기회를 차단하게 된다.

3.2.5 어떤 논거가 제시되는가?

논증 구조를 분석하기 전에 우선 개별 진술을 리스트로 작성하 560
는 것이 좋다. 독자편지에서는 다음과 같은 진술을 발견하거나 추

론할 수 있다.

- 나는 사설을 쓴 사람의 비판에 동의한다.
- 나의 동료 중에 나와 같은 견해를 가지고 있는 사람이 많다.
- 나의 동료들과 나는 수십 년 전부터 취약지구에 있는 학교에서 수업하고 있다.
- 개혁과 관련 법률들은 학교업무에 부담을 준다.
- "인간의 성공할 권리"가 분리형 학교 체제에서조차 보장되지 않고 있다.
- 개혁가들은 기회균등과 기회 공정성을 추구하지만, 결과는 정반대이다.
- 개혁가들은 너무도 부당하게 자화자찬한다.
- 학부모와 학생의 현명함을 믿고 부모의 권한이 수십 년 전부터 확대되었다.
- 학부모와 학생이 가지고 있을 것으로 여겼던 현명함이 실제로는 없었다.
- 많은 가정에서 지도가 잘 이뤄지지 못하는 것이 비단 취약지구에서만의 문제는 아니다.
- 학부모에게는 취학, 전학, 유급 또는 촉진학교 전학 등과 관련하여 자유롭게 결정할 권한이 있다.
- 취약지구에서 학교에 다니는 많은 어린이가 버거워한다.
- 이로써 규율 부재, 공격성, (학업)거부, 무단결석, 그리고 때로는 범죄 등이 발생한다.
- 수업활동이 방해된다.

- 성취도가 높은 어린이가 피해를 본다.
- 30명까지나 되는 학생으로 구성된 이질적 학급에서 성취수준은 내려간다.
- 중등학교로 진급할 수 있는 기준이 너무 낮다.
- 중등학교의 졸업이 더 이상 가치가 없다.
- 경제계와 대학이 학교 졸업생의 낮은 역량에 대해서 불평하는 것이 타당하다.
- 초·중등학생, 심지어 대학생을 위한 과외학습 기관이 성행한다.
- 이것에 대해서도 책임 있는 정치인들은 의아해하지 않는다.
- 현재 교사를 위한 고가의 추가 교육과 심리학 강좌가 국비로 시행되고 있다.
- 이것은 진급 및 평가 규정 그리고 교육과정 등을 개선하면 필요없게 될 것이다.
- 이러한 문제에도 불구하고 적극적인 많은 교사가 성과를 낸다. 그러나 좌절과 분노가 확산되고 있다.
- 교육개혁가들은 수십 년 전에 교육제도를 비판했다.
- 이제 그들의 정책 결과를 비판하고 재고해야 한다.

3.2.6 논거 사이에 어떤 연관이 있는가?

위와 같은 진술 목록에서 논증 구조를 찾는 것이 항상 쉽지만은 561
않다. 먼저 모아놓은 선두 언어표현(진한 글씨로 표시된 부분)이 일차적으로 진술을 분류하는 실마리를 제공한다. 여기서 진술은 *발화 순서가 아니라 기능*에 따라서 분류된다.

562 **개혁가들의 교육정책이 학교업무에 부담을 준다.**

- 개혁가들이 학부모에게 자녀의 학교선택에 대해서 비이성적인 결정을 내릴 수 있는 자유를 주었다.
- 학생들은 버거워한다.
- 그들은 사회적으로 문제가 되는 행동을 한다.
- 수업 성과가 적다.
- 학업 성취도가 높은 학생이 충분한 지원을 받지 못한다.
- 학교 졸업이 종종 가치가 없다.
- 과외 붐이 일어난다.
- 비싸면서도 불필요한 추가교육과 심리학 강좌가 열린다.

563 **교육정책은 새롭게 정립되어야 한다.**

- 학교업무의 다양한 부담으로 "인간의 성공할 권리"가 무시된다.
- 기회균등이 이뤄지지 않는다.
- 경제계와 대학에서 후속 문제가 발생한다.

564 **개혁가들은 교육정책 책임자로서 무능하다.**

- 개혁가들이 자신의 목표에 반하여 행동한다.
- 개혁가들은 기회균등의 정반대를 실현한다.
- 개혁가들은 "인간의 성공할 권리"를 무시한다.
- 개혁가들이 부당하게 자화자찬한다.
- 개혁가들이 학부모의 현명함을 과대평가한다.
- 개혁가들이 의아해하지 않는다.
- 개혁가들이 비싸면서도 불필요한 조치를 지원한다.

• 개혁가들이 교육제도를 비판했는데, 이제 스스로 비판의 빌미를 제공한다.

그 밖의 몇몇 진술은 선두 언어표현에 직접 배속되지 않는데, 그것은 독자편지 투고자가 많은 동료와 생각을 같이한다는 사실과 이 사람들의 관련된 경험을 가리키는 말이기 때문이다. 565

[독자편지 투고자와 동료들은 경험이 많고 판단력이 있다. 투고자와 동료들은 같은 생각이다.] 566

• 독자편지 투고자의 동료들도 같은 생각이다.
• 투고자와 동료들은 취약지구에서 일한 경험이 있다.
• 어려움에도 불구하고 좋은 성과를 내고 있는 교사가 많이 있지만, 분노하고 좌절하고 있다.

이러한 점에서 이 진술들은 권위와 의견 일치에 근거한 귀납논거를 마련하고 있다. 투고자와 그 동료들은 수십 년간의 학교생활 경험이 있으므로 권위자이고, 동일한 평가를 내리고 있다. 현 교육정책이 학교업무에 부담을 주고 있다는 주장을 증명하기 위하여 투고자는 이 귀납논거를 사용한다. 567

여기서도 표현을 바꾸거나 배열을 달리한 것은 물론 해석에 바탕을 두었기 때문이다. 다른 모든 텍스트와 마찬가지로 논증 텍스트도 독자의 적극적인 이해에 바탕을 둔다. 그래서 받아들이는 사람에 따라서 다소 상이한 해석을 할 수 있다(W. Klein 1980: 41ff.). 여기에도 절대 기준은 없다. 유일한 조정 가능성은 제안된 각각의 분 568

석을 비판적으로 토론하는 것이다. 그러므로 우리의 독자편지 분석도 다른 논증 분석과 마찬가지로 토론이 필요한 제안일 뿐이다.

3.2.7 논증이 어떻게 개관될 수 있는가?

569 다음 단계에서는 Toulmin의 도식에서 서로 결속되는 여러 항목을 바탕으로 논증 구조를 개관해 볼 수 있다. 앞에서 확인한 바와 같이, 독자편지에서는 (1) *교육정책 개선 요구*를 최고의 선두 언어표현으로 확인할 수 있다. 이와 밀접하게 결합된 두 번째 선두 언어표현은 (2) *권한을 가지고 있는 교육정책 책임자에 대한 부정적인 평가*이다. 이 두 개의 선두 언어표현에는 (3) *현행 교육정책에 대한 부정적인 평가*가 바탕에 깔려있다. 이 평가에 대한 근거로는 권위의 일치에 근거한 다양한 기술적 보조 논거가 제시되는데, 이 보조 논거를 통해서 (4) *교육정책의 부정적 결과로 인한 학업 부담*을 입증하고 있다.

570 이 개관을 보면, 독자편지가 주로 규범적인 방식으로 논증하고 있다는 인상을 받을 수 있다. 그러나 논거의 수를 살펴보면 그렇지 않다. 진술의 대부분은 함부르크의 학교정책 상황으로 인한 학생과 교사의 부담을 *기술하고* 있다. 독자편지 투고자의 의도는 우선 사설의 정책적 진술을 '현장 보고'로 뒷받침하려는 것이다. 그럼에도 불구하고 반복해서 정책적, 즉 *규범적* 논증을 하고 있다. 경험에 바탕을 둔 함부르크의 학교 상황에 대한 기술은 명백히 부정적인 평가로 이어지고, 여기서 교육개혁과 교육정책에 대한 비판이 도출된다.

571

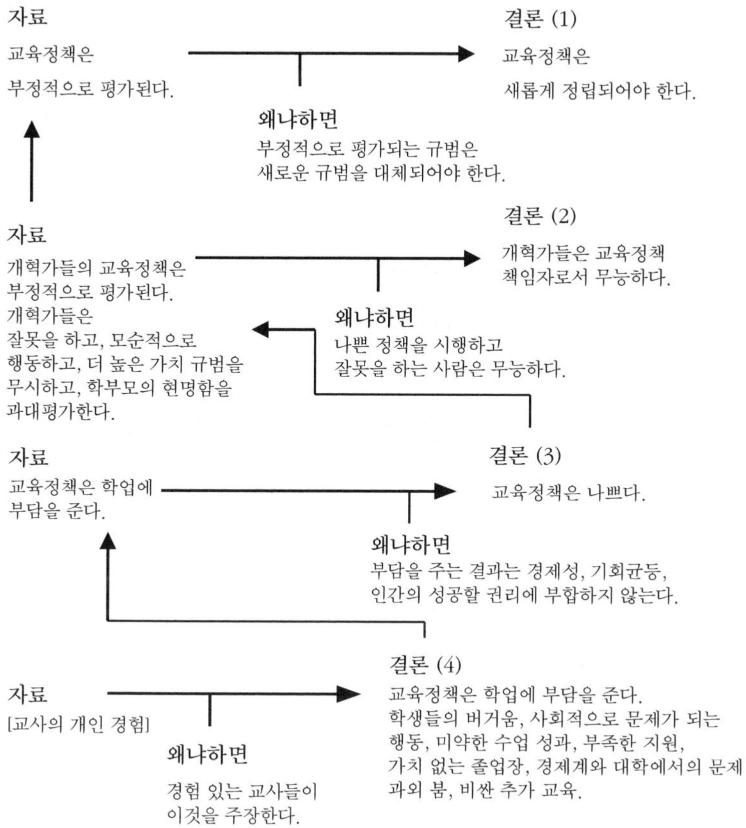

3.2.8 어떤 논거 유형에 해당하는가?

논증을 개관한 후에는 중요한 논거의 유형과 형식을 판별해 보아야 한다. 독자편지가 기술하는 부분에서 주로 *귀납적으로* 논증하고 있다는 것은 지금까지의 매우 피상적인 분석에서도 뚜렷하게 드러났다. 함부르크 학교정책의 결과에 대한 진술은 독자편지 투고자와 그의 동료들의 경험을 *일반화*한 것이다. 또한 독자편지 투고자는 과잉 요구와 학생들의 특정한 태도, 학급의 학생 수와 성취 572

수준, 학교 상황과 과외 붐 등 사이의 상관관계 등에 대해서, 귀납적일 수밖에 없는 가설을 사용한다. 이것이 결코 처음부터 독자편지 투고자의 테제에 부정적으로 작용하는 것은 아니지만, 귀납법에는 약점이 있으니 논거를 조심스럽게 검토해 보아야 한다.

3.2.9 규범적 결론이 담긴 논거는 어떻게 분석해야 하는가?

573 규범과 관련된 논거의 기본 구조는 훨씬 앞에서 이미 여러 차례 설명하였다. 규범은 적용 결과가 긍정적인지 부정적인지에 따라서 평가된다. 규범의 결과를 어떻게 평가하는가? 독자편지 투고자의 말이 옳은가? 아니면 함부르크 학교 정책자들이 옳은가? 아니면 '평가라는 것이 모두 주관성과 이해관계에 따라 달라지는 것은 어쩔 수 없다'는 말로 여기서 모든 분석을 중단해야 하는가?

574 논증 분석이 어떤 평가의 당위성에 대한 최종 판결이 될 수는 없겠지만, 평가의 구조를 밝혀내고 그 전제를 밝힘으로써 – 사실상 주관적일 수밖에 없고 이해관계에 얽힌 – 평가에 대한 논쟁을 객관화하는 데 도움을 줄 수는 있다(K. Bayer 1982a).

575 우선 모든 **평가**(Bewertung)에는 그와 관련된 *대상*이 있다. 이 대상이 평가되는 것이다. 우리가 든 예의 결론 (3)에서는 함부르크의 교육정책이 대상이다. 모든 평가에는 그 대상뿐만 아니라 그와 *비교*되는 하나 이상의 *대안*이 있다고 전제된다. 우리의 예에서는 실제 교육정책과 구별되는 다른 교육정책 구상("합리적인 기본조건", "적절한 진급 및 평가 규정", "학교유형에 따른 교육과정")이 여기에 해당한다. 평가 대상과 대안의 비교는 항상 어떤 *시각*, 어떤 *관점*에서 이루어진다. 우리의 예에서는 성과지원, 규율, 직업과 대학수학

에서의 경제성과 효율성 등이 그 관점으로, 독자편지 투고자는 하나가 아니라 여러 개의 평가를 동시에 시도하고 있다. 대상과 대안들은 특정한 시각에 따라서 *배열*된다. 예에서는 현행 함부르크 교육정책이 배열의 한쪽 끝에, 독자편지 투고자가 선호하는 교육정책 구상이 다른 쪽 끝에 놓인다. 실제 가치는 이 배열에 대해서 개인·집단·사회의 *지향 가치*를 정의하는 데 있다. 이 지향 가치가 배열 속에서 추구할 만한 가치의 위치를 표시함으로써 단순 배열을 *서열 배열*로 만든다. 독자편지 투고자의 지향 가치는 자신이 바라는, 능력을 촉진하는 효과적인 교육정책이다. *평가에서는 지향 가치가 대상의 현재 가치와 비교된다.* 여기에서 대상에 대한 '칭찬' 또는 '질책'이 나오는데, 예에서는 함부르크의 교육정책이 정의된 지향 가치와 매우 동떨어져 있어서 매서운 '질책'이 나왔다. 다음 도식이 평가의 기본요소를 잘 보여줄 것이다.

576

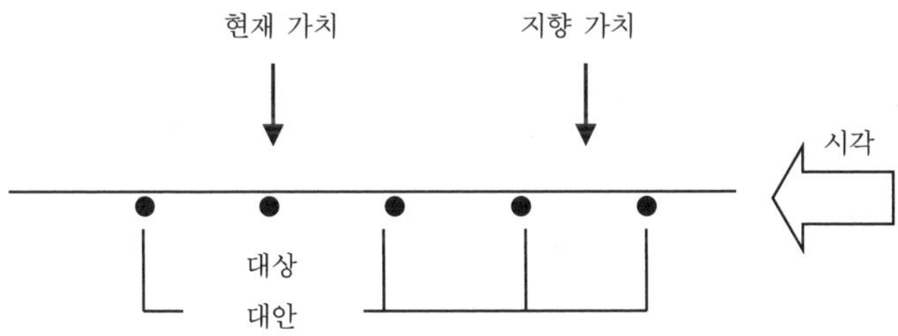

577 이 생각이 평가를 객관화하는 데 어떻게 기여할 수 있을까? 평가의 시각과 지향 가치는 물론 당연한 것이 아니다. 독자편지 투고자가 *성과, 규율, 경제, 효율성* 등의 시각에서 함부르크의 학교 정책을 평가한 반면, 이 정책을 옹호하는 사람은 어쩌면 *사회적 평등*이

나 *국제성* 등과 같은 다른 시각을 전면에 내세울 수도 있다(E. –M. Stange 1997: 257ff.). 각각의 시각이 매우 다를지라도, 규범 논쟁에 상이한 시각이 있고 이와 관련된 가치 충돌이 있다는 것을 밝히는 것만으로도 도움이 될 때가 있다. 이러한 방식으로 논증 참여자들은 – 어느 정도 지적 능력과 하고자 하는 의지만 있다면 – 앞에 놓인 규범 문제가 위의 도식에서처럼 일차원적이 아니라, 다차원적이라는 것을 알 수 있다.

578 이 시각들이 전혀 합치될 수 없는 것이 아니라면, 절충할 수 있는 범위 내에서 모든 논증 참여자의 상이한 서열 배열 속에서 각자의 지향 가치에 비교적 가까이 있는 규범을 찾아볼 수 있을 것이다. 아래 도식에서 대안 A1과 A2는 각각 평가 시각 1과 2가 추구하는 지향 가치에 각각 매우 가까이 있다. 그러나 다른 시각의 지향 가치로부터는 매우 멀리 떨어진 단점을 가지고 있다. 그 대신 – 양측에게는 물론 고통스러운! – 절충안이 양쪽의 지향 가치에 좀 더 가까이 있다. 학교정책에 대한 논쟁에서는 성과를 다시 좀 더 많이 요구하고 촉진하면서 극단적인 형태의 사회적 불평등을 피하게 할 수 있

579

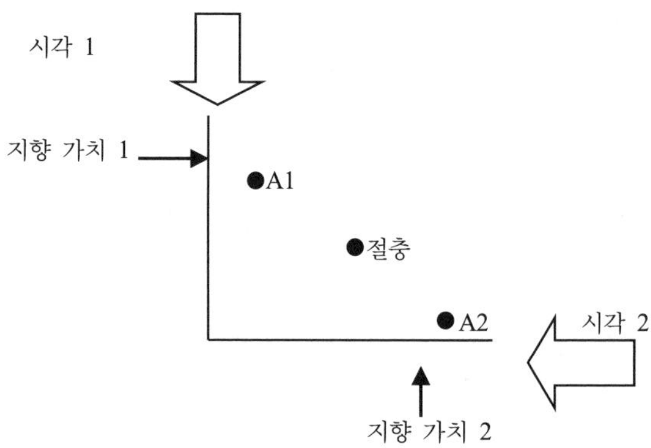

는 규정이 있지 않을까라는 질문이 제기될 수도 있을 것이다.

3.2.10 어떤 암시적 진술을 명시적으로 밝혀야 하는가?

지금까지의 분석을 통해서 본 것처럼 모든 전제와 보조 논거가 580
명시적으로 표현되는 것은 아마도 논리학 책의 기본 예문에나 있는 일일 것이다. 논증을 자세히 분석하면 할수록, 보충을 더 많이 해야 한다. 위 독자편지에서 우선 특히 연역적으로 사용할 수 있는 평가 원리("나쁜 정책을 시행하고 잘못을 하는 사람은 무능하다.", "부정적으로 평가해야 할 규범은 새로운 규범으로 대체되어야 한다.")나 권위에 근거한 귀납논거를 추출하고 명시적으로 표현해야 한다. 거의 대부분의 논증이 암시적 성격을 띠고 있는데, 인간의 뇌가 필수적인 진술을 대부분 아주 정확히 보충하는 것을 보면 한편으로 감탄하지 않을 수 없다. 그러나 다른 한편으로는 그러한 암시적 성격으로 인해 오해와 쓸데없이 불필요한 논쟁이 자주 발생한다. 논증적 설전을 벌일 때 우리는 포함되지 않은 내용을 매우 쉽게, 때로는 함부로 보충하는데, 이것이 화자나 필자의 의도와 일치하지 않는 경우가 자주 있다.

그러므로 논증을 분석할 때 포함되지 않은 내용을 어디까지 분 581
석하고 보충할 것인지에 대한 질문이 제기된다. 여기서 무의미하게 지나친 고지식함과 그에 못지 않게 무의미한 피상적 분석 사이의 중간 지점을 찾아야 한다. 이 지점은 오직 *조사의 목적*에 따라 결정할 수 있다. 예를 들어, 초등학교 학생들이 소풍에 대한 찬반 논거를 교환할 때는 찬반 논거의 비율과 상이한 평가 시각에 대해서만 생각해도 충분히 유익할 것이다. 교사가 굳이 귀납적 원리와 연역적 보조 논거를 생각해 보라고 학생들을 힘들게 괴롭힐 필요는 없다. 그러나 학교정책에 대한 논쟁에서는 학생들의 지나친 부담과 바람직하지 않은 사회적 생활태도 사이의 관계에 대한 암시적 전제를 명확하게 표현하여 논리적 타당성을 좀 더 자세히 살펴보는 것이 필요할 것이다.

3.2.11 논거가 올바른가? 명백한 추론 오류가 있는가?

582 2장에서 연역논거와 귀납논거의 상이한 형태를 자세히 다룬 것은 무엇보다도 자주 나타나는 추론 오류의 형식을 인식하고 비판할 수 있게 하고자 함이었다. 실제로 논증 분석에서는 우선 명백한 추론 오류를 모두 표시해야 한다. 그러나 독자편지처럼 복합적이고 글로 잘 다듬어진 논증에서는 쉽게 알아챌 수 있는 추론 오류가 드물다. 좀 더 흥미로운 대부분의 논증에는 연역논거뿐만 아니라, 종종 완전히 틀리지 않은, 다소 믿을 만한 귀납논거와 논리적으로 비판할 수 없는 평가를 담고 있는 규범 관련 논거가 들어있다. 그래서 잘못된 논거를 찾는 일은 곧 선두 언어표현에 대한 찬반을 위해서 제시된, 다양한 비중의 논거를 따져보는 일이 되고 만다.

3.2.12 찬반 논거를 어떻게 견줘볼 수 있는가?

583 여기서 분명히 밝혀두어야 할 것은, 늦어도 논증의 개별 논거를 *따져보고자* 할 때 우리는 엄밀한 의미에서 논리와 논증 분석의 범위를 벗어나게 된다는 사실이다. 기술적 선두 언어표현이 들어있는 논거를 따져보려면, 논거의 관련성뿐만 아니라 *유효성*도 고려해야 한다. 유효성 문제는 논리가 아니라 오직 일상 지식이나 해당 학

문을 통해서만 답변할 수 있다. 규범 관련 논증은 따지기가 더 어렵다. 이 경우에는 – 여러 차례 확인했듯이 – 개별 논거의 *관련성*이 논증 참여자의 가치 선호에 달려있는 것이지, 논리나 통계 기준에 따라서 판단되는 것이 아니기 때문이다. 간단한 예를 들어보자.

> A: 기압계가 내려가면 비가 와. 기압계가 내려간다. 그래서 비가 올 거야.
>
> B: 아니야, 오늘은 제비들이 높이 날고 있어. 제비가 높이 날면, 비가 오지 않아. 그래서 비는 오지 않을 거야.

여기에는 "비가 올 것이다."라는 기술적 선두 언어표현이 들어있다. 논거를 어떻게 따질 수 있을까? A와 B의 연역논거는 명백히 타당하다. 둘 다 선행 조건부를 긍정하고 있고, 전제와 결론 사이에 관련성이 있다. 이제 관찰한 전제가 유효하다고, 즉 기압계가 내려가고 제비들이 실제로 높이 날고 있다고 가정해 보자. 그러면 논거의 비중은 오로지 각 조건 전제의 유효성, 즉 기압계가 내려가면 비가 오고, 제비가 높이 나르면 날씨가 맑을 확률에 달려있다.

여기서 또 한번 조건 전제의 특별한 기능이 나타난다. "기압계가 584
내려간다."와 "오늘은 제비가 높이 난다."는 Toulmin의 도식에서 *자료*에 해당할 것이다. "기압계가 내려가면 비가 온다."와 "제비가 높이 날면, 비가 오지 않는다."라는 조건 가설은 *근거*에 해당할 것이다. 여기에 제안된 논리적 언어사용이 아닌, 일상 구어에 가까운 언어사용에서는 이러한 근거가 각 자료의 '관련성'(A. Naess 1975: 150)에 결정적인 역할을 한다. 지금까지 사용한 용어로 말하자면,

한 논증 내의 다양한 논거를 따져볼 때 모든 논거가 형식적으로 올바르고 모든 자료 전제가 유효하다면, 개별 논거의 비중은 그 (대부분 조건적인) '이동 전제'의 신뢰성에 달려있다. 그러므로 위의 예와 관련해서는 기압계 가설이나 제비 가설 중 어느 것이 더 신빙성이 있는 가설인지를 기상학적으로 살펴봐야 한다. 아무튼 이 예를 통해서 타당한 연역논거가 제시되어도 논거를 따져보는 것이 쉽지 않다는 것을 알 수 있다. 문제는 논거의 형식이 아니라, 조건 전제의 유효성 – Toulmin의 용어로서는 지지 – 에 대한 복잡한 문제에 있다.

585 제시된 논거의 비중 못지않게 중요한 것은 큰 비중을 차지하는 논거가 논증에서 잊혔거나, 배제되었거나 의식적으로 제시되지 않은 것이 아니냐는 질문이다. 선두 언어표현이 종교적·정치적 세계상, 욕구, 희망 또는 중요한 인간 관계와 충돌되는 곳에서는 대부분 반대 논거가 많이 제시되고, 찬성 논거는 적게 제시된다. 위 독자편지에서도 현행 함부르크 학교정책에 대한 반대 논거는 많이 제시되었지만 찬성 논거는 한 개만 제시되었는데, 그것도 즉시 반박되었다.

> 함부르크 교육정책 책임자들은 기회 평등과 기회 공정성을 이루기 위하여 모든 학교에 전면적으로 개혁을 도입하였다고 자화자찬하지만, 이 원칙은 여러모로 반대 결과를 낳았다.

586 이런 방식은 정책 관련 독자편지에서는 물론 정당하다. 그러나 이 예에서 볼 수 있듯이, 논거를 따지는 논증 분석은 두 가지 매우 상이한 목적에서 이뤄질 수 있다. 하나는 *실제로 제시된 논거를* 견줘보는 것이다. 그러면 선두 언어표현에 대한 찬성 또는 반대 결정을 논

증하는 사람이 스스로 내리거나 상대방이 내릴 수 있게 해준다. 다른 하나는 실제 제시된 논거 이외에 *다른 논거*, 이를 테면 상대방의 논거를 추가로 끌어들여 볼 수 있다. 그러면 원래와 다른 결정을 하게 되거나, 원래 논증에 대한 비판이 생길 수도 있다.

선두 언어표현에 대한 가장 중요한 찬반 논거를 포괄적으로 따져 587
서 개관하는 것(A. Naess 1975: 134ff.)은 논증 분석뿐만 아니라, 논증을 준비하는 데에도 매우 유익하다. 상대방의 논거를 알고 있는 사람만 토론을 잘 준비할 수 있고, 어쩌면 새로운 것을 깨달을 수도 있으며, 필요하면 자기 의견을 바꾸고 세계상을 수정할 수 있을 것이다. 물론 이렇게 논거를 견줘보는 것이 심리적 욕구와 사회적 압박을 고려할 때 쉽지 않을 때가 많다. 자신의 견해에 대한 반대 논거를 생각하다 보면 자신이 없어지기도 하고 생각이 마비되기도 한다. 정당이나 종교집단, 또한 사적인 소모임에서 반대편의 논거를 제시하면, 결정 장애가 있는 '믿지 못할 사람'으로 간주될 수도 있고, 자기편의 눈에는 '반대편의 박수'를 받으려고 도박하는 것처럼 보일 수도 있다. 그러므로 논거를 따지는 기술은 원칙적으로 민주사회의 교육제도와 정치제도 내에서 강력히 촉진되어야 할 것이지만, 현실에서는 일방적으로 사고하고 논증하면서 편드는 사람을 키우고 보상하려는 유혹에 빠질 때가 종종 있다.

논거를 매우 조심스럽게 견줘본다고 하여도 항상 명확하고 누구 588
나 수용할 수 있는 결과로 이어지는 것은 아니지만, 제시된 논거를 비교한 후에 각각의 선두 언어표현에 대한 명확한 찬반을 결정할 수 있는 경우도 분명히 있다. 비록 의사의 조언이 무조건 틀림없이 '올바른' 판단은 아니지만, 신뢰할 만한 여러 명의 의사가 어떤 치료

법을 추천한다면, 우연히 신문 운세 난에서 읽은 경고를 그다지 비중 있는 반대 논거로 생각하지는 않을 것이다. 날씨 예측에 있어서도 비 오는 날과 틀림없이 일치한다는 할아버지의 관절통이나 제비가 나는 모습보다는 일기예보를 더 신뢰할 것이다. 바위가 얼었고 날씨가 불안정해서 예정한 등산이 매우 위험하다면, 정상에 멋진 전망이 있다는 말이 끌리기는 해도 등산은 아마도 연기할 것이다.

589 그럼에도 불구하고 논증은 – 특정한 형식의 논리적·수리적 논증을 제외하면 – 원칙적으로 컨베이어 벨트에서 참된 결론을 만들어 낼 수 있는 단순한 계산식으로 축소할 수 없다. 이것은 인식론적 고찰을 통해서도 이미 알 수 있었다. 그리고 논증 구조에 대한 우리의 고찰은 이러한 판단이 옳다는 것을 확인해준다. 그러므로 우리가 복잡한 논증을 통해서 방금 뒷받침한 진술이라도 항상 비판적으로 다시 살펴보는 것이 좋다.

더 자세히 알아보기: A. Naess 1975: 134–137

3.2.13 비객관성이 논거를 따져보기 힘들게 하는가?

590 지금까지 살펴본 독자편지는 그렇지 않지만, 필자나 대화 참여자가 **비객관적**(unsachlich)이어서 논거를 따지기 힘들게 하는 논증도 많을 것이다. 이런 필자나 대화 참여자는 논증에 바람직한 기여는 하지 않으면서, 한쪽 논거가 우월한 *것처럼 보이게* 한다. 여기서 비객관성을 띠는 4가지 형태, 즉 '편향적인 말', '편향적인 사실 묘사', '편향적인 인용', 그리고 '편향적인 외부 상황 처리'에 대해서 살펴

보고자 한다(A. Naess 1975: 160–197; 또한 Groeben et al. 1993: 366ff. 참조).

편향적인 말

이 형태의 비객관성은 널리 퍼져있다. 무관한 또는 유효하지 않 591
은 논거, 혹은 엄밀성 부족 등으로 논증에 참여하는 한쪽 편에 유리한 방향으로 상대방에게 영향을 미친다.

좌파인 당신이 "교육"을 말하면, 평등만을 의미하잖습니까!
반대편으로부터 박수 받지 않도록 조심하세요!
누가 남자 아니랄까 봐!
여기서 아름다움이란 당신 부인처럼 생긴 것을 말하는 것이죠, 안 그래요?
또 호르몬에 취했나 보군!
내가 당신처럼 돈이 많다면, 나도 그렇게 말할 거예요.
당신의 비관주의는 오늘 같이 날씨가 좋을 때에는 전혀 어울리지 않습니다!

논거에 대한 반응으로 위와 같은 발화가 효과를 발휘할 때도 물론 종종 있다. 그러나 이런 말은 이야기하고 있는 실제 내용에는 대부분 도움이 되지 않는다. 편향적인 말의 예는 앞에서 상세하게 다룬 한국과 소련 사이의 항공 사고에서도 발견된다.

592 **국가 안전위원회: L과 다른 사람들**

L: (사진을 높이 쳐들고) 이게 그 두 비행기입니다. 묻겠습니다. 이들을 정말 서로 혼동할 수 있습니까? 우리 전문가들은 아니라고 합니다. 소련 측은 자기들이 무슨 짓을 하는지 정확히 알고 있었습니다, 여러분. 설령 그들이 몰랐다고 해도, 죄를 지은 것입니다. 무슨 짓을 저지르는지를 알았어야 했습니다.

R: 그럼에도 불구하고 사고였을 가능성을 고려해야 합니다.

X: 저도 그렇게 생각합니다.

V: *무엇을 하겠다는 겁니까? 모스크바에 핵폭탄을 투하하려고요?*

L: 아니오. 그저 한 번만이라도 적합한 대답을 듣고 싶습니다.

U: 살인은 우리나라에서 여전히 처벌됩니다.

593 L의 생각에 동의하지 않는 사람도 그가 사건이 의도적인 격추였다는 주장에 대한 객관적인 논거를 제시하고 있다는 것은 인정해야 한다. 반면에 V의 자극적인 질문("*무엇을 하겠다는 겁니까? 모스크바에 핵폭탄을 투하하려고요?*")은 L을 매파이며 전쟁 선동가라고 깎아내릴 수는 있어도 논증에는 도움을 주지 못한다.

594 그런 발언은 오히려 상대방에게 발상 맥락과 근거 맥락을 혼합하여 말하고 있음을 보여준다. 한 개인의 성별, 재정 상황, 심리 상태 또는 그때마다의 동기 등이 왜 그가 어떤 견해를 표명하는지를 설명해줄 때도 물론 있다. 또한 심리적·사회적 관점에서 동기 분석을 하는 것이 때로는 흥미로울 수 있다. 그러나 논증의 목적은 선두 언어표현의 근거를 제시하거나 반박하는 것으로, 중요한 것은 오로

지 논거의 유효성과 관련성이지, 발언자의 동기가 아니다.

이러한 형태의 비객관성은 대부분 문제를 유발한다. 객관적이지 않은 말로 공격을 당하면, 혼란스럽거나 당혹하게 된다. 주눅이 들어서 중요한 논거를 객관적으로 계속 제시할 염두를 내지 못할 수도 있다. 아니면 마찬가지로 비객관적인 공격으로 응수함으로써 객관적 논증 대신 서로 욕설을 퍼붓게 된다. 595

편향적인 사실 묘사

이 경우는 상대방에게 어느 한편에 유리하게 영향력을 행사하기 위하여 사실을 잘못 또는 부분적으로만 묘사하는 것을 말한다. 흔히 부족한 경험자료의 추론 오류로 이어지는 이런 비객관성의 예도 한국과 소련 사이의 항공사고 영화에서 발견할 수 있다. 소련이 한국 비행기를 격추한 사실을 설명하는 데 중요한 사실이 수용되지 않거나 함구된다. 소련 비행사가 아마도 한국 비행기와 혼동한 미국 첩보 비행기는 공식 발언에서 언급되지 않는다. 이로써 이 사건을 소련의 테러 행위로 묘사하고 정치 선전에 활용하려는 사람들의 뜻에 맞게 여론에 영향을 미치게 된다. 596

편향적인 사실 묘사는 판매자가 상품을 사라는 논거를 제시할 때도 종종 나타난다. 제시된 원 가격에 부과되는 세금이나 물건 구매에 따르는 적지 않은 추가 비용을 언급하지 않는 경우도 많다. 핵 발전 반대자들이 핵 에너지 사용에 대한 열띤 토론에서 발전소의 오작동을 언급할 때, 수질, 대기 또는 수송 용기 등의 오염 정도와 위험성을 거론하지 않을 때가 있다. 하지만 핵 에너지에 대해서 회의적으로 생각하는 사람도 오작동을 평가할 때 그 규모와 예상되 597

는 피해 결과에 따라서 문제의 성격이 달라진다는 점은 인정해야 할 것이다. 그러나 핵 발전 반대자들은 그런 수량화에는 의미를 두지 않고, 자신들의 주장에 힘을 싣기 위해서 세부 사항보다는 오작동 문제를 포괄적으로 언급하기도 한다.

598 공산주의의 희생자에 관한 토론에서 한 역사학자가 다음과 같이 제한적인 단정을 하기도 하였다.

> 53개의 강제노역장과 425개의 작업수용소에 있던 7–8백만 명의 재소자 대신 …'단지' 약 3백 5십만 명만 확인할 수 있고, 좀처럼 구체화되지 않는, 그러나 수백만 명에 달하는 '조기' 사망자 대신 '단지' 2백 30만 명만 확인할 수 있다. (Mohr 1998: 177에서 재인용)

여기에 또 하나의 편향적 사실 묘사가 있다. 위 발언은 "2백 30만"이라는 정확한 숫자와 "단지"에 부여된 인용부호에도 불구하고, 죽은 사람의 수가 "수" 백만에는 달하지 않는다는 인상을 주고자 한 것이다.

편향적 인용

599 여기서는 논거를 편향적으로 인용함으로써 그 유효성과 관련성이 한쪽에만 유리하게 작용하도록 하는 것이다. 예를 들어 A가 실제로 다음과 같이 말했다고 하자.

> 나는 폭력 시위자를 엄격히 처벌하는 데에 찬성한다.

한 황색 신문이 이 말을 다음과 같이 인용한다.

> A는 화가 나서 "시위자를 즉결 처분하라."고 말했다.

이 인용은 3가지 측면에서 편향적이다. 첫째, A는 "즉결 처분"을 요구하지 않았다. 그러나 신문의 인용은 A가 법치주의 국가의 규정을 무시하는 처벌을 요구하였다는 것을 암시하고 있다. 둘째, A는 자신의 요구를 폭력 시위자에 한정하였다. 그러나 인용은 이 한정 표현을 생략함으로써, A가 모든 시위자, 즉 평화적인 시위자도 처벌할 것을 요구했다고 해석할 수 있게 하였다. 셋째, 도입부의 표현 "A가 화가 나서"는 A가 차분히 생각하여 요구한 것이 아니라, 매우 흥분하여 말한 것으로 생각하게 한다. 어쩌면 그래서 황색 신문 독자는 그의 요구를 그다지 진지하게 받아들이지 않을 수 있다.

언어표현의 엄밀성에 대한 우리의 생각에 비춰볼 때, 이 편향적 600
인용의 문제는 명확하다. 위의 예와 다른 많은 상황에서 인용은 원래 말만큼 엄밀하지 못하다. 인용은 말을 대략적으로 옮기는 것일 때가 많다. 신문의 표현방식은 A가 실제로 한 말보다 훨씬 더 많은 해석을 허용할 뿐 아니라, 그 대부분은 A의 견해를 위와 같은 방식으로 포괄적이고 선동적이며, 법치주의에 해당하지 않는 것처럼 보이게 하기 쉽다. 다른 형태의 편향적 인용은 문맥에서 잘라내어 인용하는 경우이다. A가 다음과 같이 말했다고 하자.

> 사람들은 '시위자를 모두 감옥에 가두라'고 요구할 수 있을 것이다. 그러나 우리 법치국가의 질서는 타당한 이유에서 이것을 허용

하지 않는다…

이 말을 다음과 같은 문장으로 인용한다면 사실에 매우 부합하지 않게 될 것이다.

모든 시위자를 감옥에 가두어라.

이 경우 화자가 단지 인용했거나, 하나의 *가능성*으로만 언급한 진술을 그가 직접 요구한 것으로 만들었다. 이러한 왜곡된 인용 방식은 나쁜 속임수에 불과하지만, 상대방의 처지를 약화하기 위해서 적잖이 사용된다.

편향적인 외부 상황 처리

601 이것은 논증의 외부 상황(언어와 매체의 맥락, 공간·시간·심리·사회적 조건, 문체 등)이 – 제시된 논거의 비중과는 전혀 상관없이 – 논증에 참여하는 한쪽에 유리한 방향으로 상대방에게 영향을 미치는 것을 말한다. 이런 식의 다소 사실에 부합하지 않는 형태의 논거(약한 형태의 비객관적 논거)는 언제 어디에서나 존재한다. 의복, 성별, 사회적 지위, 표정, 제스처, 말솜씨, 인간적 매력, 논증 참여자의 좌석 배치 등이 거의 항상 다소간 암암리에 거의 항상 논증에 영향력을 행사하는 것은 어쩔 수 없는 일이다. 이런 영향력이 전혀 미치지 않는 공간에서 이뤄지는 대화란 없다. 철학적·사변적 사고의 교환조차도 심리적·인간적 긴장 관계 속에서 이뤄진다. 이런 점에서 모든 논증은 사실에 부합하지 않는 논거(비객관성)의 위협을 받는

다. 이런 위협에서 벗어날 수 있는 방법은 외부 상황이 아니라, 무엇보다도 모든 논증 참여자가 제시된 논거를 평가와 결정의 토대로 삼으려고 – 비록 항상 성과가 있는 것은 아니지만 – 끊임없이 노력하는 것뿐이다.

그러나 논증의 외부 상황은 부득이한 정도를 훨씬 넘어서 매우 602
의식적이고 의도적으로 조작되는 일이 물론 다반사다. 대화 상대방을 더 낮고 딱딱한 의자에 앉히고, 그의 논거가 별로 비중이 없다는 암시를 한다거나, 전등이나 밝은 창문을 향하게 하여 상대방의 눈이 부시게 하기도 한다. 비싼 옷과 다른 신분을 상징하는 것으로 자기 논거의 가치를 높이기도 하고, 상대방을 겁주기 위해서 의식적으로 지나치게 날카로운 톤으로 말하거나, 상황에 어울리지 않게 격조 있는 문체를 선택하기도 한다. 자신이 얼마나 힘이 세고, 영향력이 있으며 성공한 사람인지를 알리기 위하여 대화 상대방에게 자신의 개인적인 친구와 업무상 친구를 거론하거나, 대화 상대방이 자유롭게 논증하는 것을 막기 위해서 자신이 매우 쉽게 상처받으며 쉽게 흥분하는 사람이라고 알리기도 한다. 학술 논문에서 자신의 견해에 가까이 있는 학자는 본문에 인용하면서, 별로 편하지 않은 학자는 각주에만 언급하기도 하고, 대화 상대방을 초대하고, 홍보 선물이나 심지어 뇌물까지 줌으로써 그가 이의를 제기하는 것이, 비록 불가능하지는 않더라도, 사실상 힘들게 만든다. 상대방에게 논거를 발표할 공간이나 시간을 더 적게 부여하기도 한다.

더 자세히 알아보기: A. Naess 1975: 160–197; Groeben et al. 1993

4. 덧붙이는 말

문화적 조건의 변화를 생각하면, 논증 분석에 입문하는 것은 오늘날 무모하고 실패의 위험성이 높은 일이다. 논리학은 *텍스트*와 함께 형성된 서양 문화 속에서 발전하였다. 수 세기가 흐르는 동안 일직선의, 1차원적 문자가 그림이라는 2차원적 기호를 결코 완전히 몰아내진 못했지만, 결국은 그림에 비해 명확한 우위를 차지하였다. 옛 그림문화 사회의 그림이 대상을 공시적 장면으로 배열하고 순환적 시간 경험을 갖게 한 반면, 글로 작성된 텍스트는 사안을 구조화하여 선적인 순서로 배열하였다. 즉, 반복되는 장면을 마법적으로 불러내는 대신에 생각을 정리하는 쓰기와 해독하는 읽기, 이야기하기와 설명하기, 역사적 시간 의식과 점점 더 강한 개념적 사고가 등장하였다. 이로써 논리적 분석도 등장하였다(V. Flusser 1997: 21–28). 603

그런데 이 '그림에 대한 텍스트의 승리'가 지금 결코 최종적이고, 604

확실한 것은 아닌 것 같다. 철학자 Vilém Flusser는 20세기 중반부터 2차원적이며, 색깔이 있는 표면과 그림이 텍스트 중심의, 그래서 "잿빛이었던" 전쟁 이전 상황과 비교하여 다시 더 큰 의미를 얻고 있는 반면에, 1차원적 기호인 글자는 중요성을 잃어가고 있다고 본다.

605 표면코드가 우세한 만큼, 즉 그림이 문자 텍스트를 대신하는 만큼 이야기의 범주, 즉 되돌릴 수 없고, 앞으로만 전개되는 드라마와 같은 것으로 파악되는 시간 경험이 중단된다. 우리가 살고 있는 코드화된 세계는 더 이상 과정, 즉 무엇이 되어가는 것을 의미하지 않고, 이야기 형식으로 말하지 않는다. 이런 세계에 산다는 것은 행위를 한다는 것을 의미하지 않는다. 세계가 더 이상 이것을 의미하지 않는다는 사실을 '가치의 위기'라고 말한다. 우리는 아직도 여전히 대부분 텍스트로 프로그램화되어 있기 때문이다. 역사와 학문에 대해서 그렇고, 정치 프로그램과 '예술'에 대해서 그렇다. 우리는 세계를 '읽는다'. 예를 들면, 논리적으로 수리적으로. 그러나 테크노 영상으로 프로그램화된 신세대는 우리의 '가치'를 공유하지 않는다. 그리고 우리는 우리를 둘러싸고 있는 테크노 영상이 어떤 의미를 프로그램화하는지 아직 모른다. (V. Flusser 1997: 27)

606 그래서 논증 분석을 가르치려는 사람은 어려움을 예상해야 한다. Flusser가 말한 신세대에 속하는 많은 사람들은 이전 세대보다 훨씬 덜 텍스트 중심적이고 텍스트 경험도 적다. 그들은 논리적 분석

과 형식적 구조 파악으로 접근할 수 없는, 그리고 그런 활동을 유발하지 않는 영상과 음향 속에서 살고 있기 때문이다. 그렇다고 논리를 내던지고 교육과정에서 없애버린다면, 이는 물론 잘못된 것이다. 그러므로 논리적 분석의 유용성을 대변하기 위하여 이 책에서 제시한 논거들은 여전히 유효하다.

그러나 또한 새로운 매체의 영상을 단순히 퇴보로 해석해서도 안 607
된다. 이들이 문자가 없던 시대의 그림과는 현저히 구별되기 때문이다. Flusser에 따르면, 초기 그림은 대상을 직접 재현한 반면, 문자는 개념적으로 환기된 그림을 통해서 대상을 간접적으로 나타낸다. 그런데 새로운 매체와 함께 한 걸음 더 진전이 이뤄졌다. 새 매체를 통한 영상은 예전의 그림처럼 대상을 직접 표현하는 것이 아니라, 촬영하는 사람이 가지고 있는 개념을 통하여 간접적으로 표현한다. 문자 문화가 *개념을 통해서 그림을* 떠올렸다면, 테크노 문화는 *그림을 통해서 개념을* 떠올린다는 것이다(V. Flusser 1997: 27f.).

이러한 새로움은 대상과 장면을 직접 영상화하지 않고 – 때로는 608
아주 모호한 – '성공', '부', '향유', '건강' 또는 '속도' 등과 같은 개념을 전달하는 광고의 영상메시지에서 분명해진다. 그런 메시지는 언뜻 보면 그림과 같은 표면이지만, 동시에 개념적으로도 '읽혀야' 한다.

이런 점에서 이 새로운 문화가 비록 그 이전의 텍스트 문화와는 609
우려스러울 정도로 다르지만, 텍스트 문화의 중요한 부분을 채택하고 전제하는 것 같다. 카메라, 컴퓨터, 전자오락기 등은 논리적 지능이 없으면 설계하거나 사용할 수 없다. 영상과 소리를 생산하는 복잡한 과정과 마찬가지로, 계속 발전하고 있는 디지털 기술도 아날로그 그림으로 축소될 수 없다. 결국 현대 미디어 문화도 논리 분석이 가능할 뿐만 아니라 – 우리가 밝힌 바와 같이 – 그런 분석이 때로는 시급히 필요한 언어, 특히 문자 소통의 촘촘한 망 속에 여전히 편입되어 있다.

610 예상되는 어려움과 저항에도 불구하고 이런 분석을 가르치고 촉구하는 사람은 자신이 텍스트 세대라는 것은 인정해야 하겠지만, 어쩔 수 없는 구세대라고 말할 필요는 없다. 전통 분석 기술이 미디어 문화의 조건에 아직 충분히 적응하지 못했을지라도, 논증 분석 교육은 *영상 능력뿐만 아니라 텍스트 능력도 지닌 미디어 제작자*와 *영상 능력만 가지고 있는*, 그래서 무비판적이고 조종 당할 수 있는 *미디어 소비자* 사이에 있을 수 있는 분열을 막아주거나 최소한 완화할 수 있다. 여기에 위험과 기회가 함께 도사리고 있다.

611 우리가 떨어지고 있는, 우리 발아래에서 입을 벌리고 있는 벼랑은 동시에 통로이기도 하다. (…) 이 통로가 현재의 믿음이 처한 위기를 넘어서 새로 만들어진 섬을 들여다보게 한다. 우리 스스로는 아마도, 모세처럼, 이 새로운 땅에 직접 발을 디디지는 못할 것이다. 우리는 우리가 프로그램화된 범주 속에, 그 범주를 믿지 않더라도, 사로잡혀 있기 때문이다. 그러나 우리는, 더 이상 완전히 문자에만 얽매이지 않는 젊은 세대들이 이 새로운 영역을 어떻게 점령하는지를, 물론 교차된 감정으로, 관찰할 수 있을 것이다. (V. Flusser 1997: 40)

5. 복습 문제

답을 하는 데 참고할 수 있도록 복습 문제 뒤 대괄호 속에 해당 문단의 번호를 제시하였다. 단순한 복습 차원을 넘어서는 비교적 복잡한 질문에는 *을 표시하였다.

1.1 추론과 논증

a) 일상생활에서 발견할 수 있는 추론의 예를 찾아보시오. 어떤 알려진 전제에서 출발하는가? [13–20, 특히 13–14]
b) 글을 읽거나 대화를 할 때 언어 이해가 항상 많은 추론에 바탕을 둔다는 것을 보여주는 예를 찾아보시오. [13–20]
c) 논증이 보통 비교적 상세하게 언어로 표현되는 상황과 텍스트 종류를 말하고, 몇 가지 예에서 전제와 결론을 찾아보시오.

[13–20]

d) 여러분의 주변에 원칙적으로 의문시할 수 없는, 즉 논증의 대상으로 삼을 수 없는 진술이 있는가? 왜 그런가? [13–20, 특히 19]

1.2.1 연상, 유추 및 기타 추론 메커니즘

a) 매우 짧은 언어로 표현된 논증의 예를 들어보시오. [21–31, 특히 22]

b) 문제가 있는 일반화와 연상에 기반을 둔 일상 추론과 일상 논거의 예를 들어보시오. [21–31, 특히 22–23]

c) 일상 추론과 일상 논거에 해당하는 또 다른 예를 들어보시오. [21–31, 특히 28–29]

d) 우리의 추론이 미학적 기준에 영향을 받는 상황을 말하시오. 어떤 점에서 이것이 문제가 되는가?

e) 우리에게 특정한 추론을 생각하게 하는 관용구와 속담을 찾아보시오. 이런 추론 형식이 어떤 점에서 유용하거나 위험한가? [21–31, 31]

f) 추론과 논증이 이따금씩 은유로 이뤄지는 예를 들어보시오. G. Lakoff/ M. Johnson(1980)을 참조하시오. [* 21–31, 특히 31]

1.2.2 신경망

a) 뉴런의 구조와 기능에 대해서 간략히 설명하시오. '입구', '출구', '충격', '위치 가치', '비중', '주저함', '홍분' 등의 개념을 사용하시오. [32–53]

b) 도식과 표를 바탕으로 개별 뉴런과 신경망의 움직임을 하나씩 추적해 보시오. [32–53]

c) 신경망의 '지식'이 어떤 아주 특정한 장소에 상징으로 저장되어 있는 것이 아니라, 망 전체에 걸쳐 분포되어 있다는 것을 밝히시오. [32–53, bes. 51]

d) R. Männer/R. Lange(1994)와 V. Braitenberg(1993)을 바탕으로 신경망의 구조, 기능 및 가능한 학습능력에 대한 지식을 확대해 보시오. [* 32–53]

1.2.3 직관의 약점, 1.2.4 논증을 통한 통제

a) 신경망은 자신이 어떻게 기능해야 하는지를 어디에서 아는가? 우리의 직관은 어떻게 성립되는가? [52–57]

b) 신경망이 여러모로 잘 작동하고 있음에도 불구하고 우리는 왜 신경망의 직관을 때때로 의심하고 논거를 만들어야 하는가? [54–63]

c) 학문에서 논증이 왜 중요한 역할을 해야 하는가? [62]

1.3.1 세계상

a) 인간을 포함한 모든 생명체의 세계상은 어떤 점에서 간접적이며 중재되는가? [66–85, 특히 66–69]

b) 어떤 점에서 우리 세계의 원천이 우리 머릿속에 있다고 말할 수 있는가(E. Pöppel 1993)? [66–85, 특히 66–69]

c) R. Stark/W. S. Bainbridge(1996; 특히 11–119)를 바탕으로 종교적 세계상의 구조와 기능에 대해서 알아보시오. [* 66–85]

1.3.2 해양동물을 이용한 사고 실험

a) V. Braitenberg(1993)을 바탕으로 사고 실험을 확대·보충 하시오. [* 70–74]

b) 프로그래밍 경험이 있다면, 여러분의 컴퓨터 모니터 상에서 방해, 빛의 출처 등의 사이를 움직이는, V. Braitenberg(1993)가 설명한 장치 중 몇 개를 프로그래밍해 보시오. 개별 장치의 세계상을 설명하시오. [* 70–74]

1.3.3 세계상의 구성과 상대성

a) 세계상을 구축하고 사용하는 데 왜 추론이 필요하고, 인간에게는 추가적으로 논거가 필요한가? [75–85]

b) '객관적 대상'에 대해서 이야기하는 것이 왜 문제가 되는가? [75–85, 특히 80–83]

c) 세계상이 어떤 점에서 상대적인가? 그럼에도 불구하고 어떤 점에서 세계상이 다소간 유용한가? [75–85, 특히 83–85]

1.3.4 일반화와 예측

a) 일반화를 하지 않는다면, 세계상이 생명체에 왜 유용하지 않을 것인가? [86–90]

b) 일반화를 하지 않는다면, 왜 예측이 불가능할까? [88–90]

c) 진화 과정에서 인간을 포함한 모든 생명체의 세계상이 어떤 의미에서든 실재의 '완벽한' 모사로 발전되지 못한 것을 어떻게 설명할 수 있는가? [88]

1.3.5 설명

a) 어떤 의미에서 예측과 설명이 추론 혹은 논거인가? [88–102, 특히 88, 92–93, 98–102]

b) 설명의 기본구조를 기술하고 일상과 학문에서 찾을 수 있는 다양한 예를 들어보시오. [91–102]

c) 학문적 설명과 일상 설명 사이에 있을 수 있는 차이를 논하시오. [95]

d) 어떤 일이 상이한 세계상 또는 상이한 이론의 관점에서 다르게 설명되는 예를 찾아보시오. [* 94–96]

1.3.6 귀납과 연역

a) 연역과 귀납의 차이를 예를 들어 설명하시오. [103–105]

b) 연역은 신뢰할 수 있고, 귀납은 상대적으로 신뢰할 수 없음에도 귀납추론을 포기할 수 없는데, 그 이유는 무엇인가? [105]

c) 세계상의 신뢰성에 대한 연역과 귀납에 대한 사고로부터 어떤 결론이 도출되는가? [105]

1.3.7 인간 인식의 가설–연역적 성격

a) 인간이 가설–연역 방식을 사용하는 다양한 일상 상황을 기술하시오. [106–116, 특히 108–116]

b) 통사론, 의학연구, 천문학 등과 같은 학문영역에서 사용하는 가설–연역 방식을 기술하시오. [* 106–116]

c) H. Albert(1968: 1–54)를 바탕으로 가설–연역 방식의 대안을 알아보고, 그 단점에 대해서 생각해 보시오. [*]

d) H. Albert(1968: 47ff.)에 나오는 "구성과 비판"이라는 말을 해석하시오. [*]

1.3.8 논증과 의사소통

a) 여러 사람이 함께 논증하는 상황을 예로 들어보시오. 어느 상황에서 협조적인 문제 해결이, 어느 상황에서 대립적(W. Klein 1980: 14) 논쟁이 전면에 나타나는가? [117–123]

b) 세미나나 집단 토론의 회의록을 작성해 보고, 누가 어떤 방식으로 논증에 참여하였는지 살펴보시오. [* 117–123]

1.4 논증과 문화

a) 개인적인 경험을 바탕으로 심리적, 사회적 요인이 논증을 방해하는 예를 들어보시오. [124–167]

b) 논증과 관련된 문자의 의미를 설명하시오. [129–130]

c) 현재의 문화 발전(교육, 매체, 정보 홍수 등)이 논증 자세에 미치는 영향을 비판적으로 논하시오. 1.4.2. – 1.4.5의 설명이 경우에 따라서 어디에 문제가 있거나 보충이 필요한가? [124–167]

d) 여러분의 판단에 권력행사가 지식습득보다 더 큰 역할을 하는 상황을 말하시오. 왜 그런가? [163–167]

2.1 의미론 및 의사소통 이론적 토대

a) '언어표현', '진술', '사실관계' 및 '사실' 등의 개념을 자신의 말로 예를 들어 설명하시오. [168–173]

b) '대상언어'와 '메타언어'라는 개념을 사용하여 "이 문장이 틀렸다."라는 문장의 문제를 설명하시오. [174–179]

c) 일상적 의미의 '해석'과 A. Naess(1975)의 해석 개념의 차이를 설명하시오. [181–185]

d) 지시, 서술 및 복합 명제와 관련한 중의성의 다양한 형태를 예를 들어 설명하시오. [186–194, bes. 194]

e) 표면상의 의견 일치나 불일치의 예를 세미나 토론, 토크쇼, 사적 대화 등에서 찾아서 2.1.5에 있는 표를 바탕으로 각각의 오해를 설명하시오. [* 195–200]

f) 현재 논란이 되고 있는 다양한 주장을 엄밀하게 표현해 보고, 그 엄밀화의 시도를 평가해 보시오. 어떤 것이 적절하고, 어떤 것이 실패한 것인가? 어떤 것이 고지식하고 비경제적인가? [201–226]

g) 전공서적에 나오는 다양한 정의들을 살펴보시오. 정의 용어와 정의 설명을 구분하시오. 무엇이 외연 정의이고, 무엇이 내포 정의인가? [* 227–231]

h) 어떤 점에서 학술 정의가 규범적이며, 사전의 "의미 정의"는 기술적인가? 정의를 할 때 대상언어와 메타언어가 어떤 역할을 하는지를 밝히시오. [227–231, 174–179]

2.2 논거의 논리적 분석

a) 논리적 논거 개념과 일상 논거 개념의 차이를 설명하시오. [232]

b) 전제가 유효하지만 관련성이 없는 논거와 관련성은 있으나 유효하지 않은 논거의 예를 들어보시오. 왜 그런 논거가 제시되는가? [232–240]

c) 논리학이 전제의 관련성은 따지지만, 유효성은 따지지 않는 이유는 무엇인가? [241]

d) 논리적 분석에서는 언어 발화의 중요한 특질이 고려되지 않아야 한다는 사실을 예를 들어 설명하시오. [243–245]

e) 논리학의 제한된 과제 영역을 기술하시오. 과제가 엄밀히 제한되어 있음에도 불구하고, 논리학이 떠맡을 수 있는 중요한 기능은 무엇인가? [241–247, 특히 246–247]

f) 사설, 학술 발표문, 논쟁 텍스트, 토론 또는 의회 연설문 등에서 전제와 결론이 언어적으로 어떻게 표시되며, 어떻게 다소간 명시적으로 표현되는지를 살펴보시오. 실제로 당연한 또는 당연하다고 하는 논거 부분을 생략하는 데에는 어떤 장·단점이 있는가? [248–266]

g) 발상 맥락과 근거 맥락의 차이를 설명하시오. 그 이유는 무엇인가? [267–274]

2.3 연역논거

a) 연역논거에서 결론은 항상 이미 전제에 포함되어 있다. 그럼에도 불구하고 연역논거가 원칙적으로 불필요한 것이 아닌 이유는 무엇인가? [275–278]

b) 논거의 타당성을 따지는 데 그 추상적 형식이 어떤 역할을 하는가? [279–289]

c) 논거에는 여러 형식이 있다는 것을 보여주시오. [287–289]

d) 직접 예로 선택한 논거에 반증 예시법을 적용해 보시오. [286–287]

e) 조건논거란 무엇인가? [290–292]

f) 조건논거의 타당한 형식과 부당한 형식의 예를 찾아보시오. 부당한 형식은 논리학 책에만 나오는가, 아니면 일상에도 나타나는가? [290–300]

g) 진술의 조건 결합과 동치 결합의 차이를 설명하시오. [298–300]

h) 가설 검증과 귀류법에서 결론의 거짓으로 전제를 판단하는 방식을 기술하시오. [301–307]

i) 한 범죄영화에서 형사들이 범인들이 어떤 부담되는 서류를 피살자의 금고에서 빼돌렸다고 일단 생각한다. 동일한 범인들이 잠시 후 다른 두 집을 뒤졌을 때, 한 형사가 "이들이 피살자의 금고에서 벌써 서류를 발견했다면, 왜 또 찾고 있지? 글쎄? 그것을 발견하지 못했기 때문이지!"라고 말한다. 이 말을 설명해보시오. [301–307]

j) 진리표의 기능은 무엇인가? [308]

k) (p⊃q)≡(q⊃¬p)에 대한 진리표를 작성하시오. 눈에 띄는 것은 무엇인가? [308–329]

l) 항진명제는 그 속에 들어있는 부분 진술의 진리치와 상관없이 항상 참이며, 그렇기 때문에 실재에 대해서 아무런 진술도 하지 않는다. E. Topitsch(1968a)를 바탕으로 항진명제가 지니는 "빈 공식"의 문제점과 악용 가능성에 대해서 알아보시오. [* 318–321]

m) 다음 정언 삼단논법을 집합 다이어그램으로 검증해보시오.

일부 바이에른 사람들이 맥주를 마시는 사람이다.

중국사람은 바이에른 사람이 아니다.

↓ 중국사람은 맥주를 마시는 사람이 아니다.

이 삼단논법이 타당한가? 어떤 정언 진술에 해당하는가? [330–363]

n) 삼단논법의 추론 오류가 담긴 예를 들어보고, 그것이 왜 추론 오류인지를 설명하시오. [353–363]

o) W. Stegmüller(1974a)를 바탕으로 일상 언어의 엄밀하지 못함과 다의성(Mehrdeutigkeit)에 대해서 생각해보시오. [* 364–375]

p) 이 책에서는 다루지 않았지만, F. von Kutschera/ A. Breitkopf(1971: 71–138)와 (H. Reichenbach(1966)를 바탕으로, 문장과 논거를 분석하는 데 추가적인 수단이 되는 술어 논리

학의 핵심사항을 알아보시오. [*]

2.4 귀납논거

a) 귀납논거의 단점과 장점이 무엇인가? [103–105, 376–377]

b) 유용한 귀납논거를 유효하다고 하지 않고, 올바르다고 하는 이유는 무엇인가? [377]

c) 통계논거의 기본 원칙과 통계추론 오류의 주요 유형을 설명하시오. 자신 알고 있는, 일상의 통계추론 오류의 예를 들어보시오. [376–395]

d) 권위에 근거한 논거와 부정적 권위에 근거한 논거란 무엇인가? 권위에 근거한 논거와 의견 일치에 근거한 논거는 예나 지금이나 많이 사용된다는 것을 예를 들어 설명해 보시오. 이 논거 형식이 잘 사용되는 이유를 어떻게 설명할 수 있는가? [396–402]

e) Lichtenberg의 다음 메모를 해석하시오.

> 유추논거는 매우 불확실하다. 거의 모든 식물이 위로만 자라니까 겨우살이(Viscum quercinum; Eichen–Mistel)도 위 아래 사방으로 자란다. (G. C. Lichtenberg 1971: 44; KAII 17)

연결어미 "…니까"의 의미에 유의하시오. [403–410]

f) 다섯 살 된 남자아이가 TV에 나오는 록 음악 연주회를 보면서 "*음악을 많이 하면 머리카락이 아주 굵어지지, 그렇지!?*"라고 말한다. 이 아이가 어떤 추론 오류를 범하고 있는가? [411–419]

2.5 툴민의 논증 분석 도식

a) 신문 사설이나 세미나 토론에 나오는 논거 몇 개를 Toulmin의 도식에 따라 해석해보시오. 자료, 근거, 지지, 한정사, 예외 조건 및 결론을 찾아보거나 의미에 맞게 보충해 보시오. [420–427]

b) Toulmin의 도식과 여기서 소개한 논리적 분석 시도 사이의 공통점과 차이점을 설명하시오. [426–427]

3.1 일상생활 논증 분석

a) Drösser(1994)의 기본 설명을 바탕으로 소위 "퍼지 논리(Fuzzy Logic)"에 대해서 알아보시오. [* 428–433]

b) '수학자나 철학자의 논리학'이 학술 논증에는 의미가 있으나, 일상 논증에는 의미가 없다는, 자주 표명되는 견해에 대한 생각을 말하시오. 인간에게 일상 상황에서도 종종 연역적 타당성과 귀납적 올바름이 중요하다는 데에 대한 단서가 있는가? [428–438, 특히 434–438]

c) '이상화된' 전통 논리학에 대한 Toulmin의 비판(S. Toulmin 1958: 146–154)을 따져보시오. 그곳(148f.)에 언급된 차이점 중 어떤 것이 우리가 지금까지 살펴본 것 중에 이미 고려되었는가? [* 428–438]

d) 선형적 텍스트와 계층적 논증구조 사이의 차이를 텍스트 예를 바탕으로 설명하시오. 텍스트는 왜 선형적이고, 논증구조는 왜 계층적인가? 논증을 설명할 때 수형도 구조와 표를 사용해 보시오. [439–453]

e) 논리적으로만 논증을 분석할 때 어떤 문체적, 수사적, 화용적 측면이 고려되지 않는지를 생각해 보시오. 여기에 TV 정치 토론 같은 것을 녹화한 자료를 살펴보시오. 참여자의 관계, 감정, 대화 태도 등이 어떤 영향을 미치는가? 외부 상황(공개석상, 좌석 배열, 조명 등)이 어떤 영향을 미치는가? 논증이 협조적인가, 대립적인가? 어떤 언어행위(단정, 질문, 촉구 등)로 논거가 제시되는가? 개별 발화의 순서는 어떻게 정해지는가? 토론의 사회자가 있는가? 서로 말을 중단시키거나 주제를 건너 뛰는 일이 있는가? 개별 발화에 나타나는 특별한 문체적 형식이 어떤 역할을 하는가? [* 5–12]

f) 기술적 및 규범적 결론/선두 언어표현의 예를 찾아보시오. 이 언어표현이 '있는 사실'과 관련된 것인지, '그래야 하는 규범'과 관련된 것인지를 설명하시오. [126–127, 454]

g) 최근 정치 또는 도덕 논증을 바탕으로 규범의 근거를 그로 인해 나타날 수 있는 결과를 통해서 어떻게 제시하는지를 보여주시오. 각각의 유효성과 관련성을 평가해 보시오. 유효성에

대한 질문이 객관화의 기회를 제공하는가? [454–464]

h) 성적표와 성적 부여에 관한 여학생 B와 여학생 R(둘 다 10학년)의 다음 대화에 나오는 논증을 분석하시오. [454–479]

R: 그래, 나는 사실 성적표에는 반대야. 내 생각에 성적을 통해 어떤 식으로 확인은 되어야 하겠지. 그러나 오늘날 우리 학교 제도에서처럼, 성적표를 주는 것, 그것은, 내 생각에는, 그것은 정말 옳지 않다고 생각해.

B: 그래. 나도 그렇게 생각해. 참, 참 말도 안 되는 거지. 예를 들면 어떤 선생들은 총애하는 학생들이 있는데….

R: 맞아. 그리고 … 누구에 대한 반감이나 호감이 너무 많이 작용해. 물론 객관적으로 하려고 노력하겠지. 그러나 그러기는 아주 힘들 거야.

B: 내 말은 … 교사에게 총애하는 학생이 있다는 거야. 그렇지만 어쩔 수 없어. 그래도, 어떤 점에서는… 성적표가 어떤 점에서는 자기 관리 같은 거야, 그렇지? 나는 사실 좋다고 생각해, 성적표가, 자기 관리를 할 수 있으니까 …

R: 그래 그렇긴 하지, 그래 그래, 나도 …

B: 개별 과목에서, 개별 과목에서 어떻게 하고 있는지…

R: 어느 정도 평가는 있어야 해. 하지만 또한 최대한 객관적이어야 해. 그런데 우리 학교 제도에서는 그렇지 않은 것 같아.

B: 그래, 하지만 그렇게 잘 하기는 …

R: …

B: 그래 맞아. 6단계 성적 평가로는 객관적일 수가 없지 …

R: 그래 나는 …

B: 예를 들어봐, 예를 들어 3등급이라고 해봐. 그건 아무 의미가 없어. 중간쯤이지. 그러나 중간 어느 정도? 3등급이 도대체 뭐야. 그래 3등급, 3등급이라는 성적으로 학생을 비교할 수는 없어. 그래 수학에서 3등급이라고 하자. 어떻게 전혀 비교할 수 없어.

i) 사적인 논증이나 TV의 토크쇼 같은 데에서 언어표현이 갑작스럽게 또는 점차적으로 변경된 예를 찾아보시오. 명백한 선두 언어표현 이외에 의식적으로 또는 무의식적으로 '비밀스런' 선두 언어표현에 대해서도 논의되는가? [* 465–479]

j) 중앙 일간지의 사설을 조사해보시오. 서로 연결된 여러 개의 선두 언어표현과 관련된 논증의 예가 있는가? [* 480–512]

k) C. Spiegel(1999)에 실린 학생 텍스트를 분석하시오. [* 439–602]

l) W. Klein(1980: 52–56)에 실린 텍스트에 들어있는 논증을 살펴보시오. 여기에 Klein(1980: 30–40)의 분석을 참조하시오. 이 텍스트가 어떤 특별한 어려움을 주고 있는가? 이 텍스트가 전형적인 일상 논증을 보여주고 있는가? 우리의 개념과 방식이 어떤 점에서 충분한가? 어떤 점에서 보충되어야 하는가? [* 439–602]

m) Goscinny/Sempé(2005)에 들어있는 이야기에는 많은 다양한 논거가 포함되어 있다. 그런 논거를 찾아보시오. 어떤 유형인가? 어린 닉(Nick)이 어디에서 참된 결론에 이르고, 어디에서

잘못된 결론에 이르는가? 왜 그런가? 닉의 논거가 이야기의 효과에 어떤 기능을 하는가? [* 91–102, 439–602]

3.2 논증 분석을 위한 기본 질문

a) 기본 질문을 바탕으로 다양한 문자 텍스트와 구두 텍스트를 논증의 관점에서 분석하시오. 1968년에 작성된 짤막한 다음 텍스트로 시작하시오. 이것은 독일 북부 방송국의 생활 상담사(B)가 젊은 여성 청취자와 나눈 전화 상담대화를 매우 압축 요약한 글이다. [* 550–602]

B: 41777번입니다.

A: 네, 안녕하세요, 폰 홀란더(von Hollander)박사십니까?

B: 네, 그렇습니다.

A: 안녕하세요. 질문이 하나 있습니다. 제가 알고 지내는 남자에게 집이 한 채 생겼어요.

B: 네.

A: 다음 주에요. 그 사람이 함께 가서 그 집을 보자고 해요.

B: 네.

A: 우리는 좋은 친구관계예요. 그런데 제가 함께 가서 집을 구경해도 되는지 묻고 싶어요.

B: 왜 가시면 안 되는지 모르겠는데요.

A: 아, 네.

B: 왜 안 가야 하는지.

A: 아버지가 그렇게 하는 게 *아니*래요.

B: "그렇게 하는 게 아니다."라는 말이 무슨 뜻이죠? 왜 그렇게 하지 말아야 하죠? 그래 이 젊은이를 안 지는 얼마나 되었나요?

A: 약 9개월요.

B: 친구 사인가요?

A: 네.

B: 그래요? 가벼운 친구관계?

A: 네.

B: 아버님 말씀은 아마도 그러면 친구관계가 좀 너무 가까워진다는 말이겠죠. 아직 전혀 아닌 무언가가 두드러진다, 그거죠?

A: 네.

B: 그렇지 않으면 이해가 잘 안 돼요. 그러니까, 총각이군요, 그렇죠?

A: 네, 미혼이에요.

B: 나이는요?

A: 이제 21살 돼요.

B: 21살이 된다. 그런데 벌써 집을 갖게 되었으니 자랑스러워하겠네요?

A: 네. 지금은 아직 어머니 댁에 살아요. 그러나 항상 어머니와 다투기 때문에 이제 집이 생긴 거예요.

B: 이제 집이 있는데, 그사람 소유다, 그 말이죠?

A: 네.

B: 네. 그럼 이제 문제는 이 집을 그 사람과 함께 가서 봐도 되느냐 하는 것이죠. 그렇죠?

A: 네.

B: 에, 그것은 아주 간단한 문제입니다. 그 사람을 믿을 수 있어요, 그 사람의 행동을?

A: 그럼요, 그럴 수 있어요.

B: 그러면 그 집을 보러 가도 돼요. 가서 구경하고, 창문 밖을 내다보면서 "아, 참 예쁘다!"라고 말하게 되겠죠. 아니면 "글쎄, 이것 이것은 마음에 안 들어!", "나라면 이렇게 꾸미겠어."라고 말하겠죠.

A: 네.

B: 부탁 받은 거니까 …

A: 네.

B: 생각을 말해 달라고요.

A: 제가 이 작은 일에 그에게 조언을 하려고 했어요.

B: 네, 작은…, 네, 여성이 보통 집과 관련해서는 더 실제적으로 생각하니까, 그렇죠?

A: 네.

B: 그 사람도 아마 그러길 희망하겠죠, 그렇죠?

A: 네.

B: 혹시 곧 결혼할 생각이 있으세요?

A: 그 이야기는 우리가 아직 하지 않았어요.

B: 네.

A: 하지만 그렇게 될 수도 있죠, 아닌가요?

B: 그렇게 될 수도 있죠. 어쨌든 지금은 집이 문제가 되는 것이고 사람은 아니….

A: 네.

B: …지요, 그렇죠?

A: 그러면 그렇게 해도 될까요?

B: 제 생각에는 그래요.

A: 대단히 감사합니다.

B: 천만에요, 안녕히 계세요.

A: 안녕히 계세요.

6. 용어 설명

가설(Hypothese): 설명 또는 예측해야 할 내용과 일치하는지를 검증하기 위해서 가설-연역 맥락에서 연역논거의 전제로 채택하는 잠정적 → 진술.

가설-연역 방식(hypothetisch-deduktives Verfahren): 일상적·학문적 인식을 얻는 중요한 방법. 여기서는 → 귀납을 통해서가 아니라, 자유롭고 직관적이며 상상력이 풍부한 → 가설 설정으로 일반 법칙성을 인식하게 된다. 이 가설이 관찰 내용을 설명하고 예측하는 데 유용한지는 → 연역논거로 검증한다. 유용하지 않은 가설은 잘못된 것으로 판단되어 폐기되어야 한다. 유용한 가설도 잘못되었다는 것이 밝혀지기 전까지만 유효하다. 가설이 유용하다는 최종적 '확인'은 불가능하다.

거짓(Falschheit): → 거짓이다(falsch)

거짓이다(falsch): 어떤 → 진술이 가리키는 → 사실관계가 주어져 있지 않다면, 이는 → 사실이 아니므로, 이 진술은 거짓이라고 한다.

결론(Konklusion): → 논거

결합(Verknüpfung): 단순한 진술을 복잡한 진술로 결합하는 것. 복잡한 진술의 진리치는 부분 진술들의 진리치에서 각각 정해진 방식으로 산출된다. (→ 진리표)

계층적 논증 구조(hierarchische Argumentationsstruktur): 복잡한 → 논증을 구성하는 상위 → 논거와 하위 → 논거 사이의 내용적 연관 체계. 이 계층구조는 대부분 수형도로 잘 표현할 수 있지만, 화용·수사적 요소로 인하여 복잡해진 텍스트의 선형적 발화 순서로부터 재구성하기 어려울 때도 많다.

관련성(Relevanz): → 결론이 → 기술하는 → 진술인 → 논거에서 → 전제가 결론을 지지하면, 즉, 전제의 참이 결론도 참이라고 볼 수 있는 충분한 이유가 된다면, 이 전제는 관련성을 가진다. 결론이 → 규범적인 진술에서 그 규범을 따랐을 때 나타나는 결과를 기술하는 전제는, 주장한 결과가 긍정적이든 부정적이든 명백하면 할수록, 관련성도 그만큼 더 강하다. 그런데 관련성은 항상 주관적이고 이해관계에 따라 평가되는 문제이다.

권위에 근거한 논거(Argument aus der Autorität): 어떤 특정한 사람, 기관, 문헌 등이 주장하고 있다는 사실을 근거로 → 결론을 도출하는 귀납 → 논거. 이 논거는 주장하는 사람, 기관, 문헌 등이 믿을 수 있고, 결론이 그들의 권능 범위에 있을 때만 올바르다. (*전문가 x가 p를 주장한다.* ↓ *따라서 p이다.*)

귀납(Induktion): → 결론의 내용을 부분적으로만 담고 있는 → 전제로부터 결론을 도출하는 → 추론 또는 → 논거. 이 경우 전제는 예를 들면, 부분, 특별한 것, 또는 개별적인 것을 기술하고, 결론은 전체, 일반적인 것, 또는 보편적인 것을 기술한다. (*지금까지 살펴본 커피 원두는 모두 카페인을 포함하고 있다. 따라서 커피 원두는 모두 카페인을 포함한다.*) 올바른(→ 올바름) 귀납의 전제가 참이라면, 결론이 참일 것이라는 개연성은 있지만, 결코 확실한 참은 아니다.

귀납논거(induktives Argument): → 귀납

귀류법(Reductio ad absurdum): 테제 p를 부정하는 'p가 아님'이 거짓이라는 것을 증명함으로써, p의 참을 간접적으로 증명하는 논거 형식. p가 아님이 거짓이라는 것을 보조 논거를 통해서 보여준다. 이 보조 논거에서는 'p가 아님'을 전제로 하고, 'p가 아님'과 하나 이상의 명백히 참인 전제로부터 명백히 거짓인 문장을 연역한다. 보조 논거가 타당하고, 나머지 전제가 참이고 결론이 거짓이면,

문제의 전제 'p가 아님'은 반드시 거짓이다.

규범적 결론이 포함된 논거(Argument mit normativer Konklu-sion): 결론이 → 규범 진술인 → 논거. 규범을 따른 결과를 주장하는 기술적(→기술 진술) 전제(→논거)와 이 결과에 대한 평가를 담고 있는 규범적 전제, 즉, '*긍정적인(부정적인) 결과를 낳는 규범은 따라야(따르지 말아야) 한다*'는 일반적 전제, 그리고 규범 진술인 결론으로 구성된다.

규범 진술(normative Aussage): 도덕적, 정치적 등의 요구를 나타내는 → 진술로, 상이한 가치와 이해관계로 사람마다 받아들이는 정도가 다르다(*매일 기도해야 한다.*) → 기술 진술과는 달리 '있는 사실'이 아니라, '추구하는 가치'를 나타낸다. 따라서 참 또는 거짓을 말할 수 없다.

근거 맥락(Begründungszusammenhang): 근거 맥락은 어떤 진술을 수용할 이유가 있는가라는 질문을 둘러싼 → 논거의 문제이다. 근거 맥락은 → 발상 맥락과 엄격히 구분되어야 한다.

기술 진술(deskriptive Aussage): 원칙적으로 사실 부합 여부를 판단할 수 있는 사실관계를 나타내는 진술. (*프랑크푸르트는 독일에 있다.*) 기술 진술은 규범 진술과는과는 달리 '있는 사실'을 기술하므로 참 또는 거짓일 수 있다.

논거(**Argument**): 최소한 한 개의 전제와 단 한 개의 결론으로 구성된 문장 연속체. 전제(*해가 비치면, 따뜻하다. 그리고 해가 비친다.*)는 결론(*따라서 따뜻하다.*)을 수용하는 이유로 언급된다. (*해가 비치면, 따뜻하다. 해가 비친다.* ↓ *따라서 따뜻하다*)

논거 형식(**Argumentform**): 유사한 논거의 집합(예: *해가 비치면, 따뜻하다. 해가 비친다.* ↓ *따라서 따뜻하다. – 연료탱크가 비면, 엔진이 작동하지 않는다. 연료탱크가 비어있다.* ↓ *따라서 엔진이 작동하지 않는다.* 등등)에 바탕이 되는 추상적인 모형(예: $p \supset q, p \downarrow q$). 논증 형식은 타당하거나/올바르거나(→ 타당성, → 올바름) 부당할/올바르지 않을 수 있다. 한 개의 논거가 여러 개의 형식을 가질 수 있다. 위 예들은 타당한 형식 $p \supset q, p \downarrow q$뿐만 아니라 부당한 형식 $u, v, \downarrow w$도 가진다.

논리학(**Logik**): 엄밀한 의미에서 결과의 → 근거 맥락과 전제의 → 관련성 관점 하에서 → 연역논거를 다루는 학문. 전제와 → 발상 맥락의 유효성은 논리학의 영역이 아니다. 넓은 의미의 논리학은 귀납논거도 다룬다.

논증(**Argumentation**): 주장의 근거를 제시하거나 결정을 정당화하기 위하여 하나 이상의 논거를 언급하는, 한 사람 또는 여러 사람의 언어 행위.

대상언어(**Objektsprache**): → 메타언어

동치(쌍방 조건, Bikonditional): p와 q가 똑같은 진리치를 가질 때만 참인 두 진술 p와 q의 논리적 → 결합. (→ 진리표)

메타언어(Metasprache): 다른 언어, 즉 대상언어에 대해서 말하는 데 사용하는 언어. 메타언어라는 말은 상황과 *무관한* 언어의 고정된 속성을 말하는 것이 아니라, 대상언어로 사용된 다른 언어와의 상황에 따른 관계를 말하는 것이다. 영어에 대해서 독일어로 이야기하면, 독일어는 메타언어이고 영어는 대상언어이다. 이어서 독일어에 대해서 영어로 이야기하면, 영어가 메타언어이고 독일어가 대상언어가 된다. 독일어의 문법에 대해서 독일어로 이야기하면, 독일어는 대상언어이면서 동시에 메타언어이다. 독일어의 언어표현과 명칭이 부분적으로는 사용되고, 부분적으로는 언급되는 것이다. (언어표현과 명칭의 → 사용과 → 언급)

명제(Proposition): 진술, 사고 내용. 하나 또는 여러 개의 객체를 가리키는 말과 그 객체에 속성을 부여하거나 객체들 사이의 관계를 말해주는 서술로 구성된다.

명칭(Bezeichnung): 대상을 가리키는(지시), → 언어표현의 구성 요소. (*파리*, *구석에 있는 남자*, *영국의 수도*, *책* 등등)

모순(Widerspruch): 진술 p와 그 부정인 ¬p를 동시에 주장하는 것, 즉 p와 ¬p의 연접을 주장하는 것. '모순의 법칙'은 p와 ¬p가 동시에 참일 수 없다는 것이다. 모순을 참이라고 주장하는 사람은 원칙적으로 다른 모든 진술도 참이라고 인정해야 한다. 전제 p와 ¬p로부터 다른 모든 진술이 연역될 수 있기 때문이다. 첫 번째 논거에서 우선 전제 p로부터 결론 p∨q가 도출된다. 이어서 두 번째 논거에서 첫 번째 논거의 결론인 p∨q와 전제 ¬p로부터 결론 q가 도출된다.

반증 예시법(Methode des Gegenbeispiels): 어떤 연역논거(→ 연역)가 타당하지 않음(→ 타당성)을 증명하는 방식. 이를 위해서 논거의 전제가 참이고, → 결론이 거짓인 상황을 구성한다.

발상 맥락(Entdeckungszusammenhang): 발상 맥락은 어떤 사람이나 사람 집단이 심리, 사회, 역사 등등의 관점에서 어떻게 진술에 이르게 되었는지와 관련된 것이다. 발상 맥락과 → 근거 맥락이 혼합되는 → 발생적 추론 오류는 신뢰할 수 없다. 발상 맥락의 개체들은 보통 진술의 수용 여부에 영향을 미치지 않는다.

발생적 추론 오류(genetischer Fehlschluss): → 발상 맥락의 사항을 신뢰할 수 없는 방식으로 근거 맥락에 집어넣는 추론 오류. (*X 씨는 여성이고 60이 넘었다. ↓ 따라서 그녀의 정치적 견해는 수용할 수 없다.*)

부당성(Ungültigkeit): → 타당성

부정(Negation): 하나의 진술 p가 포함된 논리적 → 결합. P가 거

짓이면 참이고, p가 참이면 거짓이다. (→ 진리표)

부정적 권위에 근거한 논거(Argument gegen den Mann): 특정한 사람, 기관, 문헌이 주장한다는 사실에서 → 결론을 도출하는 → 귀납 → 논거. 이 논거는 사람, 기관, 문헌 등이 문제 영역에서 부정적인 의미의 권위자여서 보통 그들의 진술이 잘못되었다고 생각할 수 있는 충분한 이유가 있을 때만 올바르다. (*부정적인 의미의 권위자 X가 p를 주장한다.* ↓ *따라서 p가 아니다.*)

부족한 경험자료로 인한 추론 오류(Fehlschluss der unvollständigen Erfahrungsdaten): → 통계추론 오류

불충분한 통계로 인한 추론 오류(Fehlschluss der unzureichenden Statistik): → 통계추론 오류

비객관성(Unsachlichkeit): 논증에 유용한 도움을 주는 것이 아니라, 논증에 참여하는 한쪽의 논거에 더 큰 비중을 부여하는 것처럼 보이는 태도. 이런 태도는 특히 유효하지 않거나, 관련성이 없는 (→유효성, → 관련성) → 전제나 부적합한 → 엄밀성을 도입하거나, 사실을 잘못 또는 왜곡하여 묘사하거나, 상대편의 논거를 편향적으로 인용하는 방식을 통해서 나타난다.

비객관적(unsachlich): → 비객관성

사실(Tatsache): 실제로 주어진 → 사실관계

사실관계(Sachverhalt): 어떤 것에 포함될 수 있는 속성이나 어떤 것들의 관계. 어떤 사실관계가 실제로 주어지면, 그것은 사실이다.

서술(Prädikation): 하나의 대상에 하나의 속성을 부여하거나(*서울은 크다.*) 여러 대상에 하나의 관계를 부여하는(*가연은 철수를 사랑한다.*), 명제를 구성하는 부분 행위.

선두 언어표현(Spitzenformulierung): 복잡한 논증의 중심적인, 가장 높은 층위의(→ 계층적 논증 구조) 결론.

선입견에 따른 통계추론 오류(Fehlschluss der voreingenommenen Statistik): → 통계추론 오류

선행 조건부: (Antecedens: <라틴어> 앞에 오는 것) 일상어에서 보통 "… 면"으로 시작하는 → 조건 진술의 일부분 (*비가 오면, 길이 축축하다.*)

선행 조건부 긍정(Bejahung des Antecedens): → 조건논거의 타당한 → 논거 형식. 조건을 나타내지 않는 → 전제가 → 선행 조건부를 긍정하며, → 결론은 그 → 결과가 된다. (*비가 오면, 길이 축축하다.* 비가 온다. ↓ 길이 축축하다.)

선행 조건부 부정(Verneinung des Antecedens): → 조건논거의 부당한 → 논거 형식. 비조건적 → 전제가 선행 조건부를 부정한다. → 결론은 → 후행 결과부에 대한 → 부정이다. (*비가 오면, 길이 축축하다. 비가 오지 않는다. ↓ 길이 축축하지 않다.*)

설명(Erklärung): 최소한 하나의 일반 법칙(*눈이 내리면, 길이 미끄럽다.*)과 구체적 전제에 대한 최소한 하나의 진술(*눈이 내린다.*)에서 일어난 일(*↓도로가 미끄럽다.*)에 대해 도출하는 → 추론 또는 → 논거. 설명은 일어난 일이 해당 → 세계상에 따른 일반 진술과 일치한다는 것을 보여준다.

세계상(Weltbild): 인간을 비롯한 생명체가 만들어내는 '외부 세계의 내적 모델'. 세계상에는 기술하는 (→ 기술적) 부분과 규정하는 (→ 규범적) 부분이 있다. 생명체의 복잡성에 따라서 세계상은 대상의 인식, 일반화, 기술, 설명, 예측 및 평가 등을 통해 행위를 설정할 수 있게 한다. 세계상의 구성과 사용은 여러 방식으로 추론에 바탕을 두고 있는데, 인간의 경우에는 → 논거에도 바탕을 둔다.

신경망(neuronales Netz): 신경 계통을 이론적으로 또는 차단 장치로 실현한 모델. 신경망은 입구로 들어온 신호를 모아서 기준치가 넘으면 출구로 신호를 보내는, 서로 결합된 뉴런들로 구성되어 있다. 뉴런을 결합하고, 도착한 신호를 제어하거나 자극하는 방식으로 조율하고, 기준치를 선택함으로써 신경망은 언어 및 영상을 처리할 때 복잡한 과제를 수행한다. 망의 '지식'은 특정한 장소에 저장되어 있지 않고, 전체 망에 분포되어 있다. 신경망은 종종 '손으로' 조작되는 것이 아니라, 특정 과제를 처리하기 위한 학습 메커니즘을 통해서 훈련된다.

언어표현(Formulierung): 완전한 → 진술을 나타내는 개별 언어의 표현(방식). (루나는 엘사를 알고 있다.)

언어표현과 명칭의 사용(Gebrauch von Formulierungen und Bezeichnungen): 지금 이야기되고 있는 어떤 → 사실관계나 → 대상을 언급하기 위하여 → 언어표현과 → 명칭을 사용하는 것. *철수는 피곤하다*라는 말에서 철수를 언급하기 위해서 이름 *철수*가 사용되고 있다. 이 말 전체는 철수가 피곤하다는 사실관계를 언급하고 있다.

언어표현과 명칭의 언급(Erwähnung von Formulierungen und Bezeichnungen): 언어에 대해 말하는 맥락에서 사용하는 특별한 형식의 → 언어표현과 → 명칭의 특별한 형식. 이때 사용되는 언어의 표현 형식은 언어외적 → 사실관계나 대상을 언급하는 것이 아니라, 그 자체가 언어를 언급하는 이름으로 사용되므로 인용부호 등과 같은 것으로 표시된다. *"철수"는 2음절이다*라는 말에서 *"철수"*는 낱말의 이름으로 사용되고 있다. 즉 낱말 자체가 언급된 것이다. *"철수는 피곤하다."는 한국어 문장이다*에서 *"철수는 피곤하다."*는 문장의 이름으로 사용되고 있다. 문장 자체가 언급된 것이다.

엄밀화(Präzisierung): 해석의 가능성이 더 많은 → 언어표현 F_u를 해석의 가능성이 더 적은 언어표현 F_p로 대치하는 것. F_p가 F_u의 엄밀화가 되기 위해서는 F_p에 해당하지 않는 F_u의 해석이 최소한 하나는 있어야 하지만, F_u의 해석에 속하지 않는 F_p의 해석은 없어야 한다.

연상(Assoziation): 생각나는 경험 내용이나 개념의 결합(*불*과 *뜨겁다*; *호랑이*와 *위험하다*). 종종 추론의 근거가 된다(→ 추론).

연역(Deduktion): 결론의 내용을 명시적 또는 암시적으로 이미 완전히 포함하고 있는 → 전제로부터 → 결론을 도출하는 → 추론 또는 → 논거. (*여우는 모두 포유동물이다. 이것은 여우이다.* ↓ *이것은 포유동물이다.*) 타당한(→ 타당성) 연역의 전제가 참이면 결론도 반드시 참이다.

연역논거(deduktives Argument): → 연역

연역추론 오류(deduktiver Fehlschluss): 부당한(→ 타당성) → 연역

연접(Konjunktion): 진술 p와 q가 참일 때만 참이 되는, p와 q의 논리적 → 결합. (진리표)

예측(Voraussage): 어떤 → 설명과 같은 방식으로 미래의 일을 도

출하는 → 추론 또는 → 논거. (*비가 오면 길이 축축하다. 비가 올 것이다. ↓길이 축축할 것이다.*)

올바름(**Korrektheit**): 전제가 참일 때 결론도 어느 정도 참일 수 있는 특정한 형식의 귀납논거가 가지는 속성.

유추논거(**Argument aus der Analogie**): 알려진 바에 따라서 어떤 것들이 특정 속성을 공유하고 있다는 사실에서 또 다른 속성도 공유한다고 추론하는 → 귀납 → 논거. (*나무와 관목은 잎이 있는 식물이라는 속성을 공유한다. 나무는 엽록소를 가지는 것으로 알려져 있다. ↓ 따라서 관목도 엽록소를 가지고 있다.*)

유효성(**Haltbarkeit**): →결론이 → 기술 진술인 → 논거에서 참인 전제는 유효하다. 결론이 → 규범 진술인 논거에서, 규범을 준수하면 주장된 결과에 이를 가능성이 높으면 높을수록, 규범 준수의 결과를 주장하는 기술 전제는 그만큼 더 유효하다.

의견 일치에 근거한 논거(**Argument aus der Übereinstimmung**): 사람, 기관, 문헌 등이 동일한 주장을 하고 있다는 사실에서 → 결론을 도출하는 → 귀납 → 논거로, → 권위에 근거한 논거의 특수한 경우. 이 논거는 사람, 기관, 문헌 등이 믿을 수 있고, 결론이 그들의 권능 영역에 있을 때만 올바르다. (*많은 권위자들이 P를 주장한다. ↓따라서 P이다.*)

의견 일치에 근거한 부정적 논거(**negatives Argument aus der Übereinstimmung**): → 귀납 → 논거로, 특정 사람, 기관, 문헌 등이 주장하기 때문에 결론을 거부하는, → 권위에 근거한 논거의 특수한 경우. 이 논거는 특정 사람, 기관, 문헌 등이 부정적 권위를 지니고 있어서 그들의 진술이 보통 거짓이라는 생각에 대한 근거가 충분할 경우에만 올바르다. (*부정적 권위 X, Y, Z가 p를 주장한다.* ↓ *p가 아니다.*)

이접(**Disjunktion**): p뿐만 아니라, q도 거짓일 때만 거짓이 되는 p와 q의 논리적 → 결합. (→ 진리표)

인과논거(**kausales Argument**): 관찰된 결과로부터 원인을 추론하거나 관찰된 원인으로부터 결과를 추론하는 → 귀납 → 논거.

인과추론 오류(**kausaler Fehlschluss**): 순차적인, 그러나 실제로는 관련이 없는 두 개의 일이 원인과 결과로 해석되거나, 원인과 결과가 혼동된, 올바르지 않은 → 인과논거. 제3의 결과를 공유하는 두 개의 일이 원인과 결과로 해석되는 경우도 여기에 해당된다.

전제(**Prämisse**): → 논거

전체(**Gesamtheit**): → 통계논거

정언 삼단논법(**kategorischer Syllogismus**): → 전제와 결론이 →

정언 진술로 이뤄지고 두 개의 전제를 가진 → 논거 형식.

정언 진술(kategorische Aussage): 집합 관계를 설명하는 → 진술로, 일반 긍정(*모든 벌은 곤충이다.*), 일반 부정(*어떤 사자도 곤충이 아니다.*) 부분 긍정(*몇몇 바다동물은 포유류이다.*) 또는 부분 부정(*몇몇 바다동물은 물고기가 아니다.*)이 있다.

정의(Definition): 보통 짤막한 언어표현 또는 명칭(→ 정의용어)이 조금 더 길고 비교적 엄밀한 다른 언어표현 또는 명칭(정의하는 말)처럼 해석된다는 규정(→규범 진술). 정의하는 말에는 개념에 대한 기술(내포적 정의)이나 정의되는 말이 가리키는 대상이 열거된다(외연적 정의).

정의 설명(Definiens): → 정의

정의 용어(Definiendum): → 정의

조건(Konditional): p가 참이고 q가 거짓일 때만 거짓인, 두 진술 p와 q의 논리적 결합. 일상 언어표현에서는 대부분 "…면"으로 표현되는 조건 p⊃q의 부분진술 p를 → 선행 조건부라고 하고, 일상 언어표현에서는 보통 "(그러면) …(이다.)"로 표현되는 부분진술 q를 → 후행 결과부라고 한다. (→ 진리표)

조건논거(konditionales Argument): 하나의 조건(→ 조건) → 전제

와 조건의 부분진술을 담고 있는 또 하나의 전제가 들어있는 → 논거 형식. 타당한(타당성) 형식에는 선행 조건부 → 긍정과 후행 결과부 → 부정이 있고, 부당한 형식에는 선행 조건부 → 부정과 후행 결과부 긍정이 있다.

지시(Referenz): 명제를 구성하는 부분 행위. 하나 이상의 객체를 가리키는 말. 지시하는 제스처, 고유명사(*철수*), 대명사(*그*, *이것*), 직시 표현(*여기*, *내일*) 및 특성 표지(*파리에서 가장 높은 탑*) 등으로 실현된다.

직관(Intuition): 의식적인 관찰이나 추론 또는 논증이 아니라, 타고나기도 하고, 살면서 훈련되기도 한 신경망의 무의식적인 활동으로 생긴 인식.

진리표(Wahrheitstafel): 복잡한 진술의 진리치가 그의 부분 진술의 진리치로부터 어떻게 산출되는지를 일목요연하게 보여주는 표. 다음 진리표는 논리적 결합 → 부정, → 연접, → 이접, → 조건, 그리고 → 동치(쌍방 조건)의 경우를 나타내고 있다.

		부정	연접	이접	조건	동치
p	q	$\neg p$	$p \wedge q$	$p \vee q$	$p \supset q$	$p \equiv q$
W	W	F	W	W	W	W
W	F	F	F	W	F	F
F	W	W	F	W	W	F
F	F	W	F	F	W	W

진술(Aussage): 개별 언어를 초월하는 사고 내용(‘*페터가 아프다는 것*’, ‘*페터의 병*’). 하나의 단순 → 명제나 여러 개의 명제 → 결합으로 구성된다. → 사실관계를 기술한다. 기술된 사실관계가 사실이면, 진술은 참이다. 진술은 개별 언어의 → 언어표현으로 나타난다. (*페터는 아프다. – Peter ist krank. – Peter is ill. – Peter est malade.* 등등)

참(wahr): 어떤 → 진술이 가리키는 → 사실관계가 실제로 주어져 있으면 이것은 → 사실이고, 그 진술은 참이라고 한다.

참(Wahrheit): → 참(wahr)

추론(Schluss): 우리가 이미 알고 있거나 알고 있다고 믿는 것으로부터 새로운 것으로 이동하는 심리적 과정으로, 무의식적이거나 부분적으로만 의식적으로 진행되는 경우도 많다. 예를 들면, 우리는 집이나 마주 오는 차의 크기를 보고 간격을 추론한다.

타당성(Gültigkeit): → 전제가 참이면 결론도 참이어야 하는 → 연역논거 형식의 속성. 이 속성을 갖지 못한 연역논거 형식은 부당하다고 말한다.

통계논거(statistisches Argument): 한 부분집합(표본)에서 알아낸 속성이 전체집합(전체)에도 마찬가지로 속한다고 추론하는 → 귀납 → 논거.

통계추론 오류(statistischer Fehlschluss): 1. 조사한 표본이 전체 집합에 대한 진술을 정당화하기에 너무 작은, 올바르지 않은 → 통계논거(부족한 통계로 인한 추론 오류). 2. 대표성을 띠지 못하는 표본일 것 같은 또는 그렇게 알려진 표본으로부터 전체 집합에 대해 추론하는, 올바르지 않는 통계논거(선입견에 의한 통계로 인한 추론 오류). 3. 전체 집합에 대한 추론을 할 때, 표본에 포함시켰으면 그 추론이 올바르지 않다는 것을 입증하였을 중요한 경험자료를 포함시키지 않은, 올바르지 않은 통계논거(부족한 경험자료로 인한 추론 오류).

평가(Bewertung): 한 대상과 대안이 되는 여러 대상을 특정한 시각에서 배열하는 → 진술. 그 배열 속에서 특정한 위치가 추구하는 가치로 정의되며, 평가는 그 대상이 이 추구하는 가치를 실현하는가(*좋음*), 못하는가(*나쁨*), 부분적으로 실현하는가(*어느 정도 좋음*)를 나타낸다.

표면상의 의견 불일치(Scheinuneinigkeit): 화자가 F_1의 의미로 → 언어표현 F_0을 말하고, 청자는 이를 F_2의 의미로 이해하면서, F_1이 아니라 F_2를 거부할 때 표면상의 의견 불일치가 발생한다. 이때 청자는 화자가 의미하는 진술 F_1을 수용하면서도, 화자에 동의하지 않게 된다.

표면상의 의견 일치(Scheineinigkeit): 화자는 F_1의 의미로 → 언어표현 F_0을 말하고, 청자는 F_0 를 F_2의 의미로 이해하면서 F_2는 수용하지만 F_1은 수용하지 않을 때, 표면상으로만 의견 일치가 이뤄진다. 이때 청자는 화자가 의미하는 진술 F_1을 수용하지 않으면서도 화자에 동의하게 된다.

표본(검사) (Stichprobe): → 통계논거

항진명제(Tautologie): 그 속에 들어있는 개별 진술의 진리치와 상관없이 항상 참인 → 진술들의 복합적인 → 결합. (예: $p \vee \neg p$ 또는 $\neg(p \wedge \neg p)$).

해석(Interpretation): 언어표현 F_1이 최소한 한 맥락에서 언어표현 F_0와 같은 진술을 나타낸다면, 언어표현 F_1은 언어표현 F_0의 해석이다.

후행 결과부(Konsequens): (<라틴어> 따라오는 것) 일상 언어에서 보통 "(그러면) …(이다.)"로 표현되는 조건의 부분진술(*비가 오면, 길이 축축하다.*)

후행 결과부 긍정(Bejahung des Konsequens): → 조건논거의 부당한 → 논증 형식. 조건을 나타내지 않는 → 전제가 → 결과를 긍정하며, → 결론은 → 선행 조건부이다. (*비가 오면 길이 축축하다. 길이 축축하다.* ↓ *비가 온다.*)

후행 결과부 부정(Verneinung des Konsequens): → 조건논거의

타당한 → 논거 형식. 비조건 → 전제가 → 후행 결과부를 부정한다. → 결론은 → 선행 조건부의 → 부정이다. (*비가 오면, 길이 축축하다. 길이 축축하지 않다. ↓비가 오지 않았다.*)

7. 참고문헌

별표(*)가 있는 문헌은 입문서임

Adorno, Theodor W. (1968). *Soziologie und empirische Forschung.* In: Topitsch (1968b): 511–525.

______(1970a). *Einleitung.* In: Adorno et al. (1970b): 7–79.

______, & Albert, Hans/ Dahrendorf, Ralf/ Habermas, Jürgen/ Pilot, Harald/ Popper, Karl R. (1970b). *Der Positivismusstreit in der deutschen Soziologie.* 2. Aufl. Neuwied/ Berlin: Luchterhand.

Albert, Hans (1968): *Traktat über kritische Vernunft.* Tübingen: Mohr. *

______(1970a). Im Rücken des Positivismus? Dialektische Umwege in kritischer Beleuchtung. In: Adorno (1970b): 267–305.

______(1970b). Kleines verwundertes Nachwort zu einer großen Einleitung. In: Adorno (1970b): 335–339.

Allman, William F. (1993). Menschliches Denken – Künstliche Intelligenz. Von der Gehirnforschung zur nächsten Computer-Generation. München: Droemer-Knaur. *

Ballstaedt, Steffen-Peter/ Mandl, Heinz/ Schnotz, Wolfgang/ Tergan, Sigmar-Olaf (1981). *Texte verstehen, Texte gestalten.* München/ Wien/ Baltimore: Urban & Schwarzenberg.

Bayer, Klaus (1981). *Einige Aspekte des Sprachhandlungstyps ›Erklären‹.* In: Deutsche Sprache 1. 25–43.

______(1982a). *Mit Sprache bewerten.* In: Praxis Deutsch 53. 15–25.

______(1982b). *Jugendsprache und Sprachnorm. Plädoyer für eine linguistisch begründete Sprachkritik.* In: Zeitschrift für germanistische Linguistik 10. 2. 139–155.

______(1985). Thesen zum Verhältnis zwischen Sprachlernen, Sprachdidaktik und Schriftkultur. In: Stötzel (1985): 470–486.

______(1987). Deutschunterricht und soziokultureller Wandel. Ansätze zur Typologie und Kritik aktueller sprachdidaktischer Argumentation. In: Die Realschule 6. 258–265.

______(1991). Das Elend des Deutschlehrerstudiums. Eine Streitschrift. In: Neue Sammlung 4. 527–543.

______(1996). *Evolution – Kultur – Sprache. Eine Einführung.* 2., ergänzte Aufl. Bochum: Brockmeyer. *

______(1997). Die Rechnung ohne den Wirt? Evolution, Gehirn und Sprachlernen. In: Wirkendes Wort 3. 424–448.

______(2004). Religiöse Sprache. Thesen zur Einführung. Münster: LIT.

Berger, Peter L./ Luckmann, Thomas (1970). Die gesellschaftliche Konstruktion der Wirklichkeit. Eine Theorie der Wissenssoziologie. Frankfurt: S. Fischer.

Bergmann, Wolfgang (1996). Computerkids. Die neue Generation verstehen lernen. Zürich: Kreuz.

Berka, Karel/ Kreiser, Lothar (1971). Logik-Texte. Kommentierte Auswahl zur Geschichte der modernen Logik. Berlin: Akademie-Verlag.

Blackmore, Susan (1993). *Psychische Illusionen.* In: Randow (1993): 131–139.

Bower, Bruce (1993). *Guter Glaube.* In: Randow (1993): 109–113.

Braitenberg, Valentin (1993). *Vehikel. Experimente mit kybernetischen Wesen.* Reinbek: Rowohlt. *

Brecht, Bertolt (1967a). *Über die Popularität des Kriminalromans.* In: Brecht (1967b) Bd. 19. 450–457.

______(1967b). *Gesammelte Werke.* Frankfurt/ M.: Suhrkamp.

Damasio, Antonio R. (1997). Descartes' Irrtum. Fühlen, Denken und das menschliche Gehirn. München: dtv. *

Daneš, František/ Viehweger, Dieter (Hrsg.) (1976). *Probleme der Textgrammatik.* Berlin: Akademie-Verlag.

Drösser, Christoph (1994). Fuzzy Logic. Methodische Einführung in krauses Denken. Reinbek: Rowohlt.

Ecker, Malte W. (2006). Kritisch argumentieren. Aschaffenburg: Alibri.

Eggs, Ekkehard (1992). *Argumentation.* In: Ueding (1992): 914–991. *

______(1994). Grammaire du discours argumentatif. Le topique, le générique, le figuré. Paris: Kimé.

Flusser, Vilém (1997). *Medienkultur.* Herausgegeben von Stefan Bollmann. Frankfurt/ M.: Fischer.

Føllesdal, Dagfinn/ Walløe, Lars/ Elster, Jon (1988). *Rationale Argumentation. Ein Grundkurs in Argumentations- und Wissenschaftstheorie.* Berlin/ New York: de Gruyter. *

Foerster, Heinz von (1985). *Das Konstruieren einer Wirklichkeit.* In: Watzlawick (1985): 39–60. *

Frege, Gottlob (1966a). *Der Gedanke. Eine logische Untersuchung.* In: Frege (1966b): 30–53.

______(1966b). *Logische Untersuchungen.* Herausgegeben und eingeleitet von Günther Patzig. Göttingen: Vandenhoeck & Ruprecht.

Fuchs, Harald P./ Schank, G. (1975). Texte gesprochener deutscher Standardsprache III. Alltagsgespräche. München: Hueber.

Geißner, Helmut (1968). Der Fünfsatz. Eine Kapitel Redetheorie und Redepädagogik. In: Wirkendes Wort 18, 4. 258–278.

Giesecke, Hermann (1985). Das Ende der Erziehung. Neue Chancen für Familie und Schule. Stuttgart: Klett-Cotta.

______(1996). Wozu ist die Schule da? Die neue Rolle von Eltern und Lehrern. Stuttgart: Klett-Cotta.

______(1998). Pädagogische Illusionen. Lehren aus 30 Jahren Bildungspolitik. Stuttgart: Klett-Cotta.

Gilovich, Thomas (1991). How We Know What Isn't So. The Fallibility of Human Reason in Everyday Life. New York: The Free Press. *

Glasersfeld, Ernst von (1985). *Einführung in den radikalen Konstruktivismus.* In: Watzlawick (1985): 16–38. *

Giscinny, René/ Sempé, Jean Jacques (2005). Neues vom kleinen Nick. Achtzig prima Geschichten vom kleinen Nick und seinen Freunden. Zürich: Diogenes.

Grewendorf, Günther (Hrsg.) (1979). *Sprechakttheorie und Semantik.* Frankfurt/ M.: Suhrkamp.

Grice, H. Paul (1979). *Logik und Konversation.* In: Meggle (1979): 243–265.

Groeben, Norbert/ Schreier, Margrit/ Christmann, Ursula (1993). *Fairness beim Argumentieren: Argumentationsintegrität als Wertkonzept einer Ethik der Kommunikation.* In: Linguistische Berichte 147. 355–382.

Habermas, Jürgen (1970). *Analytische Wissenschaftstheorie und Dialektik.* In: Adorno (1970b): 155–191.

______(1981). Theorie des kommunikativen Handelns. Bd. 1: Handlungsrationalität und gesellschaftliche Rationalisierung. Bd. 2: Zur Kritik der funktionalistischen Vernunft. Frankfurt/ M.: Suhrkamp.

Hardy, Anne (1998). Elementarteilchen auch mit negativer Masse. Diracs Suche nach ›hübscher‹ Mathematik/ Intuition statt Erfahrung (…). In: Frankfurter Allgemeine Zeitung v. 11.3.1998: N2.

Henne, Helmut/ Rehbock, Helmut (1982). *Einführung in die Gesprächsanalyse.* 2., verbesserte und erweiterte Auflage. Berlin/ New York: de Gruyter. (Sammlung Göschen Bd. 2212) *

Introvigne, Massimo (Hrsg.) (1998). Schluss mit den Sekten! Die Kontroverse über ›Sekten‹ und neue religiöse Bewegungen in Europa. Marburg: diagonal-Verlag.

Kamlah, Wilhelm/ Lorenzen, Paul (1967). *Logische Propädeutik. Vorschule des vernünftigen Redens.* Revidierte Ausgabe. Mannheim: Bibliographisches Institut. *

Kaulen, Heinrich (1997). Patchwork-Familie und Bastel-Identität. Zur Identitätssuche in neuen Adoleszenzromanen. In: Der Deutschunterricht 6. 84–90.

Kienpointner, Manfred (1996). Vernünftig argumentieren. Regeln und Techniken der Diskussion. Reinbek: Rowohlt.

Kienzle, Bertram (1997). *Von der Vorstellung der notwendigen Verknüpfung.* In: Kulenkampff 1997: 115–133.

Klaus, Georg (1964). *Kybernetik und Gesellschaft.* Berlin (Ost): Dt. Verl. d. Wissenschaften.

Klein, Josef (1999). Rhetorik und Argumentation. Eine Einführung. In: Der Deutschunterricht 5. 3–12.

Klein, Wolfgang (1980). *Argumentation und Argument.* In: Zeitschrift für Literaturwissenschaft und Linguistik 38/39. 9–57.

Kuhn, Thomas (1973). *Die Struktur wissenschaftlicher Revolutionen.* Frankfurt/ M.: Suhrkamp. *

Kulenkampff, Jens (Hrsg.) (1997). David Hume, eine Untersuchung über den menschlichen Verstand. Berlin: Akademie-Verlag.

Kutschera, Franz von/ Breitkopf, Alfred (1971). *Einführung in die moderne Logik.* Freiburg/ München: Alber. *

Lakoff, George/ Johnson, Mark (1980). *Metaphors we live by.* Chicago/ London: The University of Chicago Press. *

Lang, Ewald (1976). *Erklärungstexte.* In: Danes/ Viehweger (1976): 147–181.

Lasch, Christopher (1995). *Das Zeitalter des Narzissmus.* Hamburg: Hoffmann und Campe.

Lichtenberg, Georg Christoph (1971). Schriften und Briefe. Zweiter Band: Sudelbücher II, Materialhefte, Tagebücher. München: Hanser.

Liebermann, Sascha/ Loer, Thomas (2006). Krise der Kritik. Die Misere der Universität, eine Krise der Kollegialität. In: Forschung und Lehre 6. 322–326.

Linke, Angelika/ Nussbaumer, Markus/ Portmann, Paul R. (1994). *Studienbuch Linguistik*. 2. Aufl. Tübingen: Niemeyer. *

Ludwig, Otto/ Menzel, Wolfgang (1975). *Schreiben*. In: Praxis Deutsch 9. 10–18.

______(1976). *Diskutieren als Gegenstand und Methode des Deutschunterrichts*. In: Praxis Deutsch 14. 13–22.

Lumer, Christoph (1990): Praktische Argumentationstheorie. Theoretische Grundlagen, praktische Begründung und Regeln wichtiger Argumentationsarten. Braunschweig: Vieweg.

Männer, Reinhard/ Lange, Rupert (1994). Rechnen mit Neuronalen Netzen. Teil 1: Wie funktionieren Neuronale Netze und wie werden sie trainiert? Teil 2: Wie werden neuronale Netze technisch implementiert? In: Physikalische Blätter 5. 445–449, 6. 569–572. *

McCawley, James D. (1993). Everything that linguists always wanted to know about logic but were ashamed to ask. 2nd edition. Chicago: University of Chicago Press. *

Meggle, Georg (1979). *Handlung, Kommunikation, Bedeutung*. Frankfurt/ M.: Suhrkamp.

Mohr, Reinhard (1998). *Die Wirklichkeit ausgepfiffen*. In: Der Spiegel 27; 29.6.1998: 176–178.

Morgenstern, Christian (1940). *Alle Galgenlieder*. Leipzig: Insel.

Naess, Arne (1975). Kommunikation und Argumentation. Eine Einführung in die angewandte Semantik. Kronberg/ Ts.: Scriptor. *

Neumann, Eckhard/ Sprang, Wolfgang/ Hattemer, Klaus (1974). *Werbung in Deutschland. Jahrbuch der deutschen Werbung*. Düsseldorf/ Wien: Econ.

Nørretranders, Tor (1997). »Spüre die Welt.« Die Wissenschaft des Bewusstseins. Reinbek: Rowohlt.

Ornstein, Robert (1991). The Evolution of Consciousness. Of Darwin, Freud, and Cranial Fire – The Origins of the Way We Think. New York: Prentice Hall Press. *

Oxenham, John (1980). *Literacy. Writing, Reading and Social Organisation.* London/ Boston/ Henley: Routledge & Kegan Paul.

Patzig, Günther (1970). *Sprache und Logik.* Göttingen: Vandenhoeck & Ruprecht. *

Piaget, Jean (1978). *Das Weltbild des Kindes.* Stuttgart: Klett–Cotta.

Pöppel, Ernst (1993). Lust und Schmerz. Vom Ursprung der Welt im Gehirn. Berlin: Siedler. *

Popper, Karl R. (1958). Die offene Gesellschaft und ihre Feinde. Bd. I. Der Zauber Platons. Bd. II. Falsche Propheten. Bern: Francke.

______(1968). *Was ist Dialektik?* In: Topitsch (1968b): 262–290.

Posner, Roland (1979). Bedeutung und Gebrauch der Satzverknüpfer in den natürlichen Sprachen. In: Grewendorf (1979): 345–385.

Postman, Neil (1983). *Das Verschwinden der Kindheit.* Frankfurt/ M.: S. Fischer.

______(1985). Wir amüsieren uns zu Tode. Urteilsbildung im Zeitalter der Unterhaltungsindustrie. Frankfurt/ M.: S. Fischer.

______(1992). Das Technopol. Die Macht der Technologien und die Entmündigung der Gesellschaft. Frankfurt/ M.: S. Fischer.

Quine, Willard van Orman (1969). *Grundzüge der Logik.* Frankfurt/ M.: Suhrkamp. *

Rademacher, Cay (1998). *KAL–Flug 007.* In: Geo 1. 169–200.

Randow, Gero von (Hrsg.) (1993). Mein paranormales Fahrrad und andere Anlässe zur Skepsis, entdeckt im »Skeptical Inquirer«. Reinbek: Rowohlt.

Rath, Rainer (1979). Kommunikationspraxis. Analysen zur Textbildung und

Textgliederung im gesprochenen Deutsch. Göttingen: Vandenhoek & Ruprecht.

Reichenbach, Hans (1966). *Elements of Symbolic Logic.* New York: Free Press.*

Riedl, Rupert (1985). *Die Folgen des Ursachendenkens.* In: Watzlawick (1985): 67–90. *

Rogge, Jan-Uwe (1998). *Kinder brauchen Grenzen.* Reinbek: Rowohlt.

Rössler, Reimara/ Rössler, Otto E. (1994). *Jonas' Welt. Das Denken eines Kindes.* Reinbek: Rowohlt.

Roth, Gerhard (1987). Erkenntnis und Realität. Das reale Gehirn und seine Wirklichkeit. In: Schmidt (1987). 229–255. *

Rutz, Michael (Hrsg.) (1997). Aufbruch in der Bildungspolitik. Roman Herzogs Rede und 25 Antworten. München: Goldmann.

Salmon, Wesley C. (1983). *Logik.* Stuttgart: Reclam. (= RUB 7996) *

Sanders, Barry (1995). *Der Verlust der Sprachkultur.* Frankfurt/ M.: S. Fischer.

Savigny, Eike von (1976). Grundkurs im logischen Schließen. Übungen zum Selbststudium. München: dtv. *

Schlobinski, Peter (1996). *Empirische Sprachwissenschaft.* Opladen: Westdeutscher Verlag. *

Schmidt, Siegfried J. (Hrsg.) (1987). *Der Diskurs des Radikalen Konstruktivismus.* Frankfurt/ M.: Suhrkamp.

Schmidt-Faber, Werner (1986). Argument und Scheinargument. Grundlagen und Modelle zu rationalen Begründungen im Alltag. München: W. Fink.

Seiwert, Hubert (1998). Einleitung: Das ›Sektenproblem‹. Öffentliche Meinung, Wissenschaftler und der Staat. In: Introvigne (1998): 9–38.

Spiegel, Carmen (1999). Argumentation von Jugendlichen im Deutschunterricht. Zwei Argumentationsformen. In: Zeitschrift für Angewandte Linguistik. 30. 17–40.

Stange, Eva-Maria (1997). *Bildungsaufbruch - Wohin?* In: Rutz (1997): 255–264.

Stark, Rodney/ Bainbridge, William Sims (1996). *A Theory of Religion.* New Brunswick: Rutgers University Press.

Steger, Hugo/ Engel, Ulrich/ Moser, Hugo (Hrsg.) (1971). *Texte gesprochener deutscher Standardsprache I.* München/ Düsseldorf: Hueber/ Schwann.

Stegmüller, Wolfgang (1969). Probleme und Resultate der Wissenschaftstheorie und Analytischen Philosophie. Bd. I. Wissenschaftliche Erklärung und Begründung. Heidelberg: Springer. *

______(1974a). *Sprache und Logik.* In: Stegmüller (1974b): 66–100. *

______(1974b). *Der Phänomenalismus und seine Schwierigkeiten. – Sprache und Logik.* Darmstadt: Wissenschaftliche Buchgesellschaft. (»Libelli« Bd. CXXXIX)

______(1975a). Das Problem der Induktion: Humes Herausforderung und moderne Antworten. In: Stegmüller (1975b) 1–62.

______(1975b). Das Problem der Induktion: Humes Herausforderung und moderne Antworten. – Der sogenannte Zirkel des Verstehens. Darmstadt: Wissenschaftliche Buchgesellschaft.

Stötzel, Georg (Hrsg.) (1985). Germanistik – Forschungsstand und Perspektiven. Vorträge des Deutschen Germanistentages 1984. Teil 1. Berlin/ New York: de Gruyter.

Suppes, Patrick (1957). *Introduction to Logic.* New York: Van Nostrand Reinhold Company. *

Topitsch, Ernst (1968a). Sprachlogische Probleme der sozialwissenschaftlichen Theoriebildung. In: Topitsch (1968b): 17–36.

______(1968b). *Logik der Sozialwissenschaften.* 5. Aufl. Köln/ Berlin: Kiepenheuer & Witsch.

______(1972). *Vom Ursprung und Ende der Metaphysik.* München: dtv.

Toulmin, Stephen Edelston (1958). *The Uses of Argument.* Cambridge: Cambridge University Press. (dt. *Der Gebrauch von Argumenten.* Kronberg/ Ts.: Scriptor 1975.) *

Ueding, Gerd (Hrsg.) (1992). *Historisches Wörterbuch der Rhetorik.* Teil 1.

Tübingen: Niemeyer.

Watzlawick, Paul (Hrsg.) (1985). Die erfundene Wirklichkeit. Wie wissen wir, was wir zu wissen glauben? Beiträge zum Konstruktivismus. 3. Aufl. München: Piper.

Wunderlich, Dieter (1974). *Grundlagen der Linguistik.* Reinbek: Rowohlt.

8. 색인

정자체로 된 숫자는 문단 번호이며, 이탤릭체로 된 숫자는 용어 설명의 해당 쪽수이다.

논 거 와
논 증 - 논증 분석의 논리적 토대 -

초판 인쇄 2019년 3월 18일
초판 발행 2019년 3월 22일

지은이 Klaus Bayer
옮긴이 신형욱 · 국세라
발행인 김인철
총괄 · 기획 가정준 Director, University Knowledge Press
편집장 신선호 Executive Knowledge Contents Creator
도서편집 박현정 Contents Creator
전자책편집 인은주 e-Contents Creator
재무관리 강현주 Managing Creator
사전 · 출판 정준희 Contents Creator
마케팅 파트장 백승이 Chief Marketing Creator
마케팅 이현진 Marketinq Creator
발행처 한국외국어대학교 지식출판콘텐츠원
02450 서울특별시 동대문구 이문로 107
전화 02)2173-2493~7
팩스 02)2173-3363
홈페이지 http://press.hufs.ac.kr
전자우편 press@hufs.ac.kr
출판등록 제6-6호(1969. 4. 30)
디자인 · 편집 (주)이환디앤비 02)2254-4301
인쇄 · 제본 네오프린텍 02)718-3111

ISBN 979-11-5901-403-1 93100 정가 25,000원

*잘못된 책은 교환하여 드립니다.

HU:iNE은 한국외국어대학교 지식출판콘텐츠원의 어학도서, 사회과학도서, 지역학도서 Sub Brand이다. 한국외대의 영문명인 HUFS, 현명한 국제전문가 양성(International +Intelligent)의 의미를 담고 있으며, 휴인(携引)의 뜻인 '이끌다, 끌고 나가다'라는 의미처럼 출판계를 이끄는 리더로서, 혁신의 이미지를 담고 있다.